# Die Veruntreuung an vertretbaren Sachen.

Von

Dr. Wenzeslaus Grafen Gleispach,
ord. Professor der Rechte in Freiburg (Schweiz).

I. Teil.

Berlin 1905.
J. Guttentag, Verlagsbuchhandlung,
G. m. b. H.

Meinem lieben Vater

**Johann Nepomuk Grafen Gleispach**

in innigster Verehrung und Dankbarkeit

gewidmet.

Der Verfasser.

# Inhalts-Übersicht.

# Einleitung.

Es mag gewagt erscheinen, mit einer umfangreicheren, auf breiterer Grundlage aufgebauten Untersuchung einer eng umgrenzten Frage aus dem sogenannten besonderen Teil des Strafrechts hervorzutreten zu einer Zeit, da große allgemeine Probleme des Strafrechts im Vordergrund der Diskussion und des Interesses stehen und selbst der Streit um die grundlegende Auffassung des Strafrechts, neu angefacht durch eine kräftige Reformbewegung mit dem Sammelpunkt der „Internationalen kriminalistischen Vereinigung", noch lange nicht zur Ruhe gekommen ist. Vor nicht langer Zeit hätte ein solches Unternehmen einer ganz besonderen Rechtfertigung bedurft oder den Anschein einer Absage an die moderne Richtung im Strafrecht erwecken können. Heute ist das bereits anders geworden. Die Reformbewegung hat ihre Sturm- und Drangperiode glücklich überstanden. Die in unseren deutschen Landen vor allem von Franz von Liszt verkündeten neuen Ideen haben weite Verbreitung und große Anhängerschaft gefunden, aber auch lebhaften Widerspruch, ja erbitterten Kampf hervorgerufen. Doch in dem Widerstreit der Meinungen sind sie geläutert worden, ohne an Kraft verloren zu haben; die zunächst erreichbaren Ziele treten deutlicher hervor und die Einsicht von den notwendigen Vorbedingungen eines gedeihlichen Fortschrittes läßt die Anknüpfung an das Bestehende suchen und unterwirft dieses neuerlicher kritischer Prüfung hinsichtlich seiner Brauchbarkeit für die Zukunft. Mancher Irrtum ist da berichtigt, manches Vorurteil als solches erkannt worden. Hierher gehört auch der heute wohl überwundene Glaube, daß in absehbarer Zeit mit einem Strafgesetz ohne genaue Bestimmung und Abgrenzung der einzelnen strafbaren Handlungen das Auslangen gefunden werden könne. Nicht nur, daß damit die Geringschätzung geschwunden ist, die man diesem Teil des Strafrechts entgegenbringen zu müssen glaubte, eröffnet sich hier vielmehr ein weites Arbeitsfeld: die starke Betonung des Zweckgedankens im Strafrecht, eine realistische, allem Transzendentalen abholde Auffassung des Verbrechens und seiner Bekämpfung müssen auch zu einer Neugestaltung vieler Verbrechenstatbestände führen. Die Hauptaufgabe wird dabei meines Erachtens darin bestehen, das psychologische Moment viel stärker zu betonen, als dies gegenwärtig der Fall ist; es muß nach vielen Richtungen hin ein neuer Unterbau geschaffen werden, um eine verbesserte und zweckmäßigere Behandlung der Verbrecher im allgemeinen zu ermöglichen oder doch zu erleichtern und den notwendigen Einklang der Grundgedanken herzustellen, die sich bei der Aufstellung der allgemeinen Grundsätze und bei der Gestaltung der einzelnen Verbrechenstatbestände wirksam zeigen. Sehr wertvolle Ansätze in dieser Richtung lassen sich an den Vorentwurf zu einem schweizerischen Strafgesetzbuch beobachten, und es darf die Behauptung aufgestellt werden, daß manche der vortrefflichsten im allgemeinen Teil geschaffenen Einrichtungen die veränderte Auffassung geradezu fordern und voraussetzen, die sich dann auch bei der Gestaltung vieler Verbrechenstatbestände betätigt. Ästhetischen Rücksichten, der Kürze der Strafgesetze und der Systematik mag dabei vielfach Eintrag geschehen; doch kann den ersteren Momenten größere Bedeutung nicht zugesprochen werden und was die Systematik anlangt, so dürfte es nicht zu viel gesagt sein, daß ihr heute kein oder doch nahezu kein kriminalpolitischer Wert zukommt. Hingegen wäre es wohl möglich, auf neuen Bahnen schließlich auch zu einer Systematik des besonderen Teiles zu gelangen, die auf kriminalpsychologisch und kriminalpolitisch bedeutsamen Unterscheidungen aufgebaut, eben nach diesen Richtungen hin von höchstem Wert wäre. Wie sehr dabei die Verwertbarkeit der Kriminalstatistik gewinnen würde, leuchtet ohne weiteres ein.

Wenn auf den folgenden Blättern die „Veruntreuung an vertretbaren Sachen" zum Gegenstand der Erörterung gemacht wird, so soll dabei versucht werden, die im Vorstehenden angedeuteten Gesichtspunkte zur Geltung zu bringen, soweit es der Gegenstand und die gebotene Vermeidung allzuweiten Abschweifens erlauben.

Es ist nur ein kleiner Ausschnitt aus dem großen Gebiet der Vermögensverbrechen, der behandelt werden soll, aber doch ein solcher von großer praktischer Bedeutung. Denn die vertretbaren Sachen sind in erster Reihe verbrecherischen Angriffen ausgesetzt und die

„Veruntreuung" gehört zu den am häufigsten begangenen Verbrechen, obwohl lange nicht alle strafwürdigen Fälle vom geltenden Recht getroffen werden. Wenn ich hier von „Veruntreuung" spreche, so verwende ich diesen Ausdruck nicht im Sinne eines geltenden Strafgesetzes, sondern zur Bezeichnung einer Fülle strafwürdiger Handlungen von so gleichartigem Charakter, daß ihre Zusammenfassung unter einem Verbrechensbegriff notwendig erscheint.

Diese Forderung zu begründen, bildet das Ziel. Um dahin zu gelangen, bedarf es des Nachweises, daß der gegenwärtige Zustand ein unbefriedigender ist. Die Kritik hat bei dem modernen Unterschlagungsbegriff einzusetzen. Eine kurze Erörterung dieses Begriffes und desjenigen der Vertretbarkeit wird ihr voranzuschicken sein. (Abschnitt I.) Für die Besprechung des Unterschlagungsbegriffes wird das deutsche Reichsstrafgesetzbuch zugrunde gelegt. So zahlreich auch die Kontroversen sind, die sich an den § 246 dieses Gesetzes knüpfen, so darf doch so viel als feststehend gelten, daß wir es hier mit einem zum Schutz des Eigentums aufgestellten Tatbestand zu tun haben. — Ob dasselbe bei der Veruntreuung nach österreichischem Recht (§§ 181, 183 StG.) zutreffe, ist bestritten,[1]) wird aber von der Mehrzahl der Schriftsteller bejaht. Zu dieser Streitfrage ist erst später Stellung zu nehmen, da es zunächst nur darauf ankommt, festzustellen, ob sich der Grundsatz des Eigentumsschutzes dann bewährt, wenn vertretbare Sachen Gegenstand des Angriffes sind. — Zu diesem Zweck wird der Einfluß der Vertretbarkeit auf die Anwendbarkeit des § 246 RStGB. an der Hand der einzelnen Tatbestandserfordernisse untersucht. (Abschnitt II.)

Die Ergebnisse dieser Untersuchung können auch für das Gebiet des österreichischen Rechtes Geltung beanspruchen, wenn der Meinung jener Schriftsteller beizustimmen ist, die auch zum Tatbestand der Veruntreuung nach österreichischem Recht die Verletzung fremden Eigentums fordern, nur eine „fremde" Sache als geeignetes Objekt einer Veruntreuung anerkennen wollen. Denn dann besteht zwischen

---

[1]) Vgl. hier nur einerseits Lammasch, Grundriß des Strafrechts, 2. Aufl. 1902, S. 71, und Lammasch, Das Werk des Strafgesetzausschusses (S.-A. aus der „Allgem. öst. Gerichtszeitung", Wien 1893), S. 18 ff. — andererseits Finger, Die Veruntreuung von Barkautionen, „Prager Jurist. Vierteljahresschrift", Bd. 6 (Neue Folge, 1890) S. 49 ff. und Finger, Das Strafrecht („Kompendien des öst. Rechtes"), 1. Aufl. Bd. 2 S. 212.

den Tatbeständen der Unterschlagung und der Veruntreuung kein Unterschied, der schon hier als wesentlich in Betracht kommen könnte.[1]) Hiergegen ist allerdings zu beachten, daß der Umfang des Anwendungsgebietes einer Strafbestimmung nach Art des § 246 RStGB. in letzter Reihe wesentlich abhängt von den Vorschriften des bürgerlichen Rechtes über Erwerb und Verlust des Eigentums. Die Wirksamkeit derselben strafgesetzlichen Bestimmung kann eine ganz verschiedene sein auf Grund verschiedenen bürgerlichen Rechtes. Doch sind die Unterschiede der hier maßgebenden Bestimmungen des deutschen und österreichischen BGB. nicht so weitgehende, daß sie die vorhin erwähnten Ergebnisse wesentlich zu beeinträchtigen vermöchten.

Diese werden vornehmlich in negativer Richtung liegen und den Nachweis liefern, daß mit dem modernen Unterschlagungsbegriff ein wirksamer, zweckmäßiger Schutz gegen „Veruntreuungen" an vertretbaren Sachen nicht erzielt werden kann. Doch auch nach der positiven Seite hin werden sie in beschränktem Umfang bereits verwertet werden können und einen Einblick in das Wesen dieser „Veruntreuungen" eröffnen. (Abschnitt III.)

Der erste, jetzt zur Veröffentlichung gelangende Teil der ganzen Abhandlung schließt hier ab. Der zweite Teil, der seinem Vorgänger rasch nachfolgen soll, wird wiederum drei Abschnitte umfassen.

Erweist sich der Grundsatz des Eigentumsschutzes als unzulänglich und nicht geeignet zur Lösung des hier erörterten Problems, so entsteht zunächst die Frage, ob nicht durch einige, der Unterschlagung verwandte oder zu ihrer Ergänzung bestimmte Tatbestände eine teilweise, wenn auch grundsätzlich jedenfalls unbefriedigende Abhilfe geschaffen worden sei. Unter diesem Gesichtspunkt werden namentlich das Delikt der Untreue und einige Bestimmungen von sogenannten strafrechtlichen Nebengesetzen zu betrachten sein. (Abschnitt IV.)

Sodann ist zu der Streitfrage über das Wesen der Veruntreuung nach österreichischem Recht Stellung zu nehmen. Der Nachweis, daß dieses Delikt nicht als Eigentumsverbrechen aufzufassen sei, läßt die

[1]) Ein solcher Unterschied wird auch dadurch nicht begründet, daß § 183 das „Vorenthalten oder Sichzueignen" mit Strafe bedroht, weil im Sinne der im Text bezeichneten Auffassung mit dem ersteren Ausdruck nur eine Form der Zueignung bezeichnet werden soll. Vgl. Finger, Strafrecht, S. 213.

Bestimmungen des österreichischen Rechtes als einen neuen Weg zur Lösung unseres Problems erscheinen; inwieweit sie dazu tauglich seien, wird namentlich eine eingehende kritische Betrachtung der österreichischen Praxis ergeben. (Abschnitt V.)

Schließlich ist der im schweizerischen Vorentwurf enthaltene Lösungsversuch zu prüfen und das Ergebnis der gesamten Untersuchung in positiver Form zusammenzufassen.

## Erster Abschnitt.

# Unterschlagung, Vertretbarkeit und ihr gegenseitiges Verhältnis im allgemeinen.

## I. Die Unterschlagung.

### § 1. Der Gegenstand der Unterschlagung.

Nach § 246 des Deutschen Reichsstrafgesetzbuches ist Unterschlagung die vorsätzliche[1]) rechtswidrige Zueignung einer fremden, beweglichen Sache, die der Täter im Besitz oder Gewahrsam hat.

Der zugrunde liegende Gedanke des Gesetzgebers, sowie seine Fassung haben viele Freunde, ja sogar Bewunderer gefunden.[2]) Freilich aber hat es auch an scharfer Kritik und hartem Tadel nicht gefehlt. Meiner Überzeugung nach ist die Unterschlagungsbestimmung, sowie überhaupt die ganze Gestaltung der Vermögensverbrechen im RStGB. verfehlt; indessen muß sich jede Darstellung, die zunächst ein Bild des bestehenden Rechtszustandes in bestimmten Grenzen geben will, mit dem geltenden Recht abfinden. Es soll hier nicht so sehr in eine Kritik des § 246 eingegangen, als vielmehr fester Boden für die folgenden Erörterungen gewonnen werden.

---

[1]) Das Gesetz erwähnt dieses Erfordernis nicht ausdrücklich; daß es aufzustellen sei, kann keinem Zweifel unterliegen. Vgl. Merkel in Holtzendorffs Handbuch des deutschen Strafrechts (H. H.) Bd. 3 S. 705.

[2]) Huber, Die Unterschlagung (Neresheim 1875) S. 41, findet, die Fassung des § 246 stehe ganz auf der Höhe der neuesten Forschungen und entspreche den Anforderungen des Lebens, und neuestens hat Cartier, Der objektive Tatbestand der strafbaren „Untreue“ (Berner Dissertation 1902) S. 155 fg., die kühne Behauptung aufgestellt, das deutsche Strafgesetz habe im § 246 einen Tatbestand geschaffen, der in seiner Art vorbildlich genannt werden dürfe, dergestalt, daß jede Neuerung, die mit der Prätention auftritt, etwas Besseres an seine Stelle zu setzen, notwendig (!) einem Rückschritt gleichkommt.

Gegenstand der Unterschlagung ist eine fremde, bewegliche Sache. Dabei ist unter dem Ausdruck „Sache“ nur eine körperliche Sache zu verstehen.[1]) Rechte und insbesondere Forderungsrechte sind keine tauglichen Objekte einer Unterschlagung.[2])

Die Sache muß eine dem Täter „fremde“ Sache sein, d. h. sie muß im Zeitpunkt der Willensbetätigung im Eigentum einer vom Täter verschiedenen Person stehen. Unterschlagung der eigenen Sache ist demnach ausgeschlossen, aber auch nur deshalb, weil eben das Gesetz eine fremde Sache als Objekt der Handlung fordert.[3]) Der Tatbestand gerät dadurch in vollste Abhängigkeit vom Zivilrecht. Nur seine Bestimmungen sind maßgebend bei Entscheidung der Frage, ob die Sache zur Zeit der Handlung eine fremde für den Täter war oder sein Eigentum.[4])

Die Sache muß sich endlich zur Zeit der Handlung im „Besitz oder Gewahrsam“ des Täters befinden. Durch dieses Erfordernis soll die Unterschlagung vom Diebstahl abgegrenzt werden und richtigerweise wäre es daher negativ, nicht positiv auszudrücken gewesen. Trotz dieser Erkenntnis und trotz sehr beachtenswerter Gründe, die für eine berichtigende Auslegung vorgebracht werden,[5]) hält die herrschende Ansicht an dem Wortlaut des Gesetzes fest und

---

[1]) So die herrschende Meinung. Der Vorschrift des bürgerlichen Gesetzbuches für das Deutsche Reich (BGB.), „Sachen im Sinne des Gesetzes sind nur körperliche Gegenstände“ (§ 90), kommt nur mittelbare Bedeutung zu. Vgl. die §§ 285 ff. des österreichischen allgem. bürgerl. Gesetzbuches (ABGB.), wonach auch Rechte zu den Sachen gezählt werden.

[2]) Der älteren preußischen Praxis, insbesondere den Entscheidungen des Obertribunals, hat man oft vorgeworfen, sie hätten „Unterschlagung an Forderungsrechten“ angenommen. — Vgl. Goltdammers Archiv (G. A.) Bd. 10 S. 8, Bd. 11 S. 637 u. a., von Stemann, Die Vergehen der Unterschlagung und Untreue (Kiel 1870) S. 15 ff.; Kapff, Die Unterschlagung, Tübinger Diss. 1879 S. 34. — In Wahrheit aber hat sich die Praxis damals einfach über das Erfordernis der „fremden“ Sache hinweggesetzt und sich mit der Feststellung begnügt, daß ein Forderungsrecht verletzt sei, ohne Verletzung fremden Eigentums zu fordern.

[3]) Dies zu betonen ist wichtig gegenüber der ebenso oft aufgestellten, als unrichtigen Behauptung, es könne keine Zueignung der eigenen Sache geben.

[4]) Dieser Grundsatz ist heute nahezu ohne Ausnahme anerkannt und wird auch vom deutschen Reichsgericht (RG.) ständig befolgt.

[5]) Besonders von Binding, Lehrbuch des gemeinen deutschen Strafrechts, Besonderer Teil, Bd. 1 S. 275 fg. (2. Auflage) und ebenso schon in den „Normen“ Bd. 2 S. 543 ff.

meines Erachtens mit Recht. Die Auslegung ist an den Wortlaut gebunden, wenn er so klar und bestimmt ist, wie hier, und sie wird zur Willkür, wenn sie sich über den Wortlaut hinwegsetzt. Besitz oder Gewahrsam an der Sache hat der Täter dann, wenn die Sache seiner tatsächlichen Herrschaft unterworfen ist und er den Willen hat, diese Herrschaft auszuüben. Die Vorschriften des bürgerlichen Rechtes über den Besitz, seinen Erwerb und Verlust sind hier nicht maßgebend.[1]) Auf welche Art und Weise der Täter in den Besitz der Sache gelangte, ist nur für die Unterscheidung von einfacher und geschärfter Unterschlagung, also für die Straffrage von Bedeutung.

## § 2. Die Zueignung.

Die Handlung ist Zueignung der Sache. Die Feststellung dieses Begriffes hat seit seiner Aufstellung bedeutende Schwierigkeiten bereitet, gerade sie aber bildet die Grundlage für die richtige Erfassung einer der wichtigsten Verbrechensgruppen. Diebstahl, Raub und Unterschlagung erhalten im deutschen Recht durch den Zueignungsbegriff ihr eigentümliches Gepräge. Gleichwohl besteht über das Wesen der Zueignung kein Einklang der Meinungen, ja es dürfte kaum von einer herrschenden Meinung gesprochen werden können, und die Praxis weist ein sehr bedenkliches Schwanken auf. Die Verantwortung dafür trifft in erster Reihe das Gesetz; hält man sich an die darin enthaltenen Sätze, die für die Konstruktion der „Zueignung" maßgebend sein sollen, so ist es meines Erachtens in der Tat unmöglich, zu einem klar und scharf umschriebenen Zueignungsbegriff zu gelangen, dessen Anwendung in allen Fällen zu befriedigenden Ergebnissen führen würde. Schon die Wahl des Ausdrucks ist nach mehr als einer Richtung hin verfehlt. Darauf zwar ist weniger Gewicht zu legen, daß der Ausdruck seinem Wortsinn nach auf die Erwerbung des Eigentums hinzuweisen scheint. Trotzdem ist man heute wenigstens darüber einig, daß die Zueignung nicht in der Erwerbung des Eigentums besteht und der Zueignungsvorsatz

---

[1]) Dies wird fast allgemein anerkannt und dieser Zwiespalt zwischen Strafrecht und Zivilrecht erweist sich nicht im geringsten als schädlich. Die Neuregelung des Besitzes durch das BGB. ist am Strafrecht spurlos vorübergegangen. Vgl. Frank, Das Strafgesetzbuch für das Deutsche Reich, zu § 242 IV., R. Schmidt in der Deutschen Juristen-Zeitung V. S. 149, Rotering in G. A. Bd. 47 S. 252, Binding, Lehrbuch S. 244.

nicht auf diesen Erwerb gerichtet ist. Hingegen verleitet das Gesetz und nicht gerade nur durch den gebrauchten Ausdruck fortwährend dazu, das Wesen der Zueignung dadurch zu bestimmen, daß man sie in möglichst enge Beziehung zum Eigentum bringt, — ein Weg, der zu einer Reihe großer Irrtümer geführt hat und sich schon darum nicht empfiehlt, weil dann doch erst wieder das Wesen des Eigentums bestimmt werden müßte. Nun besteht aber auch über dieses keine Übereinstimmung der Ansichten, und es ist interessant zu beobachten, wie die ungeheuere Überschätzung des Willens und seiner Bedeutung, die trotz Iherings[1]) glänzenden Ausführungen und trotz der zahlreichen Gefolgschaft, die er gefunden, gerade hier noch immer herrscht, auch auf die Auffassung der Zueignung und damit der Zueignungsverbrechen überhaupt ihren unheilvollen Einfluß ausübt.

Der Zueignungsbegriff kann nur rein tatsächlich bestimmt werden und es ist dabei zu beachten, daß es sich nicht um die Aufstellung irgendeines Zueignungsbegriffes handelt, sondern auf die Feststellung ankommt, was im Sinne des Strafgesetzes unter Zueignung zu verstehen sei. Zweifellos verwendet das Strafgesetz nur einen Zueignungsbegriff und es kann insbesondere unter Zueignung bei der Unterschlagung nichts anderes verstanden werden, als bei Diebstahl und bei Raub.[2]) Hier finden wir die Zueignung im engsten Zusammenhang mit dem Erfordernis der fremden Sache und der daraus hervorleuchtende Zweckgedanke des Gesetzes muß für die Begriffsbestimmung maßgebend sein und den Ausgangspunkt bilden.

Dieser einheitliche Gedanke wird allgemein dahin formuliert, daß die gedachten drei Verbrechen (und mit ihnen auch noch die Sachbeschädigung) Eigentumsverbrechen sind. Die Norm, die die Zu-

---

[1]) Insbesondere Geist des römischen Rechtes, 3. Teil S. 317ff.

[2]) Dasselbe sollte gewiß auch für alle sogen. strafrechtlichen Nebengesetze gelten. Doch würde es hier zu weit führen, darauf einzugehen; nur auf die besonders interessante Verwendung des Zueignungsbegriffes im § 1 des G. betr. die Bestrafung der Entziehung elektrischer Arbeit (!) vom 9. 4. 1900 sei hingewiesen. Sie kommt freilich allen jenen äußerst ungelegen, die der elektrischen Energie die Sacheigenschaft durchaus nicht zuerkennen wollen und es für „absolut unmöglich" erklären, daß sie Gegenstand des Eigentums sei. Vgl. Binding a. a. O. S. 258ff. (Literaturangaben S. 259 N. 1) und S. 334ff.; er steht nicht an, ohne weiteres zu erklären, das Wort „zueignen" sei hier in vollständig anderem Sinne gebraucht als bei Unterschlagung, Diebstahl und Raub. — Vgl. auch § 291 RStGB.

eignung einer fremden Sache verbietet, dient dem Schutz des Eigentums und ein Tatbestand mit seiner Strafdrohung, der auf dieser Norm aufgebaut ist, dient demselben Zweck. Dies tritt am schärfsten gerade bei der Unterschlagung hervor. Bei der Formel „Schutz des Eigentums" wird man jedoch nicht stehen bleiben dürfen. Daß das Eigentums*recht* strafrechtlich geschützt werde, ist im Grunde genommen eine ungenaue Ausdrucksweise, gegen die weiter nichts einzuwenden ist, solange sie nicht wörtlich verstanden wird und dann freilich auf falschen Vorstellungen beruht. Ist das Eigentum selbst nichts anderes, als der umfassendste Schutz, der einer Person in Bezug auf eine Sache gewährt wird, so kann die Aufgabe des Strafrechts gewiß nicht darin bestehen, diesen Schutz zu schützen. Gegenstand des Strafschutzes ist nicht die Form, sondern der Inhalt, nicht das „formale", sondern das „substanzielle", materielle Element, und deshalb wird die Frage von Wichtigkeit, worin das letztere beim Eigentum bestehe. Sieht man das Wesen des Eigentums im Anschluß an die allgemein üblichen Definitionen in der „totalen rechtlichen Herrschaft" einer Person über eine Sache oder etwa in der „rechtlichen Möglichkeit (solcher) relativ vollster unmittelbarer Herrschaft",[1]) dann wäre die aufgeworfene Frage dahin zu beantworten, daß das materielle Element im Eigentum und der Gegenstand des Strafschutzes eben die volle Herrschaft eines Menschen über eine Sache sei.[2]) Indessen kann dies nicht befriedigen. Zur Erklärung und zum Verständnis der Erscheinungen des Rechtslebens wird nichts beigetragen, wenn man mit Formeln operiert, die der Verbindung mit der Wirklichkeit der Dinge entbehren. Das Eigentum wäre in der Tat ein armseliges Recht zu nennen, würde sich sein Inhalt in der „Herrschaft" über Sachen erschöpfen. Wir vermögen die gegenüber den Gegenständen der sogen. leblosen Natur niemals ganz zutreffende Vorstellung von einer Sachherrschaft bei der Bestimmung des (strafrechtlichen) Besitzes nicht zu entbehren, das Verständnis des Eigentums aber kann sie nicht erschließen. Betrachten wir ein gewaltiges industrielles Unternehmen oder den kleinen Landmann,

[1]) *Randa*, Das Eigentumsrecht nach öst. Recht, S. 1. Vgl. dort auch N. 3 S. 2.

[2]) Vgl. *Binding*, a. a. O. S. 255, wonach es sich bei den Zueignungsverbrechen „allein um den Schutz der Eigentumsrechte, genauer der *Verfügungsgewalt* der Eigentümer über ihre Sachen handelt".

der seine Äcker bestellt, den Großkapitalisten oder den Arbeiter, der mit dem sauer erworbenen Lohn sein Hauswesen bestreitet, — überall tritt uns die Erscheinung des Eigentums entgegen. Besteht es aber darin, daß alle die Genannten über ihre Sachen herrschen, tun die Maschinen und die Äcker, die Wertpapiere und die Münzen ihren „Herrn" dessen Willen, gehorchen sie ihren Befehlen?

Zumindest auf dem ganzen Gebiet des Vermögensrechtes ist es die Wirtschaft des Menschen, die den „Stoff" des Rechtes bildet. Darum wird das Wesen eines Vermögensrechtes nur dann richtig erkannt werden können, wenn die Betrachtung von wirtschaftlichen Gesichtspunkten ausgeht.

Die Sachen — „Güter" im engeren Sinn des Wortes — sind für den Menschen von Bedeutung, weil er ihrer zur Befriedigung seiner Bedürfnisse bedarf und sich dieser seiner Abhängigkeit von den Dingen der Außenwelt bewußt ist. Daher das unablässige Streben der Menschen nach Genuß von Gütern und das Genießen selbst in ebenso mannigfaltigen Formen, wie es Möglichkeiten gibt, ein Gut zur Befriedigung eines Bedürfnisses zu verwenden. Das Zusammenleben der Menschen erzeugt die unabweisbare Notwendigkeit, der freien Betätigung dieses Bestrebens bestimmte Grenzen zu ziehen, die Verteilung der Güter und ihres Genusses zu regeln. Diese Aufgabe zu lösen, fällt in unserem Rechts- und Wirtschaftssystem in erster Reihe der Eigentumsordnung zu. Dem egoistischen Grundzug des Menschen entsprechend tut sie dies in der Weise, daß sie den ausschließlichen und vollen Genuß einer Sache jeweils einem Individuum zuteilt und alle anderen von jedem Genuß der Sache ausschließt. An jeden Nichteigentümer ergeht das Verbot, auf die Sache des Eigentümers in irgendwelcher Weise einzuwirken oder über sie zu verfügen, und dieser Summe von Verpflichtungen aller Nichteigentümer entspricht eine Fülle negativer Ansprüche des Eigentümers, die darauf gerichtet sind, jede Störung im Genuß zu unterlassen.[1]) — Die früher aufgeworfene Frage nach dem „substanziellen" Element im Eigentum ist demnach dahin zu beantworten, daß es von dem Interesse an dem vollen und ausschließlichen Genuß der Sache gebildet

---

[1]) Vgl. besonders v. Schey in Grünhuts Zeitschrift für das Privat- und öffentliche Recht der Gegenwart, Bd. 7 S. 767 ff. — Schloßmann, Der Vertrag, S. 251 ff. und neuestens Hold von Ferneck, Die Rechtswidrigkeit, Bd. 1 S. 220 ff.

wird. Für den Nichteigentümer stellt die fremde Sache grundsätzlich ein „Noli me tangere" dar.

Je weiter das rechtlich geschützte Interesse reicht, desto größer ist die Angriffsfläche, die es darbietet. Das Eigentum als das denkbar umfassendste Recht, dem eine unbegrenzte Zahl mannigfaltigster Verpflichtungen entspricht, ist eben deshalb den zahlreichsten und verschiedenartigsten Angriffen ausgesetzt. Zur Hintananhaltung aller dieser Angriffe ist das Strafrecht nicht berufen. Bei der Auswahl, die zu treffen war, erwiesen sich verschiedene Einflüsse und Erwägungen als wirksam, so daß das Ergebnis kein befriedigendes ist und zwar insbesondere vom dogmatischen Standpunkt aus nicht und noch weniger vom kriminalpolitischen. Nicht jede Einwirkung auf eine fremde Sache, die den Verpflichtungen des Nichteigentümers widerstreitet, und nicht jede solche Verfügung wird mit Strafe bedroht; vielmehr hat das Gesetz die strafwürdig erachteten Angriffe in zwei Gruppen gebracht, die von der Beschädigung fremder Sachen einerseits [1]) und von der Zueignung fremder Sachen andererseits gebildet werden.

Das Verbrechen der Sachbeschädigung weist einen scharf umrissenen Tatbestand auf. Sie umfaßt alle Einwirkungen auf fremde Sachen, die entweder die Substanz der Sache zerstören [2]) oder doch so verändern, daß der Wert der Sache herabgemindert ist. Der Schaden des Eigentümers der Sache ist nicht zugleich der Vorteil des Täters. Dem Eigentümer wird jeder Genuß der Sache unmöglich gemacht oder es wird doch die Möglichkeit, die Sache voll zu genießen, nach einer oder mehreren Richtungen, in größerem oder geringerem Umfang beeinträchtigt. Dies aber bewirkt der Täter, ohne daß er die Sache genießt oder auch nur genießen will. Jede Sachbeschädigung ist Wertvernichtung; was die Sache an Wert verliert, kommt niemandem zugute, insbesondere dem Täter nicht. An diesen Sätzen muß m. E. strenge festgehalten werden, wenn nicht auch das Verbrechen der Sachbeschädigung jede Bestimmtheit verlieren soll. Nur so ergibt sich eine scharfe Abgrenzung gegenüber den Zueignungsverbrechen, nur so bleibt die Auslegung im Einklang mit dem Gesetz; endlich

---

[1]) § 304 RStGB. stellt allerdings das Erfordernis der fremden Sache nicht auf.

[2]) Genau genommen ist die Zerstörung nichts anderes als eine besonders weitgehende Veränderung der Substanz der Sache.

bleibt nur bei dieser Auffassung der Sachbeschädigung ein einheitlicher psychologischer Charakter gewahrt, und daß sie diesen besitzt, ist ihr größter Vorzug; ja ich möchte sagen, erst dadurch hat ein Verbrechenstatbestand den Beweis seiner Existenzberechtigung erbracht.

Die Strafandrohung gegen Sachbeschädigung gewährt dem Eigentümer nur einen sehr beschränkten Schutz und zwar selbst dann, wenn man geneigt ist, die bezüglichen gesetzlichen Bestimmungen weiter auszulegen, als es hier vertreten wurde. Es fällt noch weniger ins Gewicht, daß nicht jede Minderung des Wertes der Sache getroffen ist; vom Standpunkt des Eigentümers aus ist auch die Zerstörung nur eine der verschiedenen möglichen Arten, ihn des Genusses seiner Sache gänzlich zu berauben. Betrachten wir nun die weiteren (gegen Zueignung fremder Sachen gerichteten) Strafdrohungen, die unbestritten dem Schutz der Interessen des Eigentümers dienen sollen, so ergibt sich bei Berücksichtigung der geschichtlichen Entwicklung, der Systematik des Gesetzes [1]) und endlich der Schwere der angedrohten Strafen der unabweisbare Schluß, daß es sich hier darum handelt, den Eigentümer gegen solche Angriffe zu schützen, die ihn gleich der Zerstörung, aber auf anderem Wege von jedem ferneren Genuß seiner Sache ausschließen. Dieser Erfolg muß in erster Reihe hintangehalten werden, denn er beeinträchtigt nicht bloß das Interesse des Eigentümers, sondern er macht das Eigentum geradezu illusorisch. Die jemandem eigentümliche Sache soll ihrem Eigentümer dienen, ihm nützen, ihm die Befriedigung eines Bedürfnisses ermöglichen oder gewähren, nicht aber darf sie seinem Interessenkreis entfremdet werden.

Will und muß der Gesetzgeber das letztere durch Androhung von Strafe zu verhindern suchen, so kann er bei der Gestaltung des Tatbestandes und insbesondere bei der Bestimmung der verbrecherischen Tätigkeit auf zweifache Weise vorgehen. Er kann zunächst lediglich das Bewirken oder besser das Bewirkenwollen jenes Erfolges unter Strafe stellen, den er hintangehalten wissen will, und es wäre dann in unserem Fall etwa die Entfremdung [2]) einer im Eigentum stehenden

[1]) Besonders zu beachten auch die §§ 289, 290, 370 Nr. 6 RStGB. und § 9 des Reichsgesetzes, betr. die Pflichten der Kaufleute bei Aufbewahrung fremder Wertpapiere vom 5. 7. 1896 („Depotgesetz").

[2]) Ich verwende hier absichtlich nicht den von Binding in die Literatur

Sache mit Strafe zu bedrohen. Bei diesem Vorgang würden in der Tat alle hier zu vereinigenden Angriffe der früher gedachten schwersten Art umfaßt und der Tatbestand wäre vom rein dogmatischen Standpunkt aus unanfechtbar. Gleichwohl hat der Gesetzgeber nicht diesen Weg eingeschlagen, sondern den Tatbestand bei der Unterschlagung und beim Diebstahl wenigstens zum Teil vom Standpunkt des Täters aus bestimmt.

Dieser Vorgang hat große Vorteile, aber auch nicht unerhebliche Nachteile im Gefolge, welch' letztere gerade bei der Unterschlagung stark hervortreten. Wird er gewählt, so geschieht dies nicht auf Grund dogmatischer Erwägungen, sondern es erweist sich dabei die in der Natur des Strafrechts begründete Erscheinung als wirksam, vermöge welcher sich bei der Betrachtung und Beurteilung antisozialer Handlungen das Interesse stets und in erster Reihe dem Täter zuwendet. Die Geschichte gerade jener wichtigsten Verbrechen, die eine Jahrhunderte währende Entwicklung aufzuweisen haben, läßt erkennen, daß die beginnende Begriffsbildung, die sich im Rechtsgefühl und in der Sprache des Volkes vollzog, nicht oder doch nicht ausschließlich von der Zusammenfassung äußerlich gleichartige Erfolge bewirkender Handlungen ausging. Vielmehr zeigen die ersten uns sicher bekannten Ergebnisse dieses Prozesses das deutliche und oft sehr erfolgreiche Bestreben, solche gemeinsame Momente zu verwerten, die den Täter charakterisieren und die nur dann aufgefunden und in ihrer Bedeutung erkannt werden können, wenn man das Verbrechen so betrachtet, wie es sich in der Seele des Verbrechers spiegelt und nicht bloß vom Standpunkt des Verletzten ausgeht. So hat das ältere römische Recht in dem Motiv der Gewinnsucht[1]) ein äußerst kennzeichnendes und rein subjektives Moment gefunden, das gegenüber der sonst so weiten Ausdehnung seines Diebstahlsbegriffes ein wirksames Gegengewicht darstellte. Läßt sich dasselbe für unser altes heimisches Recht

eingeführten Ausdruck „Enteignung", weil Binding darunter stets eine Besitzentziehung verstanden wissen will.

[1]) Vgl. die berühmte Diebstahlsdefinition von Paulus: „furtum est contrectatio rei fraudulosa, lucri faciendi gratia, vel ipsius rei, vel etiam usus possessionisve" in § 3 Dig. de furtis 47, 2. Daß unter den hervorgehobenen Worten das Motiv der Gewinnsucht zu verstehen sei, darf wenigstens für das ältere römische Recht wohl als feststehend gelten. Siehe Ullmann, Der dolus beim Diebstahl. S. 22, Merkel in H. H. Bd. 3. S. 626 N. 2; Mommsen, Römisches Strafrecht, S. 741.

auch nicht nachweisen, so hat dieses — neben der Bereicherungsabsicht — durch das Erfordernis der Heimlichkeit seinem Diebstahlsbegriff einen ganz eigentümlichen und scharf ausgeprägten Charakter verliehen. Die Bedeutung, die gerade dem Moment der Heimlichkeit zukam, wird freilich nur dann ganz klar, wenn man sich die wirtschaftlichen und sozialen Verhältnisse dieser Zeit vergegenwärtigt. Geschieht dies, dann kann man sagen, der Diebstahl kennzeichnete den, der ihn beging. — Heute läßt sich dasselbe nicht behaupten. Unsere Tatbestände sind vielfach verblaßt und nicht in letzter Reihe ist dies eine Folge des großen Aufschwunges der Dogmatik des Strafrechts, der Hauptarbeit, die auf strafrechtlichem Gebiet in der größeren Hälfte des vergangenen Jahrhunderts geleistet wurde.[1]) Diese Erscheinung tritt am deutlichsten in der Gestaltung der Eigentumsverbrechen des geltenden deutschen Rechtes hervor, doch auch hier ist man nicht bis ans letzte Ende gegangen. Wie schon früher bemerkt, hätte man sich damit begnügen können, lediglich die Entfremdung unter Strafe zu stellen. Der Gesetzgeber dürfte sich aber, — wenn es gestattet ist, ihm diesen Gedankengang zu imputieren, — die Frage vorgelegt haben, was derjenige für sich wolle, der den hintanzuhaltenden Erfolg zu bewirken sucht. Wird die Entfremdung der Sache um ihrer selbst willen angestrebt oder ist sie nur notwendig verbunden mit dem, was der Täter erreichen will? Und, wenn das letztere zutrifft, worin besteht der Erfolg der Handlung vom Standpunkt des Täters aus betrachtet, worauf ist zunächst sein Wille gerichtet? Die Antwort auf diese Fragen soll der Zueignungsbegriff geben; jedoch nach dem Wortlaut des Gesetzes zunächst mit der Unterscheidung, daß die Unterschlagung geradezu in der Zueignung einer fremden Sache bestehen soll, während zum Diebstahl nur ein näher bestimmtes Handeln in Zueignungsabsicht verlangt wird.

Es ist hier nicht zu untersuchen, ob die vom Gesetzgeber gebotene Lösung eine befriedigende sei, sondern es soll nur auf Grund der

[1]) Sie soll durch diese Bemerkung gewiß nicht herabgesetzt werden! Nur die einseitige und ausschließliche Betonung des dogmatischen Standpunktes ist von Nachteil. Äußerst lehrreich in der im Text angedeuteten Richtung ist ein Vergleich zwischen dem österreichischen und dem deutschen StGB., namentlich der Tatbestände der Vermögensverbrechen. Trotz seines hohen Alters und aller dadurch bedingten Mängel und namentlich trotz grober systematischer und dogmatischer Fehler steht das österreichische Gesetzbuch kriminalpolitisch in vielen Punkten höher als das deutsche.

bereits gewonnenen Anhaltspunkte das Wesen der Zueignung bestimmt werden. Ist nun das vorläufige Ergebnis richtig, wonach das Verbot der Zueignung das Interesse des Eigentümers gegen solche Angriffe schützen soll, die ihn von jedem Genuß seiner Sache ausschließen und ist es andererseits und zwar schon aus rein sprachlichen Gründen unmöglich, unter Zueignung lediglich das Bewirken dieser Ausschließung zu verstehen, so folgt daraus, daß der Zueignungsbegriff neben diesem negativen noch ein weiteres Element enthalten muß, das als positives bezeichnet werden mag.[1]) Auch für seine Bestimmung muß der eben betonte Zweck maßgebend sein; überdies muß die Zueignung so bestimmt werden, daß sie sich von der Sachbeschädigung, insbesondere von der Zerstörung einer fremden Sache unterscheidet. Nach der negativen Seite hin kommt diese mit der Zueignung darin überein, daß die Beziehungen des Eigentümers zu seiner Sache aufgehoben werden. Der Zueignungsbegriff weist aber gerade auf die andere Seite hin, auf die Herstellung von Beziehungen zwischen dem Täter und der Sache. Es genügt aber nicht die Herstellung irgendwelcher Beziehungen, vielmehr müssen sie derartige sein, daß sie das negative Element einschließen, daß sie also mit dem vollen Genuß der Sache durch den Berechtigten unvereinbar sind. Dies ist in erster Reihe dann der Fall, wenn der Täter selbst die Sache derart genießt, daß ein weiterer Genuß derselben Sache überhaupt ausgeschlossen ist; aber auch dann, wenn der vom Täter vorgenommene Genußakt zwar die überhaupt gegebenen Genußmöglichkeiten keineswegs ausschließt, wohl aber gerade dem Berechtigten den vollen Genuß unmöglich macht. In beiden Fällen ist ein den Berechtigten ausschließender Genuß der Sache durch den Täter gegeben. Endlich gehört hierher auch der Fall, daß die Sache vom Täter zu ausschließendem Genuß gewonnen wird, mag auch mit diesem noch nicht begonnen worden sein. Verwirklicht ist hier nur das negative Element vollkommen, die Beziehungen des Berechtigten zu seiner Sache sind unterbrochen und der Täter hat

---

[1]) Die Unterscheidung eines positiven und negativen Elementes in der Zueignung hat zuerst Merkel besonders betont in H. H. Bd. 3 S. 698, vgl. auch S. 648. Am schärfsten trennt Binding die beiden Elemente, der die Zueignung geradezu in „Enteignung" und „Aneignung" zerlegt (a. a. O. S. 264 ff.). Eine solche Zerlegung scheint mir jedoch nicht richtig und der Erkenntnis der Zueignung nicht gerade förderlich zu sein.

irgendwelche, nicht näher zu bezeichnende Beziehungen hergestellt, aber eben zu dem Zweck ausschließenden Genusses. Sobald die Handlungsweise des Täters von diesem Zweckmoment erfüllt ist und dem Berechtigten tatsächlich die Genußmöglichkeit abgeschnitten wird, dann genügen auch diese Beziehungen des Täters zur Sache der oben aufgestellten Forderung und es ist Zueignung gegeben. Zusammenfassend kann demnach gesagt werden: Zueignung einer Sache ist der (den Berechtigten) ausschließende Genuß dieser Sache und ebenso jede Handlung, durch welche die Sache zu ausschließendem Genuß gewonnen wird. Der aufgestellte Zueignungsbegriff ermöglicht es, der Absicht des Gesetzgebers gerecht zu werden und er verhindert die vielfach beliebte, aber zweckwidrige und übermäßige Ausdehnung der Zueignungsverbrechen. Der Schutz der Interessen des Eigentümers reicht allerdings nicht ganz so weit, als der Gesetzgeber gewiß wollte. Wer den Eigentümer von jedem Genuß seiner Sache ausschließt, die Sache aber weder zerstört, noch auch sie genießt oder ihren Genuß anstrebt, ist nicht strafbar.[1]) Dieser übrigens praktisch wenig bedeutsame Fall der reinen Entfremdung ist vom Gesetzgeber übersehen worden; er kann ebensowenig als Zueignung betrachtet werden, als es gänzlich verfehlt ist, ihn als Sachbeschädigung zu behandeln.[2])

---

[1]) Vgl. Binding a. a. O. S. 267: „Die Enteignung als solche ist straflos!"

[2]) Dafür neuerdings wieder Binding a. a. O. S. 249, trotz des Note 1 angeführten Satzes. Dagegen die herrschende Meinung; Merkel in H. H. Bd. 3 S. 853; Lehrbuch, S. 316, Hälschner, Das gem. deutsche Strafrecht, Bd. 2 S. 387 fg., Olshausen zu § 303 N. 4b, v. Liszt, Lehrbuch des Deutschen Strafrechts (1905) S. 450, und das RG. Dieselbe Kontroverse besteht für das öst. Recht; für die richtige Ansicht Lammasch, Grundriß (2. Aufl.) S. 73, a. M. Finger, Das Strafrecht, Bd. 2 S. 174, der aber für das deutsche Recht der herrschenden Meinung sich anschließt (vgl. N. 214), ohne daß eine solche Unterscheidung in den Gesetzen begründet wäre, und Janka, Das öst. Strafrecht (4. Auflage von v. Kallina), S. 229. — Alle Versuche, zu begründen, daß der Untergang des fremden Eigentumsrechtes, die freilich sehr intensive Verletzung des Interesses des Eigentümers eine Zerstörung der Sache selbst sei, sind als gescheitert anzusehen. Wer bewirkt, daß eine Sache eine ihrer Eigenschaften verliert, zerstört sie nicht; sonst könnte man auch behaupten, es sei „Zerstörung" einer weißen Mauer, wenn sie schwarz angestrichen wird. Mit Recht haben ältere und neuere Gesetze und Entwürfe dieses Falles besonders gedacht, der am besten der Sachbeschädigung an die

Gegen das gewonnene Ergebnis könnte eingewendet werden, daß jene Fälle unberücksichtigt geblieben sind, in denen der Täter sich darauf beschränkt, eine fremde Sache einem Dritten zuzuwenden, und seine Handlung sich darin erschöpft. Dieser Einwand ist nur zum Teil berechtigt. Es wird auch hier zu untersuchen sein, ob in der Handlung des Täters ein Genuß der Sache gefunden werden kann oder nicht. Häufig wird dies der Fall sein, so zweifellos z. B. dann, wenn die Sache einem Dritten geschenkt wird, allerdings aber nicht immer. Dann mag man immerhin von einer Lücke sprechen, die Verantwortung für sie trägt aber nur das Gesetz, das lediglich von „Sich-Zueignen" spricht, nicht von „Sich- oder einem anderen Zueignen".[1]) Darin liegt ein wesentlicher Mangel, der leider Theorie und Praxis immer wieder dazu verleitet, dem Zueignungsbegriff einen möglichst farblosen Inhalt zu geben, um nur die gedachte Lücke auszufüllen, diese Fälle, die nur durch die weitere Fassung wirklich einbegriffen wären, doch auch als ein „Sichzueignen" erklären zu können. Dadurch erhalten die Zueignungsverbrechen einen ganz unhaltbar großen Umfang. Allerdings scheut man sich oft, alle Konsequenzen aus dem einmal eingenommenen Standpunkt abzuleiten; aber es kann dies dann nur so geschehen, daß man die Zueignung leugnet, obwohl jene Momente vorhanden sind, die angeblich ihren Inhalt ausmachen. Ein solcher Vorgang, auf den noch zurückzukommen sein wird, beweist deutlich, daß der Ausgangspunkt unbrauchbar und verfehlt ist.

Der hier vertretenen Auffassung von dem Wesen der Zueignung steht am nächsten die Begriffsbestimmung, die von Frank[2]) aufge-

Seite gestellt wird. Vgl. StGB. für den Kanton Waadt Art. 325 und Wallis Art. 330 (dazu Stooß, Die Grundzüge des schweiz. Strafrechts, Bd. 2 S. 112) und die schweiz. StG.-Entwürfe, Art. 79 des 1896er Vorentwurfes und Art. 87 § 1 des Vorentwurfes vom Juni 1903.

[1]) Anders bes. Merkel in H. H., Bd. 3 S. 649, der zwar diesen Punkt weder übersieht, noch einfach ignoriert, wie so manche andere, aber meint, es sei „sprachlich nicht unmöglich, auch von demjenigen, der die Sache eigenmächtig Dritten zuwendet, zu sagen, daß er sie sich zueigne, indem er eben darin, daß er über die Sache willkürlich zugunsten Dritter verfügt, die Stellung des Eigentümers usurpiert". Auf diesen Grund kann sich aber nur der stützen, der das Wesen der Zueignung eben in der Anmaßung der Eigentümerstellung erblickt, gerade das ist bei Merkel nicht der Fall.

[2]) Das Strafgesetzbuch für das Deutsche Reich (Kommentar), 3. u. 4. Aufl. S. 318ff. und 331fg. (§ 242 VII. 2 und § 246 III).

stellt wird und derzufolge Zueignung jede unter Ausschluß des Berechtigten erfolgende Verfügung über die Sache ist, durch welche diese oder ihr wirtschaftlicher Wert für den Täter gewonnen wird. Besonders wird hier sehr richtig betont, daß die Begriffsbestimmung vom wirtschaftlichen Standpunkt aus erfolgen muß, sobald einmal feststeht, daß Zueignung nicht juristischen Eigentumserwerb bedeutet. Manche Einwendungen, die gegen die Franksche Formel erhoben werden könnten, sind weniger bedeutsam, da sie sich mehr gegen die gebrauchten Worte, als gegen den zugrunde liegenden Gedanken richten, so z. B. daß es kaum angeht, alle Zueignungshandlungen als „Verfügungen" zu bezeichnen. Sehr anfechtbar hingegen ist, was Frank bezüglich des oben hervorgehobenen kritischen Punktes der Zueignungslehre sagt; er geht darüber bei Erörterung der Zueignungsabsicht mit dem Satze hinweg,[1]) den Gegensatz zu dem eigenen Interesse des Wegnehmenden bilde das des Berechtigten. Darum liege Zueignungsabsicht auch dann vor, wenn der Wegnehmende die Sache an einen Dritten weitergeben will, gleichgiltig, ob entgeltlich oder unentgeltlich, gleichgültig, ob der Dritte von vornherein in den Plan eingeweiht war oder nicht. Da nun Frank im Wegnehmen keine Zueignungshandlung erblickt, so muß die Zueignung in allen diesen Fällen im Weitergeben gefunden werden. Ist aber dieses Weitergeben wirklich und insbesondere in der Allgemeinheit, wie dies Frank behauptet, eine Verfügung, durch welche die Sache für den Täter gewonnen wird, eine Verfügung im eigenen Interesse des Täters, durch die die Sache in das eigene wirtschaftliche Vermögen des Täters überführt wird?[2]) Daß diese Fragen zu verneinen sind, liegt auf der Hand. Bedenklich ist ferner die Anwendung, die Frank selbst von seiner Formel macht bei Erörterung der einzelnen wichtigeren Zueignungsakte, besonders dann, wenn erklärt wird, auch durch „bloße Vorenthaltung" der Sache könne Zueignung erfolgen, denn der andauernde Besitz könne Überführung in das eigene (wirtschaftliche) Vermögen bedeuten. Wann soll diese Überführung stattfinden? Bloßes Vorenthalten ist niemals eine „Verfügung", es ist nichts anderes und nicht mehr als Unterlassung der

---

[1]) a. a. O. S. 319.

[2]) Dies die kürzere Formulierung der Zueignung von Frank, a. a. O. S. 319 und 331.

pflichtmäßigen Rückstellung; es kann daraus auf die Zueignungsabsicht geschlossen werden und es kann selbständig für strafbar erklärt werden, aber es richtet kein Hindernis auf zwischen dem Berechtigten und seiner Sache und begründet niemals Zueignung. Wenn Frank selbst im bloßen Vorenthalten eine Verfügung über die Sache findet, durch welche die Sache für den Täter gewonnen wird, dann müßte er um so mehr das Wegnehmen der Sache als Zueignungsakt betrachten. Offenbar aber tut er dies nicht und steht hier vielmehr auf dem Standpunkt Merkels; während zur Unterschlagung vollendete Zueignung gehört, wird beim Diebstahl nur gefordert, daß sie zu einem Beginn ihrer Verwirklichung gekommen sei. Das Wegnehmen ist demnach niemals vollendete Zueignung. Hier liegt in der Tat wieder ein Punkt vor, wo es großen Schwierigkeiten begegnet, den Wortlaut des Gesetzes mit den praktischen Bedürfnissen in Einklang zu bringen und davon ausgehend einen brauchbaren Zueignungsbegriff zu konstruieren. Der Wortlaut spricht entschieden zugunsten der Auffassung Merkels; ein Zueignungsbegriff aber, der so enge umschrieben wird, daß er die Wegnahme der Sache nicht umfaßt, würde besonders das Anwendungsgebiet des § 246 in einem Maße einschränken, das mit dem Bedürfnis nach strafrechtlichem Schutz nicht mehr vereinbar ist und den Absichten des Gesetzgebers gewiß nicht entspricht.[1]) Bestimmt man aber die Zueignung nicht so enge, dann fällt das Wegnehmen auch darunter und der Diebstahl ist nicht, wie zunächst nach dem Gesetz angenommen werden muß, „Konkurrenz von vollendeter Besitzentwendung und versuchter Aneignung",[2]) sondern er ist ganz ebenso wie die Unterschlagung vollendete Zueignung.[3]) Ich halte nur diese letztere Auffassung für richtig. Jedenfalls muß eine von beiden gewählt werden, und es geht nicht an, die Zueignung so zu bestimmen, daß sie die Wegnahme umfaßt, dessenungeachtet aber den oben

---

[1]) So wenn die Zuneigung etwa lediglich als ausschließender Genuß einer Sache bestimmt würde. Eine sehr bedeutende Einschränkung des Umfanges der Unterschlagung ergibt sich dabei namentlich dann, wenn man sich bei Entscheidung der Frage, wann Versuch angenommen werden könne, nicht auf den Standpunkt einer rein subjektiven Theorie stellt.

[2]) Binding, Die Normen, Bd. 2 S. 551.

[3]) So jetzt auch Binding, Lehrbuch, S. 255. Der Diebstahl ist dann Zueignung durch Wegnahme, nicht Wegnahme, um sich die weggenommene Sache zuzueignen.

gekennzeichneten Standpunkt Merkels zu vertreten. Man kann doch nicht annehmen, der Zueignungsbegriff des Gesetzes sei zwar der weitere, aber das Gesetz habe durch die Fassung des § 242 erklären wollen, daß es eben gerade den einen Fall der Zueignung — die Wegnahme — nicht als Zueignung betrachtet wissen wolle. Dafür fehlt jeder Anhaltspunkt und jeder Grund. Hingegen ist die Auffassung mit dem Wortlaut des Gesetzes keineswegs unvereinbar, wonach die Wegnahme der Sache, natürlich den entsprechenden Vorsatz vorausgesetzt, vollendete Zueignung begründet, wenn auch gewiß eingeräumt werden muß, daß die Ausdrucksweise des Gesetzes diese Auffassung nicht unterstützt.

Die Begriffsbestimmung der Zueignung, die von Merkel vertreten wird, scheint zunächst zu den engeren zu zählen, in Wahrheit aber ist dies nicht der Fall und dieser Anschein entsteht nur dann, wenn man davon ausgeht, wie Merkel die Zueignungs*absicht* bestimmt, während die Bestimmung der Zueignung den Ausgangspunkt zu bilden hat. Diese ist nach Merkel: Ausschließung der Willensherrschaft des Eigentümers und Begründung einer solchen in Bezug auf die Substanz der Sache für den Täter; die Zueignungsabsicht aber geht dahin, die Sache dem Willen und den Interessen eines anderen in exklusiver Weise dienstbar zu machen. Es ist klar, daß auch bei dieser Auffassung schon die Wegnahme ein Zueignungsakt ist und daß die Wegnahme mit Zueignungsvorsatz vollendete Zueignung begründet. Die Wegnahme ist Begründung eines faktischen Herrschaftsverhältnisses über die Sache nach Merkels eigenen Worten[1]) und ebenso ist sie Ausschließung der Willensherrschaft des Eigentümers. Merkel selbst wirft die Frage auf, was noch zu diesem Tatbestand hinzukommen müsse, damit von Zueignung im Sinne des Gesetzes die Rede sein könne, und er beantwortet sie folgendermaßen: Das durch die Wegnahme nach der Seite des Bestohlenen hin begründete Verhältnis solle nach der Intention des Täters ein dauerndes sein. Aber darin liege, wenigstens vom Standpunkt des die Sache sich Zueignenden aus, nicht das Wesentliche. Es sei dies nur die Kehrseite davon, daß die Sache dem Willen und den Interessen eines andern und zwar in exklusiver Weise dienstbar gemacht werden will. Wie aber aus den späteren Ausführungen

---

[1]) a. a. O. S. 648.

Merkels ersichtlich wird, stellt er damit lediglich subjektive Merkmale auf, deren Verwirklichung zur Vollendung der Zueignung nicht erforderlich ist. Der Vorsatz reicht demnach hier weiter, als nur bis zur Verwirklichung des Zueignungsaktes, und es kann deswegen kein Vorwurf gegen Merkel erhoben werden. Wir treffen dieses Verhältnis immer da an, wo eine Zweckbeziehung in den Vorsatz aufgenommen wird und dies ist auch hier der Fall. Aber die Wegnahme mit Zueignungsvorsatz ist dann doch vollendete Zueignung. Dies wird vollends klar, wenn man die Wegnahme mit einigen von Merkel ausdrücklich als Zueignungsakte anerkannten Handlungen vergleicht, so z. B. das Beiseiteschaffen, Verbindung oder Vereinigung u. a. Von diesen Fällen kann füglich nicht behauptet werden, daß die Sache den Interessen des Täters bereits dienstbar gemacht sei. Wenn etwa der Verwahrer die Sache, die er zurückstellen sollte, an einem sicheren Ort verbirgt, um sie später zu verbrauchen oder zu veräußern, dann ist allerdings der Eigentümer von der Möglichkeit, über seine Sache zu verfügen und sie zu genießen, ausgeschlossen, es ist zwischen ihn und die Sache ein Hindernis getreten. Will man nur deshalb und weil weiter der Täter nunmehr die Möglichkeit des Genusses besitzt, bereits sagen, die Sache sei seinen Interessen dienstbar gemacht, dann gibt man diesem Ausdruck eine so weite Auslegung, daß er seinen Wert für die Abgrenzung des Zueignungsbegriffes einbüßt. Aber auch von diesem Standpunkt aus muß dann auch von der weggenommenen Sache gesagt werden, daß sie den Interessen des Täters dienstbar gemacht sei. Die Beziehungen des Täters zur Sache sind hier eher noch festere, als beispielsweise bei der verborgenen Sache, und dasselbe gilt nach der anderen Richtung hin für das Verhältnis des Eigentümers zur Sache. Das Ergebnis ist nun ganz das nämliche, wenn man zur Zueignung nur verlangt Begründung eines Herrschaftsverhältnisses zu dem Zweck, um die Sache den Interessen eines andern dienstbar zu machen; auch dann erscheint schon die vollendete Wegnahme als vollendete Zueignung. —

Die meisten Begriffsbestimmungen der Zueignung oder Zueignungsabsicht stimmen darin überein, daß die Zueignung als Herstellung tatsächlichen Eigentums bezeichnet wird und die Zueignungsabsicht als die Absicht, die Sache „wie ein Eigentümer" oder sogar „als Eigentümer" für sich zu haben, in dieser Weise über sie zu verfügen.[1]) Daß hier stets ein falscher Weg eingeschlagen wird, ist schon oben bemerkt worden. Manche der hierher zu zählenden Definitionen sind überdies sofort als unrichtig zu erkennen. Dies gilt insbesondere von dem Satz, Zueignung sei jede Handlung, die einen Akt der Eigentumsausübung darstelle, oder jede Handlung, zu der nur der Eigentümer berechtigt sei. So oft diese Auffassung auch schon zurückgewiesen und als unhaltbar aufgedeckt wurde,[2]) wird sie doch immer wieder und ohne jede Begründung vertreten[3]) und spielt besonders in der Praxis eine große und unheilvolle Rolle. Andere Aufstellungen wieder werden durch den einfachen Hinweis auf die gerade am häufigsten vorkommenden Zueignungsfälle widerlegt, so daß es in der Tat auffallend ist und deutlich das Verkehrte der angewandten Methode aufzeigt, wenn die Begriffsbestimmung in so offenen Widerspruch tritt zu dem tatsächlich Gegebenen. Dies ist der Fall, wenn das Wesen der Zueignung in die Herstellung eines „eigentumsähnlichen Verhältnisses" zur Sache verlegt wird,[4]) wobei

---

[1]) Siehe etwa die Zusammenstellung zahlreicher Definitionen bei Dörr, Über das Objekt bei den strafbaren Angriffen auf vermögensrechtliche Interessen, § 38 (S. 143 ff.) Heft 34 der Breslauer Strafrechtlichen Abhandlungen.

[2]) So schon von Merkel in H. H. Bd. 3 S. 698 fg. — Rotering im Gerichtssaal Bd. 36 S. 527, Olshausen § 242 N. 29.

[3]) Meyer, Lehrbuch des deutschen Strafrechts, 3. Auflage, S. 520: „. . . . über die Sache in der Art verfügen, wie dies nur der Eigentümer zu tun befugt ist". In der 5. Aufl. (S. 545 ff.) fehlt dieser Satz und die Zueignung wird bestimmt als ein Verhalten, durch das der Wille zum Ausdruck gebracht wird, die Sache ausschließlich zu beherrschen. — Finger, Das (öst.) Strafrecht, Bd. 2 S. 213 ff., besonders N. 271 (S. 215): „Uns scheint das Entscheidende, daß der Akt der Verpfändung eine Disposition ist, zu der bloß der Eigentümer berechtigt ist, daß daher solche Disposition die Zueignungsabsicht enthält und daß die nebenherlaufende Absicht, das durch die Zueignung geschaffene faktische Verhältnis wieder zu beseitigen, strafrechtlich ohne Bedeutung ist."

[4]) Nach Binding, Normen, Bd. 2, S. 545, besteht die Zueignung im wesentlichen darin, daß zwischen dem Täter und der Sache ein Verhältnis geschaffen wird, „welchem es nur an der rechtlichen Sanktion mangelt, um Eigentumsverhältnis zu sein". Dieser Satz hat vielfach Anklang und Aufnahme bei anderen Schriftstellern gefunden, (so namentlich bei v. Liszt, Lehrbuch des deutschen Strafrechts, 6. Aufl. S. 396, — anders die neueren Auflagen; Friedländer in der Z., Bd. 11 S. 401 u. A.) obwohl er, ganz abgesehen von dem im Text dagegen Bemerkten, bei genauer Betrachtung für die Bestimmung der Zueignung gar nichts bedeutet. Wenn man sich auch in den

es hier nicht weiter in Betracht kommt, wie dieses des näheren etwa noch bestimmt wird. Wo ist die Herstellung dieses „Verhältnisses", wenn die Zueignung durch Verbrauch oder Verkauf erfolgt? Der Verwahrer z. B., der die ihm anvertraute Sache treuloserweise verkauft, begründet dabei überhaupt kein Verhältnis zur Sache, vielmehr löst er damit das rein tatsächliche Verhältnis auf, in dem er sich bisher zur Sache befand. Ganz dasselbe ist auch einzuwenden, wenn gesagt wird, die Zueignung sei das Fürsichhaben der Sache und die Zueignungsabsicht auf dieses Haben gerichtet.[1]) —

Wieder in anderer Weise, aber nicht minder offenkundig gerät Olshausen in Widerspruch mit der Wirklichkeit der Dinge, wenn er im Anschluß an John[2]) von der Zueignungsabsicht sagt, sie müsse dahin gehen, die Sache dem Verletzten dauernd zu entziehen und an ihr den Gesamtinhalt derjenigen Befugnisse auszuüben, welche der Eigentümer kraft seines Eigentumsrechtes ausübt. Gewiß ist doch auch der ein Dieb, der einem anderen eine Sache wegnimmt, einzig und allein zu dem Zweck, die Sache zu verkaufen oder einem Dritten zu schenken. Er will nicht den Gesamtinhalt der Befugnisse eines Eigentümers ausüben, sondern lediglich eine solche Befugnis. Viel-

Vorstellungskreis hineinzudenken versucht, demzufolge das Eigentumsrecht als Verhältnis zwischen einer Person und einer Sache aufgefaßt wird, so bleibt es doch wahr, daß dieses Verhältnis nichts irgendwie Charakteristisches aufweist, sobald man es rein tatsächlich betrachtet, wie es ja hier geschehen muß. Die verschiedenartigsten Verhältnisse begegnen uns da, und oft sind zwischen der Sache und einem Nichteigentümer viel engere Beziehungen vorhanden, als zwischen ihr und dem Eigentümer. Daß gleichwohl Eigentum dieser Person vorliegt, können wir nur dann feststellen, wenn wir wissen, daß diese Person einen der gesetzlichen Eigentumserwerbsgründe für sich hat. Streicht man aber diese rechtlichen Gesichtspunkte, dann bleibt eben nichts übrig, was für die Beantwortung der Frage verwertet werden könnte, ob hier „tatsächliches Eigentum" vorliegt, ob nur die rechtliche Sanktion mangelt, damit dieses Verhältnis Eigentum sei. Es gibt eben kaum das Verhältnis, das nicht durch Hinzutritt der „rechtlichen Sanktion" zum Eigentum werden könnte. — Die im Text erhobene Einwendung trifft jedoch nicht Bindings Lehre von der Zueignung in seinem Lehrbuch, Bd. 1 S. 264ff.; siehe darüber gleich unten.

[1]) Lauterburg in der Z. für Schweizer Strafrecht Bd. 6 („Zur Abgrenzung der strafbaren Vermögenszueignung und ihrer Hauptformen") S. 179. „Wer sich eine fremde Sache zueignet, will sie vorsätzlich nicht nur vollständig seiner Beherrschung unterwerfen, sondern die Sache auch für sich „haben" als unmittelbaren Taterfolg."

[2]) Z. Bd. 1 S. 256.

leicht würde Olshausen, freilich mit Unrecht, dagegen einwenden, der vom Täter verfolgte „Endzweck" sei nicht entscheidend;[1]) gehen wir also weiter: wie steht es mit dem Willen, den Gesamtinhalt der Eigentümerbefugnisse auszuüben, bei der Unterschlagung? Will der Mieter eines Klaviers, der dieses verpfändet, um es nicht wieder auszulösen, der Kassierer, der mit vereinnahmten Geldern eigene Schulden zahlt, der Bankier, der mit fremden Wertpapieren spekuliert, — wollen alle diese den „Gesamtinhalt der Befugnisse des Eigentümers" ausüben? Gewiß nicht. Die Verpfändung usf. ist immer nur Ausübung einer Befugnis aus der Fülle aller jener, die dem Eigentümer zustehen. Die handelnden Personen in den angeführten Beispielen wollen die Sachen für sich verwerten, sie ihrem eigenen Interesse dienstbar machen, sie wollen mit einem Wort genießen. Das entscheidende Moment aber ist, daß es sich um einen den Berechtigten ausschließenden Genußakt und um einen ausschließenden Genußwillen handelt. Gewiß kann unter Umständen, etwa beim Wegnehmen einer Sache, die Absicht des Täters noch nicht näher bestimmt und etwa allgemein dahin gerichtet sein, die Sache nach jeder nur möglichen Richtung und je nach Belieben für sich nutzbar zu machen. Wir würden hier von einem generellen Genußwillen sprechen und dies in die Sprache derer übertragen, die sich von dem Heranziehen einer Analogie mit Eigentumserwerb und -ausübung nicht losmachen können, mag man da immerhin von der Absicht sprechen, den Gesamtinhalt der Eigentümerbefugnisse auszuüben. Aber der wesentliche Punkt der Zueignungsabsicht ist das nicht im entferntesten. Auch ein ganz spezialisierter Genußwille genügt, sofern er eben nur auf einen solchen Genußakt gerichtet ist, der sich mit dem Interesse des Eigentümers nicht vereinen läßt. Mit Unrecht erklärt Olshausen und ebenso Binding,[2]) daß der vom Täter verfolgte Zweck ohne Bedeutung sei für die Zueignung. Nur insofern ist dies richtig, als es allerdings gleichgültig ist, welcher Art der gerade im einzelnen vom Täter verfolgte Zweck ist, sofern es feststeht, daß er einer bestimmten Gattung angehört. Ob z. B. der Täter die weggenommene Sache verbrauchen oder verkaufen will, ist ohne Belang. Aber was der Täter bezweckt, muß

---

[1]) Siehe Olshausen a. a. O. N. 27 zu § 242.

[2]) Lehrbuch S. 268.

feststehen, wenn die Frage beantwortet werden soll, ob Zueignung vorliege oder nicht. Auch die Anwendung der Begriffsbestimmung von Olshausen ist nur möglich auf Grund der Feststellung dessen, was der Täter bezweckte; oder sollte es jemals gelingen, unmittelbar festzustellen, der Täter habe „den Gesamtinhalt der Befugnisse des Eigentümers" ausüben wollen? Ob das, was der Täter mit der Sache zu tun beabsichtigt, sein „Endzweck" ist oder nicht, darauf kommt freilich nichts an. Schwer verständlich ist es aber, wenn Olshausen zur Begründung dafür, daß der vom Täter verfolgte „Endzweck" gleichgültig sei, sich darauf beruft, dieser könne gerade auf das Gegenteil der Zueignung, nämlich auf Zuwendung der Sache an einen Dritten gehen.[1]) Es dürfte wohl auch Olshausen Unterschlagung annehmen, wenn etwa der Verwahrer die ihm anvertraute Sache einem Dritten schenkt. Hier geht der Schenkung nichts voraus, die Handlung des Täters erschöpft sich in ihr und auch der Vorsatz des Täters ist lediglich auf die Zuwendung gerichtet; es ist offenbar unmöglich, die durchaus einheitliche Handlung des Täters und seinen Vorsatz gleichsam zu spalten und in dem einen Teil die Zueignung, in dem andern aber gerade das Gegenteil davon zu erblicken. Man kann dieselbe Handlung gewiß von verschiedenen Gesichtspunkten aus betrachten und bei der Schenkung lediglich darauf Gewicht legen, daß auch hier eine „Betätigung eines Herrscherwillens" vorliege und von allem anderen absehen. Aber es ist ausgeschlossen, daß dieselbe Handlung einmal gerade das Gegenteil von Zueignung und das andere Mal wieder Zueignung sein könnte.

Die meisten Fehler und Irrtümer, die in der Zueignungslehre begegnen, stammen daher, daß zunächst bei dem regelmäßig vor der Unterschlagung behandelten Diebstahl bloß die Zueignungsabsicht bestimmt und besprochen wird und dann erst bei der Unterschlagung die Zueignung und daß der notwendige Zusammenhang dabei oft verloren ging und übersehen wurde. Von diesem Mangel ist völlig frei die gründlichste Bearbeitung der Zueignungslehre, die wir gegenwärtig besitzen, die Ausführungen Bindings in den §§ 67 ff.

---

[1]) Olshausen beruft sich hier zu Unrecht auf Hälschner, Das gem. deutsche Strafrecht, Bd. 2 S. 292, denn dort wird die Absicht des Diebes nur insoweit als indifferent für den Tatbestand des Diebstahls erklärt, als dies auch im Text für richtig anerkannt wurde.

seines Lehrbuches. Die einheitliche Behandlung aller einschlagenden Fragen hat Binding insbesondere den Irrtum erkennen lassen, der darin gelegen ist, die Zueignung nicht erst etwa in die Verwertung der Sache oder einen ähnlichen enge unbegrenzten Tatbestand zu verlegen, gleichwohl aber zu behaupten, beim Diebstahl liege bloß versuchte Zueignung vor. Trotz dieser Vorzüge können aber die Sätze Bindings schon deshalb nicht gebilligt werden, weil sie auf einer rein formalen Auffassung der Zueignung beruhen. Nachteilig wirkt bei Binding auch jene Betrachtungsweise, die von ihm als die realistische Auffassung des Strafrechts bezeichnet wird und die sich in einer weitgehenden Überschätzung der Bedeutung äußert, die dem Moment des (strafrechtlichen) Besitzes zukommt. Dies zeigt sich schon in dem Schema, das Binding für die Eigentumsverbrechen entwirft.[1]) Demnach gibt es nur zwei Formen von Angriffen gegen die Eigentumsrechte, nämlich Beschädigung und Entziehung. Die letztere tritt wieder in drei verschiedenen Formen auf, ist aber stets Besitzentziehung. Neben der Zerstörung (1) kommt hier zweitens in Betracht die Entwertung des fortdauernden Eigentumsrechtes durch Aufhebung des Besitzes a) mittels Beiseiteschaffen der Sache: reine Enteignung im strafrechtlichen Sinn; b) mittels Besitzergreifung: Enteignung verbunden mit Aneignung. Wie wenig der zur Einteilung gewählte Gesichtspunkt geeignet ist, seinem Zweck zu dienen, zeigt sich hier sehr deutlich, am besten vielleicht in der Zerreißung des durchaus einheitlichen Verbrechens der Sachbeschädigung. Sodann wirkt es äußerst störend, daß Binding das Wort „Besitz" in zwei verschiedenen Bedeutungen gebraucht, ohne dies irgendwie erkenntlich zu machen, oder daß jedenfalls diesem Wort verschiedene Bedeutungen beigelegt werden müssen, wenn anders die besprochene Stelle einen Sinn geben soll. Wo Binding vom Besitz als Gegenstand des Angriffes spricht, ist darunter offenbar der sogenannte strafrechtliche Besitz zu verstehen, also namentlich auch der „unmittelbare" Besitz im Sinne des BGB., während der „mittelbare Besitz" (§ 868 BGB.) hier nicht als Besitz gilt. Hingegen muß bei „Besitzergreifung" durch den Täter (2a) an die Ergreifung juristischen Besitzes gedacht werden. Hatte aber der Täter in diesem Fall schon strafrechtlichen Besitz, war er insbesondere unmittelbarer Besitzer, so kann von einer

---

[1]) a. a. O. § 64, S. 246.

„Besitzergreifung“ auf seiner Seite nicht mehr gesprochen werden, und wenn der Täter bloß die causa detentionis verwechselt, so ist das weder „Enteignung“ noch Aneignung. Dieselbe Unklarheit begegnet bei der Erörterung der Enteignung[1]) und des Verhältnisses von Enteignung und Zueignung.[2]) Zur Enteignung soll die Absicht dauernder Besitzentziehung unbedingt notwendig sein, aber nur dann, „falls der Herr Besitzer ist“. Zweifellos ist hier wieder der strafrechtliche Besitz gemeint. Mangelt dieser dem Eigentümer, dann bedarf es eben deshalb keiner Besitzentziehung, weil der Eigentümer strafrechtlich überhaupt nicht Besitzer ist. Bei dieser Auffassung ist es aber offenbar unzulässig, auch die Unterschlagung als Entwertung des fortdauernden Eigentumsrechtes durch Aufhebung des Besitzes mittels Besitzergreifung zu charakterisieren und dies als Enteignung verbunden mit Aneignung zu bezeichnen. Daraus würde auch notwendig folgen, daß jede Enteignung Aufhebung fremden Besitzes ist, während aus dem über die Enteignung Gesagten gerade auf das Gegenteil geschlossen werden muß. Es gibt hier nur die Wahl zwischen zwei Alternativen: entweder reicht die Enteignung weiter als die Besitzentziehung, oder es gehört nicht zu jeder Zueignung auch eine Enteignung. Binding spricht nun allerdings von einer minder vollständigen Form der Aneignungsdelikte, die dann vorliegt, wenn unbesessene oder schon enteignete Sachen Gegenstand der Aneignung sind; hier nimmt der Täter nicht eigentlich eine Enteignung vor, sondern er gibt bloß dem schon vorgefundenen Zustand des Enteignetseins des Eigentümers eine neue causa, er will ihn verlängern. Als Fälle dieser Art führt Binding an, daß der Eigentümer schon enteignet wurde vor dem Eingreifen des Täters durch Zufall oder seinen eigenen Willen (in Seenot verlassene Schiffe) oder das Verbrechen eines Dritten. Der Fall, daß der (strafrechtliche) Besitz dem Täter anvertraut ist, gehört offenbar nicht hierher; man kann doch wohl nicht annehmen, Binding betrachte etwa den Hinterleger als einen Eigentümer, den sein eigener Wille enteignet habe. Diese Fälle müssen also zur vollständigeren Form der Aneignungsdelikte gehören, bei der der Täter sowohl Enteignung wie auch Zueignung vornimmt. Hier unterscheidet Binding drei Typen: 1. der

---

[1]) a. a. O. § 70, S. 264 ff.

[2]) a. a. O. S. 270 ff.

Täter hat bei der Enteignung an die Zueignung noch gar nicht gedacht, 2. er nahm die erstere vor, um sich die letztere zu ermöglichen, wobei sich ein Zeitintervall zwischen beide legt. Es leuchtet ohne weiteres ein, daß unser Fall — Zueignung durch den Besitzer der Sache — unter diese Gruppen nicht gebracht werden kann. Endlich 3. Enteignung und Aneignung wird durch denselben Akt der Besitzergreifung durch Besitzentsetzung vorgenommen. Auch hierher kann unser Fall nicht gezogen werden[1]) und es ist demnach für ihn kein Platz in dem kunstvoll aufgeführten Bau, obwohl er, nebstbei bemerkt, einer der praktisch wichtigsten und der häufigsten ist. Das scheinbar so fest gefügte und geschlossene System Bindings erweist sich dadurch als lückenhaft, und auch noch an anderen Stellen zeigt es sich, wie Binding der Zueignung durch den Besitzer der Sache nicht gerecht zu werden vermag.[2])

Dieser Fall bildet auch das Hindernis dafür, zu einer einheitlichen Begriffsbestimmung der Zueignung zu gelangen. Zunächst wird die Aneignung bestimmt als Herstellung eines Herrschaftsverhältnisses zum Zwecke einer der Eigentumsausübung analogen Behandlung der Sache.[3]) Weiter aber wird dann jeder Akt als Zueignungsakt erklärt, der sich als „Herrschaftsbetätigung unter grundsätzlicher Verneinung des Eigentümerwillens" darstellt, und schließlich begegnen wir noch dem Ausspruch, aneignen heiße nichts anderes, „als seinen Willen als den allein herrschenden (zu) betätigen". Wäre dies richtig, dann müßte offenbar die Zerstörung einer Sache geradezu als der Idealfall der Zueignung betrachtet werden.[4]) Um dieser Konsequenz zu entgehen, beruft sich Binding darauf, daß die Zerstörung nicht

---

[1]) Dies ergibt sich schon aus den früheren Ausführungen. Von den (im strafrechtlichen Sinn) besitzenden Täter kann nicht gesagt werden, er ergreife Besitz, und ebensowenig kann von einer Besitzentsetzung mit Bezug auf den Eigentümer gesprochen werden. Überdies sagt Binding selbst von diesem dritten Fall: „Das ist das charakteristische Merkmal des Diebstahls wie des Raubes".

[2]) Wie schon früher bemerkt wurde, ist dies die notwendige Folge der Überschätzung des Besitzmomentes.

[3]) a. a. O. S. 268.

[4]) Von einer „Herrschaft" über leblose Sachen zu sprechen, würde hier überhaupt besser vermieden. Nimmt man aber diese Ausdrucksweise an, dann ist die Zerstörung offenbar die vollkommenste Form einer „Herrschaftsbetätigung", die sich denken läßt.

erlaubte Eigentumsausübung, sondern „unverbotene Eigentumsvernichtung“ sei;[1]) in der Tat eine wunderliche Beweisführung, und der hier eingeschlagene doppelte Umweg zum Nachweis eines fast selbstverständlichen Satzes zeigt deutlich, wohin die Ansicht führt, die Zueignung müsse durchaus durch eine Analogie mit Eigentumserwerb und -ausübung bestimmt werden. Überdies ist der erwähnte Nachweis auch auf diesen Umwegen noch nicht erbracht, und wenn die Zerstörung auch nicht Eigentumsausübung ist, so ist sie (nach Binding) doch Zueignung, weil Binding nicht bestreiten kann, daß sie sich als Herrschaftsbetätigung unter grundsätzlicher Verneinung des Eigentümerwillens darstellt. Dieselbe Auffassung führt Binding auch dazu, schon in der bloßen Verkaufsofferte eine vollendete Zueignung zu erblicken,[2]) und von diesem Standpunkt aus muß folgerichtig die Möglichkeit eines Versuches wenigstens der Zueignung solcher Sachen, die sich bereits im Besitz des Täters befinden, überhaupt geleugnet werden, also auch die Möglichkeit des Versuches einer Unterschlagung, obwohl das Gesetz ausdrücklich den Versuch für strafbar erklärt (§ 246 Absatz 3). Nun ist allerdings auf eine derartige gesetzliche Erklärung nicht allzuviel Gewicht zu legen; der Gesetzgeber kann irrigerweise die Möglichkeit eines Versuches angenommen haben und seine Erklärung kann natürlich nicht Unmögliches möglich machen. Aber ein Zueignungsbegriff, der den Versuch ausschließt, wäre erst dann anzunehmen, wenn feststünde, daß ein anderer nicht aufgestellt werden kann, ohne mit anderen, wichtigeren Erfordernissen in Widerspruch zu geraten, denen der Begriff zu entsprechen hat. Diese Sachlage nun ist hier keineswegs gegeben.

---

[1]) Es heißt dann (S. 268) noch weiter: „Das oft behauptete »Recht des Eigentümers, seine Sache zu vernichten«, existiert nur in unklaren Köpfen“. Unter den Vertretern dieser, wenn auch unrichtigen Ansicht finden sich aber die Träger von Köpfen, über deren „Klarheit“ wohl nur eine Meinung herrscht, die der Ausspruch Bindings sicherlich nicht erschüttern wird.

[2]) a. a. O. S. 270; ebenso Olshausen zu § 246 Nr. 12c. Nicht genau ist es, wenn Binding auch H. Meyer und besonders auch Kapff (Die Unterschlagung) als Vertreter derselben Ansicht anführt. Kapff sagt ausdrücklich, er möchte nicht in jedem Verkaufsanerbieten eine vollendete Zueignung erblicken, vielmehr die Umstände des einzelnen Falles entscheiden lassen. Übrigens findet sich die betreffende Stelle bei Kapff nicht auf S. 43, sondern auf S. 93. Hier liegt ein Druckfehler zugrunde, der sich aber sowohl bei H. Meyer (Lehrbuch), S. 548 N. 57) wie auch bei Binding findet.

Binding freilich erklärt, die Aneignung müsse mit der ersten Betätigung ausschließlichen Herrscherwillens vollendet sein, denn es liege nicht in der Macht des Diebes, die Dauer seiner Herrschaft zu bestimmen.[1]) Dabei wird aber das negative Moment in der Zueignung ganz übersehen und gerade dieses ist heranzuziehen, um die Grenze zwischen Versuch und Vollendung der Zueignung zu bestimmen. Zwar liegt es auch nicht in der Macht des Täters, die Dauer der „Enteignung" zu bestimmen, aber es bedarf eines gewissen Maßes von objektiven, äußeren Geschehnissen, damit von einer Ausschließung des Eigentümers von dem Genuß seiner Sache — oder, wenn man will, von der Herrschaft über seine Sache — gesprochen werden kann. Wann dieses Maß erreicht ist, kann nur im einzelnen Fall bestimmt werden, es richtet sich nach der Lage der besonderen Umstände, wie ja überhaupt der ganze Begriff der Zueignung in diesem Sinn ein durchaus relativer ist. Gewiß aber ist es unrichtig, zu sagen, jede Betätigung eines solchen auf Ausschließung gerichteten Willens ist schon vollendete Ausschließung. Dazu ist vielmehr unerläßlich, daß irgendein tatsächliches Hindernis bereits geschaffen wurde[2]) und es genügt nicht, daß etwa bloß eine Bedingung gesetzt ist für das Zustandekommen dieses Hindernisses, ohne daß dieses selbst eingetreten wäre.

Eine rein formale Bestimmung der Zueignung, wie sie sich bei

---

[1]) a. a. O. S. 268.

[2]) Dies soll in der von mir aufgestellten Begriffsbestimmung durch die Worte: „. . . zu ausschließendem Genuß gewonnen wird" ausgedrückt werden. Die Sache ist erst dann gewonnen, wenn gegen die Einwirkungen seitens des Eigentümers eine Schranke errichtet, die Sache diesem Interessenkreis entzogen ist. Erfolgt die Zueignung durch den Genuß selbst, dann ist sie natürlich erst mit der Vollendung des ausschließenden Genußaktes vollendet; eben darum z. B. niemals schon durch bloße Verkaufsofferte, sondern erst durch den Verkauf selbst. — Die Frage nach dem Zeitpunkt der Vollendung hat auch praktische Bedeutung; wird die Möglichkeit des Versuches überhaupt geleugnet oder doch die Vollendung schon sehr früh angenommen, so erscheint das, was richtigerweise als Rücktritt vom Versuch zu gelten hätte, immer oder doch sehr oft nur als Reue nach vollendetem Verbrechen, die höchstens bei der Strafzumessung berücksichtigt werden kann. Gewiß aber gebührt im Sinne des RStGB. demjenigen Straflosigkeit, der z. B. eine anvertraute Sache zum Verkauf ausbietet, dann aber sich eines besseren besinnt und die Offerte widerruft oder die Sache dem Berechtigten zurückstellt, bevor es zum Abschluß des Kaufes gekommen ist.

Binding und so vielen anderen findet, bringt immer die Gefahr mit sich, daß das Gebiet der Zueignungsverbrechen viel zu weit ausgedehnt werde. Mit den Entscheidungen einzelner Fälle, die Binding gibt, wird man sich allerdings zum großen Teil einverstanden erklären können; aber er schließt eben viele Fälle von der Zueignung aus, die gerade nach den von ihm aufgestellten Sätzen als Zueignung zu betrachten wären; das sind alles bloße Behauptungen, die nicht begründet sind und deren Begründung von dem einmal eingenommenen Standpunkt aus auch gar nicht möglich ist. So liegt ein offener Widerspruch darin, wenn einerseits gesagt wird, der Wille, die Sache im Interesse des Eigentümers zu verwenden, schließe den Zueignungsvorsatz aus und andererseits dieser Vorsatz vom Täter lediglich darauf gerichtet werden soll, eine fremde Sache seinem Herrscherwillen als einem ausschließlichen zu unterwerfen.[1]) Der Vorsatz kann hier nur dann als ausgeschlossen bezeichnet werden, wenn in ihm irgendein Moment enthalten ist, das mit dem Handeln im Interesse des Eigentümers unvereinbar ist; die Bindingsche Begriffsbestimmung enthält aber ein solches Moment nicht. Vielmehr wird in der ganzen Erörterung der Zueignungsverbrechen vermieden, darauf hinzuweisen, daß bei der Zueignung die Sache den Interessen des Berechtigten entfremdet werden müsse und immer nur das Moment der „Herrschaft" betont.[2])

---

[1]) a. a. O. S. 273 und 274. Was Binding noch überdies in die Bestimmung des Zueignungsvorsatzes aufnimmt, gehört zum Vorsatz bei den Zueignungsverbrechen, nicht aber zum Zueignungsvorsatz. Darum ist es auch nicht, wie Binding will, fahrlässige Zueignung, wenn der Täter etwa eine Sache sich zueignet, in dem Irrtum befangen, er dürfe sie sich zueignen, sondern es könnte dies fahrlässige Unterschlagung sein.

[2]) Erst bei der Besprechung des sog. Futterdiebstahls (§ 79 S. 316 fg.) wird gesagt, daß das Eigentum bestimmt sei, den Interessen des Eigentümers zu dienen, und es wird daraus abgeleitet, daß die Verwendung einer Sache im Interesse ihres Eigentümers, wenn auch gegen seinen Willen, weder Enteignung, noch Aneignung sei; „denn beide schließen die Verneinung, daß die Sache dem Eigentümer dienen soll, in sich". Das ist nun etwas wesentlich Verschiedenes von Wortlaut und Sinn der Ausführungen in den §§ 68 ff. Wie soll es z. B. vereint werden, wenn es dort heißt, bei den Zueignungsverbrechen handle es sich allein um den Schutz der Verfügungsgewalt der Eigentümer über ihre Sachen, während hier Handlungen, die jeder „Verfügungsgewalt" des Eigentümers ein Ende bereiten, aus dem Grunde vom Zueignungsbegriff ausgeschlossen werden, weil sie im Interesse des Eigentümers vorgenommen werden?

Noch viel weiter als Binding geht das Reichsgericht in einer rein formalen Auffassung der Zueignung, dessen Praxis in dieser ganzen Frage ein geradezu trostloses Bild darbietet.[1]) Es sei hier nur darauf besonders hingewiesen, daß das RG. die Ansicht vertritt, zur Zueignung gehöre nicht notwendig eine auf definitive Entziehung der Substanz der Sache gerichtete Absicht, vielmehr sei Zueignung auch dann gegeben, wenn ohne Vorhandensein einer solchen Absicht der im übrigen dolos handelnde Täter über die fremde Sache eine Verfügung trifft, welche ihrer Art nach als zur ausschließlichen Zuständigkeit des Eigentümers (oder desjenigen, dem von letzterem das Recht dazu erteilt ist) gehörig angesehen werden muß.[2])

Daß hier das Wesen der Zueignung vollständig verkannt wird, bedarf kaum mehr einer näheren Ausführung. Das Kriterium von der Verfügung, die nur dem Eigentümer zusteht, ist ein völlig unbrauchbares und darüber wenigstens sollte heute auch nur ein Zweifel doch nicht mehr möglich sein. Durch den in Klammer gesetzten Beisatz wird die Sache natürlich nicht im geringsten gebessert. Wie steht es mit solchen Verfügungen über Sachen, zu denen der Nichteigentümer kraft Gesetzes berechtigt ist? Soll der Verkauf kein Zueignungsakt sein, weil unter Umständen gewiß auch der Nichteigentümer berechtigt ist, eine Sache zu verkaufen, und zwar ohne daß ihm vom Eigentümer das Recht hierzu erteilt worden wäre?

Ferner hat das RG. die wichtigste Schranke niedergerissen, die

---

[1]) Vgl. Olshausen a. a. O. zu § 242 N. 28 und 29.

[2]) So namentlich RG. Bd. 29 S. 415; vgl. Bd. 10 S. 369, Bd. 22 S. 2, Bd. 26 S. 152, G. A. Bd. 38 S. 424; Rechtsprechung des RG. in Strafsachen Bd. 8 S. 752. — Betr. das Verhältnis der Zerstörungsabsicht zur Zueignung vgl. Entsch. Bd. 35 S. 355. Die Angekl. behauptete, sie habe die fremden Sachen lediglich in der Absicht weggenommen, sie „wegzuwerfen bezw. zu vernichten". Das RG. fand, die Angekl. habe mit der Ausführung dieser Absicht zwar ebenfalls über die Sache „verfügt, wie es nur ein Eigentümer darf", hingegen fehle der Nachweis, daß die Angekl. die Sachen zunächst für sich erwerben, in ihr Vermögen bringen wollte. Also genügt eine Verfügung dieser Art, bezw. die darauf gerichtete Absicht allein nicht, um Zueignung oder Zueignungsabsicht annehmen zu können; in zahlreichen Entsch. hat aber das RG. gerade den entgegengesetzten Standpunkt vertreten und es hat „verfügen, wie es nur ein Eigentümer darf" und „in sein Vermögen bringen" als völlig gleichbedeutend angewendet.

den Zueignungsbegriff abgrenzen soll, als es sich auf den Standpunkt stellte, die Absicht dauernder Entziehung der Substanz der Sache sei zur Zueignung nicht erforderlich. Mit Rücksicht auf den besonderen Fall,[1]) bei dessen Entscheidung das RG. sich ganz ausdrücklich zu diesem Standpunkt bekannte und mit Rücksicht auf die gebrauchten Worte könnte man annehmen, es sollte nur zum Ausdruck gebracht werden, daß es auf die Entziehung der Substanz der Sache dann allerdings nicht ankomme, wenn ohne jede irgendwie bedeutsame Veränderung der Substanz der Wert der Sache von dieser getrennt werden kann, daß also die Absicht, die wertlos gewordene Substanz zurückzugeben, die Zueignungsabsicht nicht ausschließe. Und in der Tat, wenn anders in diesen Fällen, wie etwa Abhebung eines fremden Sparkassenguthabens und Rückgabe des Buches,[2]) eine Unterschlagung des Sparkassenbuches gefunden werden soll, so ist nur ein Doppeltes möglich: entweder man sieht von dem Erfordernis dauernder Entziehung überhaupt ab oder aber, man unterscheidet hier zwischen Entziehung der Substanz und Entziehung des Wertes, weil hier in der Tat diese beiden verschiedene Wege gehen können und legt das Gewicht nur auf die letztere. Im ersten Fall wird eines der wesentlichsten Momente des Zueignungsbegriffes preisgegeben, im zweiten Fall erhebt man sich über eine an dem Wort „Sache" klebende Interpretation und gelangt so ohne Verletzung des Wesens der Zueignung zu einer dem gegebenen wirtschaftlichen Tatbestand vollkommen angemessenen Entscheidung.[3]) Es

---

[1]) Der Angeklagte hat von einem ihm anvertrauten Sparkassenbuch, das auf 170 Mark lautete, das erstemal 100 Mark und später 70 Mark und die Zinsen behoben und diese Beträge für sich verwendet.

[2]) Vgl. über die Behandlung dieser vielumstrittenen Fälle Binding a. a. O. S. 265 N. 1, woselbst auch Literaturangaben.

[3]) Für die richtige Ansicht besonders treffend Frank a. a. O. zu § 242 VII 2b (S. 319), der sich mit Recht gegen Binding (S. 264 fg.) wendet. Die Bindingsche Ansicht in diesem Punkt ist ein geradezu klassisches Beispiel dafür, wohin man kommt mit der (angeblich) „realistischen Auffassung des Strafrechts" und mit dem Verpönen jeder Betrachtungsweise, die von wirtschaftlichen Gesichtspunkten ausgeht und die freilich von Binding geradezu als wie der Todfeind der Jurisprudenz behandelt wird. Gerade sie aber bewahrt die Rechtswissenschaft vor unheilvoller Verknöcherung, sie ist berufen, zu hindern, daß die Rechtswissenschaft zu einer Art Geheimlehre werde, deren Früchte für jeden Nichteingeweihten ungenießbar sind, die ihr schon so viel

unterliegt bei näherem Zusehen keinem Zweifel, daß das RG. die erste dieser beiden Alternativen gewählt hat, und die oben als

---

Spott und Hohn eintragen haben. Dazu fordert es geradezu heraus, wenn man Unterscheidungen begegnet, wie beispielsweise den von Binding a. a. O. S. 264 fg. aufgestellten. Wer mit einem fremden Eisenbahnbillet fährt, „hat sich das Billet durch Verbrauch angeeignet, auch wenn er von Anfang an dem Eigentümer die durchlochte Karte zurückzusenden gewillt war. Wer aber auf ein fremdes Sparkassenbuch einen Betrag abhebt und das Buch zurückzustellen gedenkt, hat es sich grade nicht angeeignet: weder das Buch als Summe von Blättern, denn dies soll ja unvermindert zurückgehen" usf. Man sieht, es geschieht Binding nicht etwa Unrecht mit der Annahme, er lege auf das Durchlochen des Eisenbahnbillets Gewicht; dies zeigt sich deutlich aus der Betonung, daß das Sparkassenbuch „unvermindert" zurückgehen soll. Die Polemik Franks ist daher durchaus am Platz. Man nehme übrigens einmal an, der Täter hebe nicht bloß einen Teilbetrag ab, sondern den ganzen Betrag samt Zinsen. Sendet er gleichwohl das Buch an den Eigentümer zurück, dann muß folgerichtig auch hier die Zueignung verneint werden, hingegen ist sie auch dann vorhanden, wenn etwa bei der Sparkasse die Übung besteht, in dem angenommenen Fall das Buch zu behalten. Die Rücksendung des Buches aber, die die Zueignung ausschließen soll, ist offenbar nichts anderes, als ein schlechter Scherz des Täters und eine Verhöhnung des Eigentümers. Übrigens begnügt sich Binding auch hier mit der bloßen Aufstellung von Behauptungen; er sagt: „Sehr lehrreich wirkt ein Vergleich zwischen Inhaber- und Legitimationspapieren." Aber die Behauptung, zwei Beispiele seien so und nicht anders zu entscheiden, ist keine Belehrung, und wenn es der Enteignung wirklich wesentlich wäre, daß die Sache „definitiv, auf Nimmerwiederkehr aus der Herrschaft ihres Herrn ausscheiden soll", dann müßte auch in dem Fall mit dem Eisenbahnbillet die Zueignung verneint werden. Kann man etwa das durchlochte Eisenbahnbillet als bloßen „Rest" der früheren Sache bezeichnen? Warum liegt hier Verbrauch vor? warum Zueignung und nicht etwa Sachbeschädigung? — Wenn Binding in diesem Fall zu einer der Sache nach zutreffenden Entscheidung gelangt, so ist die Ursache davon in letzter Reihe doch die Macht der wirtschaftlichen Tatsachen: Das Billet ist eben entwertet — mag es durchlocht sein oder nicht —, der Täter hat es genossen und zwar so, daß der Berechtigte es nicht mehr genießen kann. So könnte man selbst Binding zu jenen zählen, die von dem gefährlichen Einfluß nationalökonomischer Betrachtungsweisen nicht ganz unberührt geblieben sind. Gewiß aber gehört Binding zu den „unbewußt" Beeinflußten, während dies wohl mehr als zweifelhaft erscheint bezüglich Lammaschs „Diebstahl und Beleidigung", eine Schrift, die von Binding geradezu als Typus für unbewußte Beimischung nationalökonomischer Betrachtungsweisen zu den „ganz anders gearteten" der Jurisprudenz angeführt wird (a. a. O. S. 239 N. 4).

möglich erwähnte Annahme erweist sich namentlich mit Rücksicht auf andere Entscheidungen des RG. als irrig.[1])

Schließlich hat sich das RG. in einer Reihe von Entscheidungen eine Verwechslung von Zueignungshandlung und bloßem Indizium der Zueignungsabsicht zuschulden kommen lassen. Ja es gewinnt oft geradezu den Anschein, als ob das RG. der Ansicht wäre, daß die wichtigsten strafrechtlichen Grundsätze gerade bei der Unterschlagung keine Geltung zu beanspruchen hätten, daß sie gerade hier stillschweigend außer acht gelassen werden dürften. In Wahrheit besteht aber nicht der geringste Grund oder Anhaltspunkt dafür, den Zueignungsverbrechen überhaupt oder insbesondere der Unterschlagung eine solche Sonderstellung einzuräumen, vielmehr muß auch hier namentlich an folgendem festgehalten werden: Das Verbrechen ist entweder Handlung oder Unterlassung.[2]) Handlung aber ist Verursachung einer Veränderung in der Außenwelt durch willkürliche

---

[1]) Sehr bezeichnend ist es, daß der Standpunkt des RG. mit dessen eigenen Waffen angegriffen werden konnte. Der Täter hatte ein Sparkassenbuch weggenommen, einen Teilbetrag behoben und das Buch wieder zurückgestellt. Die Revisionsschrift bekämpfte die Verurteilung wegen Diebstahls mit dem Hinweis darauf, daß in dem Eigentumsbegriff das Moment dauernder Dienstbarmachung einer Sache gelegen sei. Das RG. bemerkte dagegen, die Heranziehung dieses Momentes scheitere daran, daß der Täter *rechtes* (!) Eigentum nicht erwerben will und kann. (3. 10. 1890, G. A. Bd. 38 S. 424.) Gewiß kann er dies nicht! Gewiß aber ist es nicht zum letzten die Judikatur des RG., die solche Argumentationen eingebürgert hat, und zwar ebenso durch die oft vertretene Auffassung der Zueignung überhaupt, als auch durch eine sehr tadelnswerte Ausdrucksweise (vgl. z. B. RG. Bd. 2 S. 22: „... weil das Gesetz [§ 246] die Absicht des Täters, *sich zum Eigentümer zu machen*, ... voraussetzt", Rechtspr. des RG. in Strff. Bd. 9 S. 291: „... Denn hiernach wollte der Angekl. unzweifelhaft ein *Eigentumsrecht* der G. an dem Apparat nicht weiter anerkennen, *sondern sich dasselbe beilegen*"). Und welches Eigentum kann und will der Täter erwerben, wenn er „rechtes" Eigentum nicht erwerben kann?

[2]) Ich bin mit R. *Löning* (Grundriß zu Vorlesungen über deutsches Strafrecht, vgl. auch Die strafrechtliche Haftung des verantwortlichen Redakteurs, S. 135ff.), *Landsberg* (Die Kommissivdelikte durch Unterlassung im deutschen Strafrecht) und neuestens *Radbruch* (Der Handlungsbegriff in seiner Bedeutung für das Strafrechtssystem, 1904 — bes. S. 141ff.), der Ansicht, daß Handlung und Unterlassung unter einen gemeinsamen Oberbegriff nicht gebracht werden können. Daß auch die Zueignungsverbrechen als Kommissivdelikte durch Unterlassung möglich sind, unterliegt keinem Zweifel; es ist hier kein Anlaß gegeben, mit diesem Fall sich näher zu befassen.

Körperbewegung.[1][2]) Das Verbrechen ist ferner schuldhafte Handlung und das Wesen des vorsätzlichen Verbrechens besteht darin, daß ein vom Täter verursachter strafrechtlich bedeutsamer Erfolg von ihm gewollt war.[3]) Der besondere Teil der Strafgesetze bestimmt, welche Erfolge vom Täter verursacht werden und — bei den vorsätzlichen Verbrechen, die hier allein in Betracht kommen — von ihm gewollt sein müssen, damit der Tatbestand dieses oder jenes Verbrechens angenommen werden kann. Wie immer auch der Tatbestand umschrieben sein mag, an den eben angeführten Grundsätzen vermag er nichts zu ändern und der Gesetzgeber will daran nichts ändern. Jede Auslegung, die mit ihnen in Widerspruch gerät, ist darum unbedingt zu verwerfen. Zu jedem vorsätzlichen Zueignungsverbrechen gehört demnach eine Handlung und Vorsatz und zwar eben eine Zueignungshandlung und Zueignungsvorsatz. Ebensowenig, als schon darum ein Zueignungsverbrechen vorliegt, weil der Täter einen Zueignungsakt setzt und dabei irgend etwas gewollt hat, ebensowenig genügt es, wenn er die Absicht hat, eine Sache sich zuzueignen und überdies irgend etwas getan hat. Dies scheint selbstverständlich und doch muß es hier gegenüber der zu bekämpfenden

---

1) von Liszt, Lehrbuch, §§ 28 und 29. Zu jedem Verbrechen gehört demnach ein Erfolg, eine Veränderung in der Außenwelt, wobei alles das zur „Außenwelt" gerechnet werden kann, was nicht Innenwelt des Täters ist. Daß der strafrechtlich bedeutsame Erfolg damit keineswegs kennzeichnend bestimmt ist und daß es geradezu unrichtig wäre, ihn als sinnfällige Veränderung in der Außenwelt zu bestimmen, ist allerdings ohne weiteres zuzugeben. (Vgl. darüber besonders Kohlrausch, Irrtum und Schuldbegriff im Strafrecht, I. S. 89ff. und die dort Angeführten.) Verfehlt aber ist die Behauptung, es gäbe Delikte ohne Erfolg und die „reinen Tätigkeitsdelikte" (Kitzinger, Ort und Zeit der Handlung im Strafrecht, S. 71ff.; siehe dort auch weitere Literaturangaben) sind nicht anzuerkennen. (Vgl. Kohlrausch a. a. O. S. 100.)

2) Vgl. RG. Bd. 20 S. 146: „Handlung ist die bewußte willkürliche durch körperliche Bewegung kraft der Gesetze der Kausalität hervorgerufene Einwirkung auf die Außenwelt."

3) Meines Erachtens ist die Betonung des Willensmomentes wesentlich und namentlich dann am Platz, wenn, wie hier, das Wesen des Vorsatzes kurz hervorgehoben werden soll, ohne daß in weitere Erörterungen eingegangen werden könnte. Übrigens ist der Gegensatz zwischen der Willenstheorie (vgl. jetzt bes. von Hippel, Die Grenze von Vorsatz und Fahrlässigkeit) und der sogen. „Vorstellungstheorie" (Frank, v. Liszt) keineswegs ein sehr tiefgreifender.

Anschauung betont werden, denn sie kommt im wesentlichen darauf hinaus, sich mit einem bloßen Nebeneinander von Zueignungsabsicht und irgendeiner Handlung zu begnügen. Wenn aber zu jedem Zueignungsverbrechen eine Zueignungshandlung und Vorsatz als unerläßlich anerkannt wird, so ist darin schon enthalten, daß zwischen diesen beiden Erfordernissen eine Verbindung bestehen muß, so zwar, daß die Handlung des Täters als Verwirklichung seines auf Zueignung der Sache gerichteten Willens erscheint. Der Täter muß, indem er die Körperbewegung vornimmt, dadurch für die Zueignung kausal werden, er muß sie eben durch die Körperbewegung bewirken wollen. Und ferner folgt schon aus dem Gesagten mit Notwendigkeit, daß nicht jede beliebige Handlung Zueignungsakt sein kann, sondern nur jene, die die objektiven Momente der Zueignung an sich trägt. Allerdings kann bloß auf Grund der Feststellung eines objektiven Tatbestandes nur äußerst selten gesagt werden, daß der Täter eine (schuldhafte) Zueignung begangen habe (Zueignungsakt + Vorsatz), aber das darf doch daran nicht irre machen, daß die Zueignung sowie jede Handlung auch objektive Momente enthält; es sei hier nur auf die oben gemachten Ausführungen verwiesen, wonach wenigstens ein solches Moment in der negativen Seite der Zueignung gefunden werden kann und muß.

Die vorstehenden allgemeinen Grundsätze dürfen wohl als nahezu unbestritten bezeichnet werden,[1]) sofern man nur auf ihren

---

[1]) Grundsätzlich vertritt Liepmann einen anderen Standpunkt, indem er den äußeren Willensakten die inneren gleichstellt (Einleitung in das Strafrecht, S. 45) und bestreitet, daß jeder strafrechtliche Erfolg Veränderung der Außenwelt sei (ebenda S. 79 ff.). Dies soll durch ein gerade hier interessierendes Beispiel erhärtet werden. Liepmann meint, es ließe sich sogar nachweisen, daß die Wegnahme beim Diebstahl keineswegs notwendig durch eine räumliche Veränderung bedingt ist. „Wer eine einem anderen gehörige Sache zu vorübergehendem Gebrauch an sich nimmt, begeht nach den gesetzlichen Anschauungen der meisten modernen Gesetzbücher, in specie des deutschen Strafgesetzbuches, ein strafloses furtum usus. Wenn er nachträglich den Entschluß faßt, über den Gegenstand wie ein Eigentümer zu verfügen, so bricht er erst jetzt den Gewahrsam des Berechtigten und begeht erst jetzt einen Diebstahl, und zwar in diesem Fall nicht durch die zuerst geschehene Veränderung der Außenwelt, sondern durch die nachträglich erfolgende Veränderung der Innenwelt, nämlich die Fassung des Zueignungsentschlusses". Man mag nun über die grundsätzliche Auffassung Liepmanns denken, wie man will, so ist doch sofort klar, daß die angeführten Sätze jeden-

Sinn Gewicht legt und von Modifikationen im einzelnen absieht, die hier nicht wesentlich sind; gewiß sind diese Grundsätze auch in der Praxis des RG. anerkannt. Dessenungeachtet aber hat das RG. bezüglich der Erfordernisse der Zueignung bei der Unterschlagung eine Auffassung bekundet, die sich als Verletzung dieser Grundsätze darstellt, und auch in der Literatur begegnen solche Ansichten. Schon bei Huber[1]) findet eine Verwechslung von Zueignungshandlung und Indizium des Zueignungsvorsatzes statt. Zwar wird hier auch ausdrücklich eine Handlung zu jeder Unterschlagung gefordert und

falls das nicht sind, was sie zu sein vorgeben, nämlich ein Nachweis für den Fall einer Wegnahme ohne Veränderung der Außenwelt. Liepmann könnte von seinem Standpunkt aus in dem angeführten Beispiel eine Unterschlagung finden, niemals aber einen Diebstahl. Zu diesem übrigens mit der gesamten Theorie und Praxis betreffend den Diebstahl im Widerspruch stehenden Ergebnis gelangt Liepmann nicht auf Grund der von ihm aufgestellten allgemeinen Sätze, sondern nur durch einen Irrtum auf anderem Gebiet, und eben deshalb und weil gerade die richtige Anwendung seiner Auffassung zu einem anderen Ergebnis führt, beweisen seine Ausführungen gar nichts. Der Irrtum liegt in der Annahme, derjenige, der eine fremde Sache bloß zu vorübergehendem Gebrauch „an sich nimmt", nehme sie nicht weg. Wenn aber das Gesetz das furtum usus straflos läßt, so folgt daraus doch nicht, daß das „Ansichnehmen" zum Zwecke bloß vorübergehenden Gebrauchs keine „Wegnahme" sei, d. h. daß darin kein Bruch des fremden Gewahrsams gelegen sei. Vielmehr ergibt sich aus dem Erfordernis der Zueignungsabsicht beim Diebstahl mit vollster Deutlichkeit, daß das Gesetz auch ein Ansichnehmen zu minder weitgehenden Zwecken als „Wegnahme" auffaßt (vgl. auch § 289 RStGB.). Und auch abgesehen davon kann es keinem Zweifel unterliegen, daß auch das Ansichnehmen der fremden Sache durch den Täter, der zunächst die Sache bloß vorübergehend gebrauchen will, eine Aufhebung des fremden Gewahrsams bedeutet. Der Täter kann den fremden Gewahrsam nicht „nachträglich" brechen, weil ein solcher überhaupt nicht mehr besteht, und zwar ebensowenig durch einen äußeren wie durch einen inneren Willensakt. Die Absicht der Rückgabe, die der Täter anfänglich hat, vermag nicht zu bewirken, daß der Gewahrsam des Berechtigten fortdauere, der Täter will dies auch gar nicht, trotz dieser Absicht. Der ganze Unterschied zwischen dem Vorher und Nachher besteht darin, daß der Täter anfänglich den von ihm aufgehobenen Gewahrsam wiederherstellen will, später aber diese Absicht aufgibt; er beschließt also den von ihm geschaffenen Zustand aufrecht zu erhalten, zu einem dauernden zu machen. Das ist aber keine Wegnahme. Dem Zueignungsentschluß ist der Entschluß, fremden Gewahrsam zu brechen, nicht wesentlich und in unserem Fall ist dieser Entschluß beim Täter nicht vorhanden und kann gar nicht vorhanden sein, da man nicht etwas wollen kann, von dem man weiß, daß es bereits eingetreten ist.

[1]) Die Unterschlagung, Neresheim, 1875 S. 50 ff.

gesagt, der Täter müsse durch einen actus corporeus „zu Schaden“ des Eigentümers gehandelt haben, damit das Strafgesetz Anwendung finden kann. Die folgenden Ausführungen[1]) aber zeigen deutlich, daß Huber Willensbetätigung und Indiz nicht scharf zu scheiden weiß und darum sein Verlangen einer Aneignungshandlung bedeutungslos ist. So heißt es hier: „Ein Wille, der sich nicht in äußerlich erkennbaren Tatsachen manifestiert hat, kann in judicio criminali nicht verwertet werden. Er kann wichtige zivilrechtliche Folgen nach sich ziehen, für den Strafrichter ist aber die Aneignung erst in ihren Kennzeichen, erst in der Weise gegeben, daß sie nach den kriminalistischen Beweisnormen nachgewiesen werden kann.“[2]) Unter „Aneignung“ versteht Huber hier offenbar den bloßen Aneignungsentschluß; daß dieser so lange nicht in Betracht kommt, als er nicht nachgewiesen werden kann, ist selbstverständlich; in dieser Richtung besteht auch nicht der geringste Unterschied in der Bedeutung, die

---

[1]) a. a. O. S. 55.

[2]) Vgl. auch die weiteren Ausführungen, besonders: „Dieser Aneignungsakt kommt im Strafverfahren als Indizium zur Sprache“. — „Der Richter hat eben in keiner der in den Partikulargesetzen angeführten Handlungen absolut und ohne weiteres den Tatbestand der Unterschlagung, sondern nur ein Indizium für den dolus zu erblicken. Es ist immer quaestio facti, ob die eine oder andere Handlung die Aneignungsabsicht an den Tag lege, und im einzelnen Fall zu fragen: ist die betreffende Handlung geeignet, den Beweis der zum Tatbestand gehörigen widerrechtlichen Absicht herzustellen?“ — Hier ist Wahres mit Falschem vermengt. Insbesondere ist die Bedeutung des Umstandes verkannt, daß im RStGB. der Begriff der Zueignung an die Stelle der in den älteren Gesetzen (insbesondere § 225 des preußischen StG.) enthaltenen kasuistischen Bestimmungen getreten ist. Daß der Zueignungsakt dadurch nicht im entferntesten auf die Stufe eines bloßen Indiziums herabgedrückt wurde, liegt auf der Hand. Aber andererseits ist es auch unrichtig, anzunehmen, daß die Handlung für sich allein geeignet sein müsse, den Beweis der Zueignungsabsicht herzustellen. (Ähnlich auch das RG., Bd. 2 S. 22.) Die Beweisfrage muß hier, so wie überall sonst, strenge getrennt werden von der anderen Frage, welche objektiven und subjektiven Momente den Tatbestand bilden. Die Beweiskraft der Handlung für das Vorhandensein des Vorsatzes ist kein Tatbestandsmerkmal. Ob der Täter mit Zueignungsvorsatz gehandelt hat, wird oft aus der Handlung allein nicht feststellbar sein, sondern nur unter Heranziehung einer Reihe von Indizien. Dies hindert aber nicht im geringsten, in der Handlung einen Zueignungsakt zu erblicken und weiter Zueignung anzunehmen, sobald eben — auf irgendwelche prozessual zulässige Weise — der Beweis erbracht ist, daß die Handlung Betätigung des Zueignungswillens war.

irgendein Willensentschluß für den Strafrichter und für den Zivilrichter hat. Beide können in gleicher Weise nur das berücksichtigen von dessen Vorhandensein sie sich die Überzeugung zu verschaffen vermögen. Hingegen kann allerdings das Zivilrecht an das bloße Vorhandensein eines Willensentschlusses den Eintritt bestimmter Rechtsfolgen knüpfen, ohne daß es auch eine Verwirklichung dieses Willens fordern müßte, während das Strafrecht nur mit der Willensbetätigung Straffolgen verbindet. Gerade das soll ja der Satz „nemo cogitationis poenam patitur" sagen, daß der — natürlich im Wege eines Indizienbeweises festgestellte — Wille allein nicht hinreicht, um eine Bestrafung zu rechtfertigen. Denn daß der nicht erkennbare Wille nicht den Grund für eine Bestrafung abgeben könne, das bedurfte niemals der Hervorhebung. Allerdings wird das Indizium für den Zueignungswillen häufig genug eine Betätigung dieses Willens sein und die objektiven Momente enthalten, die zum Zueignungsakt erforderlich sind, — notwendig ist aber dieses Zusammentreffen keineswegs und begnügt man sich grundsätzlich mit einem Indizium, dann besteht immer die Gefahr, daß gerade der oben hervorgehobene Grundsatz verletzt wird.

Dieser Vorwurf trifft in gleicher Weise auch die Rechtsprechung des RG. Das RG. hat ausgeführt:[1]) „Um sich eine fremde Sache, welche man im eigenen Gewahrsam hat, zuzueignen, ist keineswegs notwendig, daß man mit derselben eine äußerliche Manipulation vornimmt, aus welcher auf die Absicht der Zueignung, d. h. auf den Willen des Handelnden, die fremde Sache nunmehr als eigene besitzen zu wollen, geschlossen werden kann. Andererseits ist zuzugeben, daß der bloß innere, nicht nach außen manifestierte Wille, die Sache als eigene besitzen zu wollen, nicht genügt, um sich dieselbe zuzueignen. Ist aber dieser Wille, sei es nun durch tatsächliche Verfügungen über die Sache selbst, sei es durch anderweitige Äußerungen des Besitzers, welche seinen Willen, sich die Sache aneignen zu wollen, erkennen

---

[1]) Rechtspr. d. RG. Bd. 3 S. 286. — Derselbe Gedankengang findet sich in vielen anderen Entsch., vgl. auch die in der vorigen Anm. angeführte, dann RG. Bd. 4 S. 404, G. A. Bd. 37 S. 284. Die Auffassung des RG. wird gebilligt von Olshausen (zu § 246 N. 11), der aber „Betätigung der Verfügungsgewalt" verlangt, ebenso auch von H. Meyer, nach dem — mit Berufung auf die RG. Entsch. in Rechtspr. Bd. 8 S. 481 — möglicherweise selbst das „bloße Behalten" der Sache Zueignung sein kann.

lassen, äußerlich hervorgetreten, so ist eben damit die Zueignung erfolgt. Ob in der Verfügung bezw. Äußerung des Besitzers eine Manifestation seines Willens, sich die Sache zuzueignen, liegt, ist Sache der tatsächlichen Beurteilung." Demgemäß müßte Zueignung angenommen werden, wenn z. B. der Verwahrer a auf einem Spaziergang seinem Freund b mitteilt, er werde eine ihm anvertraute Sache niemals dem Berechtigten zurückstellen, sondern sei vielmehr entschlossen, sie für sich zu behalten oder demnächst zu verkaufen oder dergl. Auch hier wird Willensäußerung und Willensbetätigung zusammengeworfen, Zueignungshandlung und Indiz nicht auseinandergehalten und das Ergebnis ist wieder die Möglichkeit einer Verurteilung, obwohl der Täter nicht mit Zueignungsvorsatz gehandelt hat. Es geht nicht an, einfach zu erklären, jede Willensäußerung ist hier Zueignungshandlung, die Zueignung ist damit erfolgt. Auf diese Weise wird der Begriff der vorsätzlichen Verbrechenshandlung verfälscht und folgerichtig müßte das RG. den Vorsatz bei der Zueignung so bestimmen: Vorsatz ist der Wille des Täters, der auf eine Äußerung des Willens gerichtet ist, die Sache nunmehr als eigene zu besitzen. Man versuche es nur einmal, mit dieser Auffassung in allen Fällen Ernst zu machen![1])

Sie führt schließlich auf die Ansicht zurück, daß bei der Unterschlagung, insbesondere bei der anvertrauter Sachen, die Zueignung „eigentlich" schon durch die Willensänderung des Täters vollzogen

---

[1]) Als eine der bedenklichsten Entsch. des RG. sei die vom 20. 10. 1891 Bd. 22 S. 175 ff. angeführt: Angekl., Agent der Handlung K., hatte Gelder einzuziehen und an die Firma abzuliefern. Bis zum Jahre 1883 unterschlug er etwa 10000 M. vereinnahmter Gelder. Dies suchte er nun dadurch zu „decken", daß er der Firma für später gelieferte Waren vereinnahmte Gelder als für solche Posten vereinnahmt bezeichnete und einsandte, die er bereits früher bezahlt erhalten, aber unterschlagen hatte. Auf diese Weise führte Angekl. 2627 M. ab, und das RG. sprach ihn der Unterschlagung dieser Summe schuldig. Denn der Angekl. habe zwar die volle Summe abgeliefert, aber nicht für die Zahlung Leistenden selbst, sondern in Wahrheit für sich — angeblich für andere Kunden der Firma — zur Verdeckung früherer Unterschlagungen. In erkennbarer Weise trat durch diese Handlungsweise des Angekl. objektiv ein Aneignungsakt seitens desselben hervor; der Angekl. räumt selbst ein, daß er die früher unterschlagenen Summen mit den später vereinnahmten Geldern „gedeckt" habe, darin aber liegt eine nur dem Eigentümer zustehende Verwendung für eigene Zwecke, folglich der objektive Tatbestand einer „Zueignung" nach § 246 StGB. — Vgl. auch Entsch. vom 29. 9. 1903 D. J. Z. S. 574.

sei. Allerdings wird diese Ansicht nirgends ausgesprochen, und sie würde wohl von allen jenen zurückgewiesen werden, die sich im übrigen gleichwohl mit der „erkennbaren Willensäußerung" begnügen — mit einer Ausnahme. Nach Wachenfeld[1]) „kann die Zueignung geschehen, ohne daß sie von anderen wahrnehmbar ist. Aber rechtlich bedeutsam wird sie erst dann, wenn sie nach außen in Erscheinung tritt. Sie kann sich in den verschiedensten Handlungen bekunden. . . . Alle diese Handlungen sind Indizien für die Zueignung, nicht diese selbst".[2]) — Soll hier der Zueignungsbegriff des RStGB. erläutert werden, oder will Wachenfeld einen eigenen Zueignungsbegriff aufstellen? Aus seinen Ausführungen ist Klarheit darüber nicht zu gewinnen,[3]) jedenfalls aber sind sie abzulehnen. Offenbar kann das StG. nicht etwas unter Zueignung verstehen, was ohne rechtliche Bedeutung ist. Und welchen Wert soll es haben, als Zueignung etwas zu bezeichnen, was nicht Handlung ist und überhaupt ohne rechtliche Bedeutung, während im ganzen Gebiet des Strafrechts und über dieses hinaus Zueignung stets als rechtlich erhebliches Handeln in Betracht kommt?

Die einzelnen Zueignungsakte können ihrer äußeren Gestalt nach sehr verschieden sein und widerstreben naturgemäß einer abschließenden Aufzählung. Ihre Gestalt, Zahl und Bedeutung sind zu verschiedenen Zeiten verschieden, denn sie stehen in engem Zusammenhang mit der Entwicklung und den Formen des wirtschaftlichen Lebens und Verkehrs.

Die wichtigsten Zueignungsakte, die uns heute bei der Unterschlagung begegnen, sind Verbrauch, Veräußerung und Verpfändung; namentlich die zwei erstgenannten Handlungen können als Zueignungsakte κατ' ἐξοχήν bezeichnet werden. Aber nicht deshalb, weil sich in ihnen der Zueignungswille am deutlichsten erkennen läßt oder hier am schärfsten hervortritt, wie dies meist hervorgehoben wird; das

[1]) In seiner Darstellung des Strafrechts in Holtzendorffs Encyklopädie der Rechtswissenschaft, 6. Aufl., herausgegeben von Kohler, Bd. 2 S. 303.

[2]) Bei Wachenfeld nicht durch den Druck hervorgehoben.

[3]) Denn einerseits heißt es allerdings, die Zueignung werde erst dann rechtlich bedeutsam, wenn sie nach außen hervortrete, andererseits aber wird die Schwierigkeit, das Gebiet des strafbaren Unterschlagungsversuchs zu bestimmen, damit begründet, daß die Zueignung meist der sie offenbarenden Handlung vorausgehe.

entscheidende Moment ist vielmehr darin gelegen, daß Verbrauch und Veräußerung die regelmäßigsten und verbreitetsten Formen sind, in denen sich heute der volle und ausschließende Genuß einer Sache vollzieht. Aus diesem rein tatsächlichen Grund spielen im Gebiet der Unterschlagung Verbrauch und Veräußerung fremder Sachen die größte Rolle. Natürlich aber ist nicht jede Veräußerung und auch nicht jeder Verbrauch einer fremden Sache immer eine Zueignung dieser und noch weniger immer eine Unterschlagung. Allerdings bedeutet jede Veräußerung und jeder Verbrauch einen Genußakt; aber derjenige ist strafrechtlich nicht bedeutsam, bei dem der Genießende zum Genuß berechtigt ist.[1]) Durch die vorhandene Berechtigung wird der Begriff der Zueignung keineswegs ausgeschlossen,[2]) sofern man

---

[1]) Auch alle jene Genußakte sind hier nicht mehr von Bedeutung, denen andere Handlungen vorangegangen sind, durch die der Täter die Sache schon zu ausschließendem Genuß gewonnen hat.

[2]) Dies wird wohl allgemein angenommen und nur über den Umfang scheint keine Einigkeit der Meinungen zu bestehen, in dem bei und trotz vorhandener Berechtigung Zueignung angenommen werden kann. Wird in dem ausschließenden Genuß einer Sache Zueignung gefunden, so scheint es zunächst, mit der Berechtigung zum Genuß müsse der Zueignungsbegriff unanwendbar werden, weil es an der Person des vom Genuß Auszuschließenden fehle; oder es müsse zu der unzulässigen und so vielfach angefochtenen Konstruktion Recht gegen Recht gegriffen werden. Daß dies in Wahrheit nicht zutrifft, wird später noch des näheren auszuführen sein (s. unten S. 00). Hier sei nur darauf hingewiesen, daß auch im Zivilrecht der Begriff der Zueignung dort verwendet wird, wo der handelnde Nichteigentümer zum Genuß der fremden Sache berechtigt ist. Vgl. z. B. § 700, Satz 2 BGB.: „Gestattet der Hinterleger dem Verwahrer, hinterlegte vertretbare Sachen zu verbrauchen, so finden die Vorschriften über das Darlehen von dem Zeitpunkt an Anwendung, in welchem der Verwahrer sich die Sachen a n e i g n e t"; ferner §§ 956 und 957. Beachtet man auch diese Fälle der „Aneignung" neben dem Hauptfall (Aneignung herrenloser Sachen, § 958 BGB.), so zeigt sich, daß auch im Zivilrecht die Zweispurigkeit des Aneignungsbegriffes nicht zu vermeiden ist und daß ferner der Begriff der Aneignung oder Zueignung im Strafrecht und im Zivilrecht nicht wesentlich voneinander verschieden sind, sondern sich vielmehr nach allen Richtungen decken, mit bloß einer Ausnahme. Das Strafrecht hat es bloß mit Zueignung von Sachen zu tun, auf deren Genuß ein anderer zumindest bis zum Zeitpunkt der Handlung ein Recht hat; darum nehmen wir hier den Ausschluß dieses anderen in den Begriff auf, das negative Moment in der besonderen Färbung der „Entfremdung". Über die Berechtigung der Handlung selbst ist, dies sei nochmals betont, damit nichts gesagt, ihr Mangel ist damit nicht zum Begriffsmerkmal erhoben. Im Zivilrecht ist gerade die

eben bloß Genußakte an fremden Sachen in Betracht zieht, eine Beschränkung, die durch den Tatbestand der Unterschlagung notwendig gegeben ist. Die Genußakte des Eigentümers scheiden dadurch vor allem hier aus: sobald der Genießende der Eigentümer der Sache ist, kann von Zueignung nicht mehr die Rede sein, wenn auch der Eigentümer und derjenige, der die Veräußerung oder den Verbrauch der Sache vollzieht, zwei verschiedene Personen sind. Bei durchaus primitiven wirtschaftlichen Verhältnissen ist ein solches Auseinanderfallen nicht möglich, aber es wird um so häufiger und verbreiteter, je mehr das Wirtschaftsleben sich entfaltet, je lebhafter der wirtschaftliche Verkehr pulsiert und die Wege sich verfeinern, die er nimmt. Nur bei wenigen Genußakten ist derjenige, der sie vollzieht, notwendig auch der Genießende, so z. B. bei dem Verbrauch von Nahrungsmitteln, überhaupt bei den ursprünglichen und primitivsten Arten des Genusses. Trifft bei den anderen Genußakten dieser Sachverhalt nicht zu, dann kann offenbar aus dem Vollzug eines Genußaktes an einer fremden Sache nicht mehr mit Sicherheit auf Zueignung geschlossen werden. Schon bei dem — wenig bezeichnend — sogenannten wirtschaftlichen Verbrauch fremder Sachen (Ausgeben fremden Geldes) kann der Genießende der Eigentümer sein und ebenso bei der Veräußerung. Bedenkt man nun, wie unendlich häufig heutzutage Vertretungsverhältnisse sind, wie vielfach die Besorgung von Geschäften und Wahrnehmung von Interessen Dritten übertragen wird, so erhellt daraus der notwendig geringe diagnostische Wert der bloßen Tatsache, daß jemand eine fremde Sache verbraucht oder

Aneignung von Sachen von größter Bedeutung, auf deren Genuß niemand ein Recht hat. Das Interesse desjenigen, der die Aneignung vornimmt, ist regelmäßig das erste, das überhaupt an die Sache sich knüpft. Trotzdem entbehrt auch die Aneignung nicht des negativen Momentes, aber es hat hier nicht notwendig eine Beziehung auf die Vergangenheit, sondern es genügt die Richtung in die Zukunft. Wer eine herrenlose Sache in Eigenbesitz nimmt (§§ 958, 872 BGB.), will für die Zukunft den alleinigen Genuß der Sache; seine ganze Handlung entspringt dem Vorstellungskreis, der mit der privatwirtschaftlichen Gestaltung untrennbar verbunden ist und dem auch zumindest die Erwartung angehört von dem Interesse anderer Personen, das sich auf dieselbe Sache richten könne, dessen Betätigung aber durch die Aneignung ausgeschlossen werden soll. Zueignung und Aneignung müssen demnach — wenn man zwischen beiden unterscheiden will — als nahe verwandt anerkannt werden, vielfach decken sie sich vollkommen und es ist ganz verfehlt, zu behaupten, daß sie „fundamental" voneinander abweichen. (Binding a. a. O. S. 267 N. 1).

veräußert hat, für die Feststellung von Zueignungsvorsatz und Zueignung. Diese Feststellung interessiert übrigens hier weiter nicht, sie unterliegt keinen besonderen Schwierigkeiten und sie ist, wie immer, Aufgabe der richterlichen Entscheidung jedes einzelnen Falles.

Die Verpfändung ist nur dann Zueignung, wenn sie ohne die Absicht der Wiedereinlösung erfolgt, so daß sie sich also vom Standpunkt des Täters aus als unbedingte Veräußerung darstellt. Ob dann die Verpfändung schon vollendete Zueignung ist oder bloß Versuch, kann auch nur nach den Umständen des einzelnen Falles festgestellt werden.[1])

Als Zueignungshandlung kann ferner in Betracht kommen das Verbergen und Beiseiteschaffen der Sache, das Ableugnen, das Verarbeiten, Verbindung und Vermischung, überhaupt jedes Verfahren mit der Sache, wodurch ihre individuelle Erkennbarkeit für den Eigentümer aufgehoben wird. Handelt der Täter mit dem Vorsatz, die Sache zu ausschließendem Genuß zu gewinnen und bewirkt er in der Tat die Entfremdung der Sache, dann liegt in allen diesen Fällen vollendete Zueignung vor.

In den Fällen der Verarbeitung, Verbindung und Vermischung erwirbt der Täter unter Umständen Miteigentum oder Alleineigentum an der neuen Sache oder der Mischung (dem Gemenge).[2]) Selbst dort aber, wo der Täter Alleineigentümer wird, besteht die Zueignung nicht im Erwerb des Eigentums und sie wird auch nicht dadurch begründet. Nicht darum liegt Zueignung vor, weil der Täter Eigentümer der Sache wird, sondern weil er eine Sache für sich gewinnt, die im Augenblick der Handlung im Eigentum eines anderen stand. Ob dieses Eigentum dann noch weiter fortbesteht oder erlischt, ist für den Bestand der Zueignung nicht entscheidend.[3]) Die Zueig-

---

[1]) Merkel a. a. O. S. 699. Vgl. Binding a. a. O. S. 269 N. 4, mit dessen Ausführungen ich hier im wesentlichen der Sache nach übereinstimme, Frank zu § 246 S. 332, Olshausen zu § 246 N. 15 und die dort Angeführten.

[2]) §§ 947, 948, 950 BGB.

[3]) Merkel a. a. O. S. 700 zählt nur eine solche Verbindung oder Vereinigung einer fremden Sache mit eigenen zu den Zueignungsakten, die „das bisherige Eigentum an derselben untergehen läßt". Bei Merkel bedeutet wohl auch dieser Satz einen Ausfluß der Auffassung des Strafrechtes als eines bloß subsidiären Rechtes. Warum aber soll gerade hier der Untergang des Eigentumsrechtes Bedingung sein für das Vorliegen einer Zueignung und

nung besteht aber auch hier nicht bloß nicht im Erwerb des Eigentums, sondern es ist auch die Umkehrung dieses Satzes abzulehnen, d. h. „die Zueignung als solche bedeutet nicht den Erwerb eigenen Rechts".[1]) Denn das bürgerliche Recht stellt als Voraussetzung für die Entstehung von Allein- oder Miteigentum lediglich ein bestimmtes äußeres Geschehen auf, während für das Strafrecht die Zueignung nur als schuldhafte Willensbetätigung von Bedeutung ist. In dem heute freilich nur mehr ausnahmsweise vorkommenden Falle, daß jemand durch Vermischung fremder Sachen mit eigenen Alleineigentümer des Ganzen wird, tritt diese Rechtsfolge ganz unabhängig davon ein, wie die Vermischung herbeigeführt wurde, ob etwa durch vorsätzliches oder fahrlässiges Handeln oder ein Naturereignis. Für das bürgerliche Recht handelt es sich hier bloß darum, für einen tatsächlich vorhandenen, gleichviel auf welche Weise verursachten Zustand die am besten entsprechende juristische Form zu finden und in dem besonderen Fall, den wir im Auge haben, wird das Alleineigentum als die zweckmäßigste erachtet; die Veränderung der vor der Vermischung bestandenen tatsächlichen Grundlage ist eine derartige, daß ein Fortbestehen der früher begründeten Rechte wenn

damit auch der Unterschlagung, während doch in genug anderen Fällen ganz allgemein und unbedenklich Zueignung und Unterschlagung angenommen wird, obwohl das Recht des Beschädigten nicht bloß bestehen bleibt, sondern auch seine Verfolgbarkeit nicht aufgehoben, sondern vielleicht nur erschwert wird? Soviel ist allerdings richtig, daß Zueignung und Untergang des Eigentums meist zusammentreffen werden. Das Zivilrecht knüpft die Änderung in den Eigentumsverhältnissen nicht ohne weiteres an jede Verbindung usf. und nicht jede solche ist Zueignung. Die weiteren objektiven Erfordernisse hier und dort sind begreiflicherweise vielfach dieselben, so daß z. B. eine Vermischung solcher Art, wie sie zur Entstehung von Miteigentum erforderlich ist, auch alle objektiven Momente der Zueignung aufweisen wird. Doch ist auch dieser Parallelismus — und nur von einem solchen kann die Rede sein — kein durchgreifender, wie der Fall der Verarbeitung zeigt: das Verhältnis der Werte des Stoffes und der Verarbeitung, entscheidend für die Eigentumsfrage (§ 950 BGB.), ist ohne Belang für die strafrechtliche Betrachtung. Wer z. B. aus einem Klumpen Gold, der einem andern gehört, einen Gebrauchsgegenstand herstellt, hat sich das Gold zugeeignet, ohne daß er das Eigentum an dem Gegenstand erworben hätte.

[1]) Binding a. a. O. S. 267. In dem Satz: „es liege eben hier Konkurrenz widerrechtlicher Aneignung mit einem Eigentumserwerbsakte vor", scheint mir aber keine Erklärung für den im Text angeführten enthalten zu sein.

nicht unmöglich, doch höchst unzweckmäßig wäre. Die Entstehung des Eigentums an der Mischung ist also nicht als die an eine bestimmte Betätigung eines Parteiwillens geknüpfte Rechtsfolge aufzufassen, sondern sie ist das Ergebnis der Notwendigkeit, den tatsächlichen Verhältnissen Rechnung zu tragen. Darum bleibt es bei dieser Gestaltung selbst dann, wenn die Vermischung der Ausfluß verbrecherischen Wollens ist.

Der bloß vorübergehende Gebrauch der Sache ist nicht Zueignung;[1]) durch einfaches Gebrauchen wird die Sache nicht gewonnen, es liegt darin kein ausschließender Genuß, es kann auf diese Weise die Entfremdung nicht bewirkt werden. Die Absicht, eine Sache bloß zu gebrauchen, ist nicht Zueignungsabsicht; so allgemein dies auch anerkannt wird, so stellt man doch die Behauptung auf, daß auch der bloße Gebrauch Zueignung begründe, wenn der Täter Zueignungsvorsatz besitze. Binding[2]) erklärt geradezu, jeder Gebrauch ohne Restitutionsabsicht sei Zueignungsakt; vorsichtiger drückt sich Kapff[3]) aus, der nur unter Umständen schon im bloßen Gebrauchen eine Zueignung erblicken will. Die letztere Ansicht ist insoweit richtig, als es gewiß Fälle gibt, in denen durch den Gebrauch in Verbindung mit anderen dem Gebrauch als solchem nicht wesentlichen Umständen Zueignung begründet werden kann. Der Täter muß natürlich auch hier mit ausschließendem Genußwillen handeln; so wenig nun dieser in dem bloß auf vorübergehenden Gebrauch gerichteten Vorsatz gefunden werden kann, so ist er doch gegeben, wenn der Täter dauernden Gebrauch, aber eine Rückgabe der Sache nicht beabsichtigt, oder wenn er seine Absicht zunächst auf Gebrauch und dann auf einen, vielleicht noch gar nicht konkret bestimmten ausschließenden Genußakt richtet. Bewirkt der Täter, von dieser Absicht geleitet und durch besondere Umstände unterstützt, durch einen Gebrauchsakt die Entfremdung der Sache, dann liegt in der Tat Zueignung vor. Dies kann zutreffen, ohne daß der Gebrauch in einen Verbrauch übergehen müßte, z. B. bei starker Abnutzung und Entwertung der Sache,[4]) und in diesem Fall muß die Zueignung nicht notwendig

---

[1]) Übereinstimmend die meisten, vgl. Merkel a. a. O. S. 699, Olshausen zu § 246 N. 13, v. Liszt § 127, Meyer S. 545 u. a.

[2]) a. a. O. S. 269.

[3]) a. a. O. S. 87; vgl. S. 85fg.

[4]) Siehe hierzu auch Rotering im G. S. 1881 S. 520ff.

durch einen einzigen Akt vollzogen werden, sondern sie kann „Reihenhandlung" sein.[1]) Diese Sätze gelten aber nur für besonders geartete Fälle des Gebrauches, nicht allgemein. Ein einfacher Gebrauchsakt, der Substanz und Wert der Sache unberührt läßt, begründet niemals Zueignung und mag er auch sehr oft wiederholt werden.[2])

## § 3. Die Rechtswidrigkeit der Zueignung.

Es erhebt sich nunmehr die Frage, ob mit den bisher besprochenen Erfordernissen der Tatbestand der Unterschlagung bereits erschöpft ist, oder ob zu ihnen noch ein weiteres hinzutreten muß. Das Gesetz (§ 246) hat sich nicht damit begnügt, die Zueignung einer fremden Sache mit Strafe zu bedrohen, sondern es verlangt, daß sich der Täter die fremde Sache rechtswidrig zueigne. Welche Bedeutung kommt diesem „rechtswidrig" zu? wird damit in der Tat ein weiteres Tatbestandsmerkmal aufgestellt? und hat sich der Vorsatz auch auf diese Rechtswidrigkeit zu erstrecken?

Ein Versuch, diese Fragen lediglich im Wege der Interpretation

[1]) Kapff a. a. O. S. 85; Binding a. a. O. S. 270 N. 2.

[2]) Darum kann ich die Entscheidung in dem von Kapff und Binding (siehe vorige Note) angeführten Fall — Zueignung einer Brillantnadel durch länger fortgesetztes Tragen — nicht billigen. Von Bindings Standpunkt aus ist es auch offenbar nicht folgerichtig, wenn er hier nicht schon den ersten Gebrauchsakt als Zueignung erklärt. Warum soll es gerade hier einer „Reihenhandlung" bedürfen? Dann erhebt sich sofort die weitere Frage, mit dem wievielten Gebrauchsakt die Zueignung eintrete und offenbar gibt es darauf keine Antwort oder sie ist Willkür. Der Grund für diesen Mißstand liegt darin, daß man hier eine Mehrheit von einzelnen Gebrauchsakten zur Zueignung stempeln will, obwohl die einzelnen Akte nicht Zueignung sind und obwohl die Summe dieser qualitativ ganz dasselbe bedeutet, wie jeder einzelne Summand für sich. Nehmen wir an, der Täter in dem angeführten Beispiel sende die Brillantnadel nach fünf- oder zehnmaligem Gebrauch dem Eigentümer zurück: soll das nun bloß Reuebetätigung nach vollendeter Zueignung und vollendetem Verbrechen sein? — Alle diese Einwendungen und Schwierigkeiten entfallen, wenn schon der einzelne Gebrauchsakt mit einer Veränderung der Beziehungen zwischen der Sache einerseits, dem Täter und dem Eigentümer andererseits verbunden ist, die zwar nicht für sich allein, wohl aber in ihrer Steigerung durch Wiederholung des Aktes geeignet ist, Zueignung zu begründen. Die Gesamtwirkung der Reihenhandlung ist dann auch qualitativ etwas anderes als die des einzelnen Gebrauchsaktes. Die Sachlage ist vergleichbar derjenigen bei der Tötung durch länger fortgesetzte schwere Mißhandlung.

der angezogenen Gesetzesstelle zu beantworten, muß notwendig mißlingen. Je weiter wir aber die Grenzen der Untersuchung ausdehnen, desto größer wird die Zahl der zum Teil noch ungelösten Probleme und die Fülle der einander oft ganz entgegengesetzten Ansichten. Kaum auf einem anderen Gebiet der Rechtstheorie herrscht so viel Meinungsverschiedenheit, Unklarheit und Unsicherheit, wie in der Lehre von der Rechtswidrigkeit.[1]) In neuester Zeit mehren sich die Bemühungen, über diesen „toten Punkt" hinwegzukommen.[2]) Gewiß ist ihnen mancher Erfolg zu danken. Einzelne Meinungen sind als unhaltbar erwiesen, viele Unklarheiten beseitigt, Mißverständnisse aufgedeckt. Aber zu abschließenden und befriedigenden Ergebnissen ist man noch nicht gelangt.

Bei dieser Sachlage muß ich mich an dieser Stelle, wo nur die Grundlagen für die weitere Erörterung einer Frage aus dem besonderen Teil des Strafrechts gewonnen werden sollen, darauf beschränken, den Standpunkt kurz zu kennzeichnen, der im folgenden eingenommen werden soll.

Jedes Verbrechen ist rechtswidrig[3]) in dem Sinn, daß die das Verbrechen bildende Handlung gegen ein Gebot oder Verbot der Rechtsordnung verstößt. Diese Handlung ist rechtswidrig, weil sie verboten ist,[4]) nicht aber ist sie verboten, weil sie rechtswidrig ist. Da man die von der Rechtsordnung ausdrücklich oder stillschweigend aufgestellten Gebote und Verbote als Normen zu bezeichnen sich gewöhnt hat, kann man statt von Rechtswidrigkeit in der eben angegebenen Bedeutung auch und besser von Normwidrigkeit sprechen.[5]) Die Normwidrigkeit ist notwendiges Begriffsmerkmal[6]) des Ver-

---

[1]) Siehe die treffenden Ausführungen von Hold v. Ferneck in der Einleitung zu seiner Schrift über die Rechtswidrigkeit (Bd. 1).

[2]) Außer dem in der vorigen Anm. angeführten Werk sind hier besonders zu nennen: M. E. Mayer, Rechtsnormen und Kulturnormen (Heft 50 der Breslauer strafrechtl. Abhandlungen), Kohlrausch, Irrtum und Schuldbegriff im Strafrecht, Teil I, und neuestens Graf zu Dohna, Die Rechtswidrigkeit als allgemeingültiges Merkmal im Tatbestand strafbarer Handlungen.

[3]) Sogenannte „formelle" Rechtswidrigkeit.

[4]) Kohlrausch a. a. O. S. 53.

[5]) Dafür besonders Hold von Ferneck a. a. O. S. 276; im folgenden soll an dieser Terminologie streng festgehalten werden.

[6]) Vgl. von Liszt a. a. O. § 32, „Die Rechtswidrigkeit als Begriffsmerkmal" und auch S. 117, wo freilich die Rechtswidrigkeit auch als Merk-

brechens, aber zumindest so weit sie auf strafgesetzlichen Vorschriften beruht, niemals Tatbestandsmerkmal und zwar weder ein Merkmal des allgemeinen, noch des besonderen Tatbestandes. Der Verbrechenstatbestand umfaßt die Summe aller Voraussetzungen für den Eintritt der Strafdrohung; eine solche Voraussetzung kann die Normwidrigkeit der Handlung nicht sein, wenn diese eben auf einem Verbot beruht, das erst durch die Strafdrohung erlassen wird. Noch ein weiterer Grund aber macht die Normwidrigkeit unfähig, Tatbestandsmerkmal zu sein und zwar ohne jede Einschränkung. Die Normwidrigkeit ist stets etwas Abstraktes; auch wenn wir eine bestimmte einzelne Handlung als normwidrig bezeichnen, beruht dies auf Abstraktion. Der Verbrechenstatbestand ist nun zwar auch eine Abstraktion, aber er muß in allen seinen Merkmalen der Konkretisierung fähig sein. Sonst könnte er seiner Aufgabe nicht genügen, zur Beschreibung eines der Wirklichkeit angehörenden Vorganges zu dienen.[1])

Offenbar vermag der Wortlaut des Strafgesetzes nichts daran zu ändern, daß die Normwidrigkeit oder die Rechtswidrigkeit in dem Sinn von Normwidrigkeit unfähig ist, Merkmal des Tatbestandes zu sein. Das Wort „rechtswidrig" oder ein ähnlicher Ausdruck in einem strafgesetzlichen Tatbestand können daher nicht in dem Sinn von normwidrig verstanden werden.

Ob eine Handlung ein Verbrechen sei oder nicht, darüber vermag nach dem Gesagten die Frage nach der Normwidrigkeit keinen unmittelbaren Aufschluß zu geben. Es ist vielmehr zu untersuchen, ob die Handlung alle Merkmale eines gesetzlichen Tatbestandes aufweise. Nun begegnet aber nicht selten die Erscheinung, daß eine Handlung mit einem gesetzlichen Tatbestand völlig übereinstimmt, trotzdem aber offenbar nicht als Verbrechen anzusehen ist. Und zwar sind es zwei Gründe, die zur Verneinung des Verbrechens drängen können, ein formeller und ein materieller. Der erstere ist dann gegeben, wenn ein Rechtssatz besteht, nachdem sich die Handlung als Rechtsausübung oder Pflichterfüllung darstellt. Wenn der Gesetzgeber eine Handlung auch nur als erlaubt behandelt, so kann er sie

---

mal des allgemeinen Tatbestandes bezeichnet wird. Dies beruht darauf, daß von Liszt den Ausdruck „allgem. Tatbestand" als gleichbedeutend mit „Begriff des Verbrechens" gebraucht.

[1]) Vgl. Kohlrausch a. a. O. S. 23. Hold v. Ferneck, a. a. O. S. 392.

unmöglich zugleich mit Strafe bedrohen wollen. Soweit der Rechtssatz reicht, ist daher der Tatbestand nur dem äußeren Anschein nach vorhanden, in Wahrheit ist er ausgeschlossen. Wenn und soweit die Handlung dem Tatbestand nicht subsumiert werden kann, ist sie nicht mit Strafe bedroht, nicht verboten, nicht normwidrig. Die entscheidende Frage ist demnach die, ob der Tatbestand wirklich vorliegt. Muß sie verneint werden, dann kommt die Normwidrigkeit der Handlung gar nicht in Frage und es bedarf nicht erst eines Grundes, um diese oder die „Rechtswidrigkeit" oder gar die „Schuld" des Täters auszuschließen.[1])

Die Normwidrigkeit einer Handlung, die zunächst dem äußeren Anschein nach einem strafgesetzlichen Tatbestand subsumierbar erscheint, kann mit Sicherheit erst dann beurteilt werden, wenn feststeht, daß der Tatbestand keine Einschränkungen erleidet.[2]) Es liegt

---

[1]) Siehe Stooß, Rechtswidrigkeit und Verbrechen, Schweizerische Z. für Strafrecht, Bd. 10 S. 351 ff., und Hold von Ferneck a. a. O., besonders S. 391.

[2]) Eine solche Einschränkung kann auch durch eine Bestimmung des Strafgesetzes selbst gegeben sein. So werden beispielsweise durch die Notwehrbestimmung eine ganze Reihe von Tatbeständen eingeschränkt, erleidet der Tatbestand des Mordes eine Einschränkung durch die Androhung der Todesstrafe. In diesen Fällen ergeben sich meines Erachtens keine Schwierigkeiten, und es ist die denkbar unglücklichste Wahl, wenn immer wieder das so vielberufene Beispiel des Henkers angeführt wird, der „eigentlich", „an sich" einen Mord begehe, um die Schwierigkeiten zu erörtern, die sich einer befriedigenden Erklärung der Fälle des ausgeschlossenen Tatbestandes entgegenstellen. Ein Rechtssatz gilt immer nur in dem Umfang, der vom Gesetz gewollt ist. Um diesen Willen zu erkennen, müssen die einzelnen Bestimmungen im Zusammenhang und sie dürfen nicht jede für sich betrachtet werden. Ergibt sich dabei ein scheinbarer Widerspruch zwischen zwei Bestimmungen, so muß der Wille des Gesetzes an der einen oder der anderen Stelle mißverstanden worden sein. Stellt man beispielsweise die Notwehrbestimmung einer beliebigen Strafandrohung gegenüber, die gegen eine Handlung gerichtet ist, die auch in Notwehr begangen werden kann, oder stellt man einander gegenüber den Rechtssatz, der die vorsätzliche Tötung eines Menschen mit Strafe bedroht, und die Androhung gerade der Todesstrafe, so kann es nicht dem geringsten Zweifel unterliegen, an welchen Stellen der Wille des Gesetzes in den gerade dort gebrauchten Worten nicht vollständig zum Ausdruck gelangt ist, welche Rechtssätze es sind, die nicht in dem vollen Umfang aufgestellt sind, der sich lediglich aus dem Wortlaut der einzelnen Stellen ergeben würde, und welche diese Einschränkung bewirken. Denn nur dann, wenn man eine Einschränkung der Tatbestände in dem Umfang annimmt, wie er durch die Notwehrbestimmung oder die Androhung der Todesstrafe gegeben ist, bleiben diese überhaupt in

nahe, in den Tatbeständen selbst nach einem Hinweis auf solche Einschränkungen zu suchen, und dabei bietet sich das in manche Tatbestände[1]) eingefügte Wort „rechtswidrig" von selbst dar, gleichsam als ein Warnungszeichen, um darauf aufmerksam zu machen, daß der vom Gesetz gewollte Umfang des Tatbestandes nicht aus dieser Bestimmung allein ersichtlich sei, sondern daß sie im Zusammenhang mit anderen Bestimmungen betrachtet sein wolle; daß Fälle, die nach dem bloßen Wortlaut dieser Stelle unter den Tatbestand fielen, davon ausgeschlossen sind. In diesem Sinn ist das Wort „rechtswidrig" an den meisten Stellen zu verstehen, in denen es vom Strafgesetz gebraucht wird, allerdings aber nicht immer. Offenbar wird der Tatbestand dadurch nicht um ein weiteres Merkmal bereichert, die „Rechtswidrigkeit" wird dadurch nicht zum Tatbestandsmerkmal erhoben und ebensowenig bildet ihr Mangel ein negatives Tatbestandsmerkmal.[2]) Es handelt sich dabei lediglich um einen technischen Behelf des Gesetzgebers, der freilich in durchaus zu mißbilligender Weise verwendet wird.

Die Betrachtung des geltenden Rechtes lehrt, daß ein einheitlicher Gesichtspunkt für die Aufnahme der „Rechtswidrigkeit" in den Tatbestand nicht vorhanden ist und die Auswahl der Fälle, in denen diese Aufnahme erfolgte, muß als eine „ganz willkürliche" bezeichnet werden.[3]) Zu den Argumenten, die sich aus dem Gesetz selbst ergeben, ist in neuerer Zeit eine vielberufene und sehr bezeichnende Erklärung des Verfassers des schweizerischen Vorentwurfes

---

Kraft; wollte man an dem vollen Umfang der Tatbestände festhalten, so wären die zuletzt erwähnten Rechtssätze überhaupt außer Kraft gesetzt, beseitigt. Da aber alle Bestimmungen eines Gesetzes gleichzeitig erlassen werden, da sie der Ausdruck des gesetzgeberischen Willens sind und dieser sich nicht widersprechen kann, so ist diese letztere Annahme unmöglich. Um zu diesem Ergebnis zu gelangen, bedarf es also nicht erst eines Eingehens auf den „Geist" des Strafgesetzes und auf den materiellen Gehalt und Zweck seiner Bestimmungen.

[1]) In diesem Zusammenhang gebrauche ich das Wort „Tatbestand" lediglich zur Bezeichnung jenes Teiles des Textes einer strafgesetzlichen Bestimmung, an den die Strafdrohung anknüpft.

[2]) Den Begriff der „negativen Tatbestandsmerkmale" halte ich mit v. Liszt u. a. (siehe Lehrbuch, S. 117 N. 2) für völlig verfehlt. Vgl. namentlich die eingehende Polemik von Kohlrausch a. a. O. S. 59 ff.

[3]) Dies gilt auch dann, wenn man dem „rechtswidrig" eine andere als die im Text bezeichnete Bedeutung beilegen will. Vgl. Kohlrausch a. a. O. S. 72 ff., besonders S. 76.

hinzugekommen. Stooß sagt:[1]) „Es ist, wie ich aus eigener Erfahrung weiß, eine Frage technischer Zweckmäßigkeit, ob das Wort ‚rechtswidrig‘ (in diesem Sinne)[2]) einem gesetzlichen Tatbestand beigefügt werde.“ Die Annahme ist nicht ungerechtfertigt, daß sich die Verfasser anderer Strafgesetzbücher und auch die des RStGB. ebenso äußern würden. Die Erklärung von Stooß gewinnt dadurch sozusagen als negatives Interpretationsmittel auch für das geltende Recht Bedeutung.

Aber wichtiger als ihre Verwertung in dieser Richtung scheint es mir, einmal die Frage aufzuwerfen, ob denn wirklich die Art der Verwendung des Wortes „rechtswidrig“ in den Strafgesetzen und -entwürfen dadurch gerechtfertigt werden könne, daß man sich auf die technische Zweckmäßigkeit beruft. Davon kann keine Rede sein. Schon ein flüchtiger Überblick über Theorie und Praxis auf unserem Gebiet zeigt, welches Unheil gerade der von den Gesetzesverfassern beliebte Vorgang bei der Aufnahme der „Rechtswidrigkeit“ in den Tatbestand angerichtet hat. Und dabei sollte ein solches Vorgehen zweckmäßig sein? Wirklich eine technische Frage ist es, ob der Gesetzgeber in die Tatbestände der einzelnen Verbrechen, die durch Verfügungen an anderer Stelle eingeschränkt sind, einen Hinweis auf solche Beschränkungen aufnehmen soll oder ob er als entbehrlich unterbleiben kann. Wenn aber dieser Hinweis in Gestalt des Wortes „rechtswidrig“ in manchen Fällen erfolgt und in anderen, sachlich völlig gleichliegenden nicht und wenn dann noch überdies dasselbe Wort in anderer Bedeutung verwendet wird, so verdient ein solcher Vorgang gerade vom Standpunkt der Gesetzestechnik aus Tadel und ist immer unzweckmäßig.

Nach dem Gesagten entfällt auch bei dem Mangel des Wortes „rechtswidrig“ in einem Tatbestand nicht die Notwendigkeit, zu prüfen, ob der Tatbestand Einschränkungen unterworfen sei. Ob eine Handlung, die zunächst einem strafgesetzlichen Tatbestand subsumierbar erscheint, ein Verbrechen ist und ob sie normwidrig ist, kann immer nur auf Grund einer Betrachtung des gesamten Rechtsstoffes entschieden werden;[3]) aber diese Grundlage ist auch die einzig zulässige.

[1]) a. a. O. S. 363.

[2]) Nämlich als Hinweis darauf, daß der Tatbestand durch andere Bestimmungen Ausnahmen erleidet; „unbefugt“, „nicht auf Grund einer ausnahmsweisen Berechtigung“.

[3]) v. Liszt a. a. O. S. 140.

Stellt man also die neuerdings in den Vordergrund gerückte Frage nach der „Rechtswidrigkeit" einer äußerlich die Merkmale eines strafgesetzlichen Tatbestandes tragenden Handlung, so kann die Antwort nur lauten, daß jede solche Handlung normwidrig ist, sofern sie nicht in den Kreis der Fälle des ausgeschlossenen Tatbestandes gehört.

Für die Straflosigkeit der Fälle des ausgeschlossenen Tatbestandes läßt sich keine andere formale Erklärung geben als eben die, daß der Tatbestand hier durch anderweitige, in ihrer Geltung und ihrem Umfang unberührte Rechtsvorschriften eingeengt wird. Die Handlung, die sich zwar mit dem Tatbestand deckt, ist wegen dieser Einschränkung nicht verboten und darum auch nicht normwidrig. Und die Normwidrigkeit läßt sich formal nicht anders bestimmen, denn als die Eigenschaft einer schuldhaften Handlung, einer Rechtsnorm zu widerstreiten.

Dasselbe läßt sich gewiß in verschiedenen Formeln[1]) ausdrücken, schließlich gehen sie aber doch auf diese, meines Erachtens vom Standpunkt formal-juristischer Betrachtung allein mögliche Erklärung zurück. Daß sie das eigentliche Wesen der Sache nicht aufklärt, nicht den letzten Grund angibt, liegt in der Natur des eingenommenen Standpunktes und es kann dies niemanden wundernehmen oder unbefriedigt lassen, der sich vorerst über Wesen und Zweck formaler Konstruktionen Klarheit verschafft hat. Wer für die Straflosigkeit der Fälle des ausgeschlossenen Tatbestandes einen tieferliegenden Grund aufzufinden bemüht ist und ebenso wer das Wesen der Normwidrigkeit anderswo als im Widerspruch mit der Rechtsordnung finden, gleichwohl aber auf dem Boden formaler Konstruktion beharren und diesen nicht verlassen will, der strebt mehr an, als erreichbar ist. Entweder bietet die scheinbar gefundene Erklärung in Wahrheit überhaupt nichts Neues und fördert nicht den Einblick in das Wesen der Sache — oder sie ist eben keine formal-juristische.

[1]) Wenn freilich die „Rechtswidrigkeit" als Ausdruck dafür bestimmt wird, daß eine Handlung im StGB. verboten ist, eine Sonderbefugnis aber, sie dennoch vorzunehmen, für den Täter nicht existiert, so muß eine solche Formulierung mit aller Entschiedenheit abgelehnt werden. Ist die Handlung wirklich verboten, dann kann es keine Befugnis geben, sie vorzunehmen; besteht aber diese Befugnis, dann ist die Handlung eben in diesem Fall nicht verboten.

Die jüngste umfassende Arbeit, die sich mit dem Problem der Rechtswidrigkeit befaßt, darf hier schon jetzt als Beispiel angeführt werden, ohne daß damit ihr Wert verneint werden sollte. Hold v. Ferneck, der auszog, um für die Straflosigkeit der Fälle des ausgeschlossenen Tatbestandes eine formal-juristische Erklärung zu bieten, gelangt auf den 400 Seiten seines ersten Bandes nur bis zu einem negativen Ergebnis. Und man mag auf die für den zweiten Band in Aussicht gestellte Lösung immerhin gespannt sein — dem oben bezeichneten Schicksal wird auch sie nicht zu entgehen vermögen.

Nun soll gewiß nicht behauptet werden, daß in den vorstehenden Ausführungen[1]) bereits eine allseits befriedigende Lösung zu erblicken sei. Aber in dem in neuester Zeit besonders lebhaft betätigten Bestreben, eine neue und bessere Lösung zu finden, hat man die Ergebnisse der bisherigen Untersuchungen doch zu gering angeschlagen und vielfach schlechter gemacht, als sie sind.

So will Graf zu Dohna[2]) die Unzulänglichkeit der bisherigen Lösungsversuche dadurch in ein besonders grelles Licht setzen, daß er uns, auf § 239 RStGB. Bezug nehmend, folgendes Frage- und Antwortspiel vorführt: „Wann ist das Verhalten eines Menschen rechtswidrig?" — „Wenn es den gesetzlichen Tatbestand eines Deliktes erfüllt" und „Wann erfüllt das Verhalten eines Menschen den gesetzlichen Tatbestand?" — „Wenn es rechtswidrig ist." Die Freiheitsberaubung ist also rechtswidrig, wenn sie — rechtswidrig ist. „Da mag man", meint der Verfasser weiter, „das Strafgesetzbuch wälzen von vorn nach hinten und von hinten nach vorn, man kommt prinzipiell aus dem ewigen Zirkel nicht heraus: Die Rechtsgüterverletzung ist rechtswidrig, wenn sie den Tatbestand eines Strafgesetzes erfüllt und sie erfüllt ihn, wenn sie rechtswidrig ist." Dieser Zirkel ist aber von unserem Standpunkt aus nur ein scheinbarer. Zunächst muß man fragen, warum denn gerade aus dem Strafgesetz allein die Frage beantwortet werden müsse, wann das Verhalten eines Menschen rechtswidrig sei. Dies als Postulat aufzustellen, entbehrt jeder Berechtigung. Der Strafgesetzgeber geht ja nicht so vor, als ob er allein Rechtsvorschriften zu erlassen hätte

[1]) Selbstverständlich erheben sie nicht den Anspruch, Neues zu bieten; sie sind nur der mir richtig erscheinende Kern der bisherigen Lehren.

[2]) a. a. O. S. 15ff.

und alle anderen Rechtsgebiete mit ihren Satzungen für ihn gar nicht bestünden. Wenn man also bloß das Strafgesetz von vorne nach hinten und von hinten nach vorne wälzt, bewegt man sich allerdings im Kreis, aber durch eigene Schuld. Und dann bedeutet das Ergebnis: „Die Freiheitsberaubung ist rechtswidrig, wenn sie rechtswidrig ist" nur unter der Voraussetzung den vollkommenen Bankrott der bisher angestellten Lösungsversuche, daß dem Wort „rechtswidrig" beide Male ganz derselbe Sinn zukommen würde. Gerade das ist aber nicht der Fall.[1]) Wenn gefragt wird: „Wann ist das Verhalten eines Menschen rechtswidrig"? (= normwidrig), dann ist die Antwort: „Wenn es den gesetzlichen Tatbestand eines Deliktes erfüllt", unrichtig, sofern unter Tatbestand auch die ausgeschlossenen Fälle miteinbegriffen werden. Und auf die Frage: „Wann erfüllt das Verhalten eines Menschen den Tatbestand eines Strafgesetzes?" ist nicht zu antworten, wenn es „rechtswidrig" ist, sondern es ist zu sagen: „Wenn es alle Merkmale des Tatbestandes aufweist und nicht auf Grund eines anderweitigen Rechtssatzes als erlaubt erscheint." — Noch drei Einwendungen[2]) sind hier zu erörtern, die sich gegen die herrschende Lehre — soweit von einer solchen gesprochen werden kann — richten, die hier vertretenen Sätze aber nicht als unrichtig zu erweisen vermögen. Mit Recht wird betont, daß die Einteilung aller Delikte in zwei Gruppen nach dem Gesichtspunkt, ob die „Rechtswidrigkeit" im Tatbestand besonders hervorgehoben ist oder nicht, eine willkürliche sei und auf dieser Unterscheidung nicht aufgebaut werden dürfe. Eine solche Einteilung ist aus den schon früher angeführten Gründen zu verwerfen und man bedarf ihrer auch nicht. Damit ist auch die zweite Einwendung erledigt: sie geht dahin, daß die Konsequenz, zu der diese

---

[1]) d. h. es soll nicht bestritten werden, daß bei der großen Unklarheit und Verworrenheit, die in der Lehre von der „Rechtswidrigkeit" herrschen, auch wirklich solche Aufstellungen begegnen. Wenn aber die Sachlage so dargestellt wird, als gelange die bisherige Lehre zu dem im Text angeführten kläglichen Kreisschluß als ihrem Gesamtergebnis, so ist das viel zu weit gegangen. Vgl. Kohlrausch in der Z. Bd. 25 S. 657, der selbst anerkennt, daß es „wenigstens für eine Gruppe von Delikten gelungen sei, jenem Zirkel zu entrinnen". Daß diese Einschränkung nicht besteht, wird noch im folgenden darzutun sein.

[2]) Siehe nur Gf. zu Dohna a. a. O. und Kohlrausch in der Z Bd. 25 S. 657.

Unterscheidung führen kann, unrichtig sei, nämlich der Satz, die „Rechtswidrigkeit“ sei in den Fällen der ausdrücklichen Hervorhebung ein positives Tatbestandsmerkmal, in den anderen Fällen ihr Mangel ein negatives.[1]) Zu dieser Konsequenz könnte man allerdings auch von dem hier vertretenen Standpunkt aus gelangen. Aber die Unrichtigkeit einer Auffassung läßt sich niemals dadurch erweisen, daß man zeigt, sie könne oder selbst sie habe zu einer falschen Folgerung geführt. Die bloße Möglichkeit beweist gar nichts und es dürfte schwer halten, einen allgemeinen Satz aufzufinden, aus dem falsche Folgerungen überhaupt nicht gezogen werden könnten. Nur der Nachweis, daß die unrichtigen Folgesätze mit Notwendigkeit sich ergeben, würde den Ausgangspunkt erschüttern; aber dieser Nachweis ist nicht erbracht. Schwererwiegend ist der dritte Einwand: der Begriff „rechtswidrig“ lasse sich durch den bloßen Hinweis auf andere Rechtspartien inhaltlich nicht erschöpfend bestimmen. Vom Standpunkt rein formaler Betrachtung aus freilich ist die Erwiderung von selbst gegeben. Der Kern des Einwandes richtet sich aber gegen die Ergebnisse, zu denen die Anwendung unserer Sätze auf eine Reihe von einzelnen besonderen Fällen führt. Und da muß nun ohne weiteres zugegeben werden, daß diese Ergebnisse nicht so selten unbefriedigende sind. Dafür macht man nun ausschließlich die Lehre von der „Rechtswidrigkeit“ verantwortlich, während sie diese Verantwortlichkeit nur zum geringen Teil trifft,[2]) zum weitaus größeren aber die Gesetzgebung.

Den unbefriedigenden Ergebnissen glaubte man dadurch entgehen zu können, daß man dem Begriff der „formellen Rechtswidrigkeit“ (Normwidrigkeit) den der „materiellen“ Rechtswidrigkeit gegenüber-

---

[1]) Diese Konsequenz wird namentlich von Frank gezogen.

[2]) Wenn für die Einschränkung des Tatbestandes geradezu die Einräumung einer Befugnis zur Vornahme der Handlung verlangt wird, die scheinbar dem Tatbestand unterfällt, so ist das viel zu enge. Und daß die Handlung als erlaubt sich darstellt, ist überhaupt eine nicht sehr empfehlenswerte Ausdrucksweise, und wird sie strenge genommen, so ist sie auch noch zu enge; wird sie aber weit ausgelegt, so entbehrt sie der nötigen Präzision. Hier ist meines Erachtens ein weiterer Ausbau notwendig und möglich, namentlich auch nach der Richtung, die v. Liszt a. a. O. (S. 141, 2a) verfolgt; die von ihm aufgestellte Formel („Ist die Handlung das angemessene Mittel zur Erreichung eines bestimmten, vom Gesetzgeber als berechtigt anerkannten Zweckes, so ist sie rechtmäßig“) scheint mir aber noch der Verbesserung fähig und bedürftig.

stellte. Die Meinung nun, daß man auf diesem Weg auch nur um einen Schritt weiter kommen könne, ist allerdings eine irrige und die Angriffe sind als voll berechtigt anzuerkennen, die gegen sie und die auf ihr aufgebauten Konstruktionen gerichtet werden. Wird die materielle Rechtswidrigkeit als die Eigenschaft einer Handlung bestimmt, ein Rechtsgut zu verletzen oder zu gefährden, so wird damit kein neuer Begriff aufgestellt, es handelt sich doch um formelle Rechtswidrigkeit, nur von anderer Seite aus betrachtet. Die Unfruchtbarkeit dieses Begriffes der materiellen Rechtswidrigkeit ist heute ins hellste Licht gerückt, und es wird nicht weiter bezweifelt werden können, daß auf diesem Weg ebensowenig ein weiterer Ausbau der richtigen Sätze der bisherigen Lehre möglich ist, als ein Merkmal gefunden werden kann, das Voraussetzung für die Anwendung des Strafgesetzes auf eine bestimmte Handlung wäre.

Ein solches Merkmal soll nun auf neuen Wegen gefunden werden, und zu diesem Zweck untersucht man nunmehr wirklich „das materielle Etwas", an das die formellen Rechtsnormen anknüpfen. Diese Untersuchungen sind nach mehr als einer Richtung sehr wertvoll, aber gerade zu dem Ergebnis, um dessentwillen sie angestellt werden, haben sie bisher nicht geführt und sie können und werden dieses Ergebnis auch bei ihrer Fortführung nicht zeitigen. Gewiß kann der materielle Gehalt des Unrechts auch unabhängig von positiven Rechtssatzungen festgestellt werden.[1]) Sucht man nach einer allgemein giltigen Formel, so wird man zu Bestimmungen von solcher Weite und Inhaltsleere, zu so blutlosen Gebilden gelangen, daß sie schon deshalb ungeeignet sind zur Lösung der Fragen, für deren Entscheidung sie verwertet werden sollen.[2]) Weiter kann man gelangen,

---

[1]) Sieht man davon nicht ab, sondern schöpft man gerade aus dem geltenden Recht, so liegt die Gefahr nahe, doch wieder in den früher erwähnten Zirkel zu geraten. Diese Gefahr kann vermieden werden. Doch gelten auch für ein auf diese Weise gewonnenes Ergebnis die gleich im Text folgenden Ausführungen, wonach es zur Lösung von Einzelfragen aus dem geltenden Recht nur beschränkt verwertet, als Voraussetzung für die Anwendung des Strafgesetzes nicht fruchtbar gemacht werden kann.

[2]) Einer näheren Begründung muß ich mich an dieser Stelle enthalten. Zur Begründung der früher ausgesprochenen Ansicht über das Buch des Gf. zu Dohna kann ich mich auf einen Hinweis auf die schon mehrfach bezogene Besprechung dieses Buches durch Kohlrausch beschränken, mit dessen kritischen Ausführungen ich nahezu vollständig übereinstimme.

wenn man die Grenzen der Untersuchung enger absteckt und Formeln zu gewinnen strebt, die der Eigenart einer Kulturstufe angepaßt und aus ihr heraus zu entwickeln sind. Man mag aber wie immer vorgehen, die gefundene Formel kann nicht ein Merkmal angeben, dessen Vorhandensein Voraussetzung für die Anwendung des Strafgesetzes wäre, weil die bestehende Rechtsordnung eine solche Voraussetzung nicht kennt[1]) und weil wir zu einer Korrektur des Gesetzes selbst auf Grund besserer Erkenntnis nicht berechtigt sind. Der Satz ist durchaus abzulehnen, daß jede Handlung vorerst auf ihren materiellen Gehalt hin zu prüfen sei und erst dann, wenn sie, sagen wir als „antisozial" erkannt ist, die Anwendung des Strafgesetzes in Frage komme. Diese Prüfung ist Sache des Gesetzgebers, nicht derjenigen, die das Gesetz anzuwenden oder auszulegen haben. Der Wissenschaft ist sie darum nicht verschlossen, am allerwenigsten gerade der Rechtswissenschaft; sofern sich diese aber nicht mit der Kritik des geltenden Rechtes befaßt, sondern mit der Auslegung und der Entscheidung von Einzelfragen, von praktischen Fällen, ist auch sie an den erklärten Willen des Gesetzes gebunden und darf sich nicht über das Gesetz stellen. Die praktischen Fälle, zu deren Entscheidung gelangt werden soll, sind von bunter Mannigfaltigkeit, doch ist ihnen gemeinsam, daß sie Handlungen betreffen, die einerseits die Merkmale eines Deliktstatbestandes aufweisen, andererseits nicht antisozial erscheinen. Zwei Gruppen lassen sich hier unterscheiden: bei der einen Gruppe fehlt es an jedem Anhaltspunkt innerhalb der Rechtsordnung, auf Grund dessen eine Einschränkung des Tatbestandes angenommen werden könnte, bei der zweiten ist es zweifelhaft, ob aus dem Sinn und Zusammenhang verschiedener rechtlicher Bestimmungen ein zu der Handlung berechtigender Rechtssatz und also eine Einschränkung des Deliktstatbestandes abgeleitet werden könne. Hier, bei der zweiten Gruppe, herrschen Zweifel über den Willen des Gesetzes und hier kann, als Auslegungsmittel, auch der Mangel des antisozialen Charakters der Handlung verwertet werden. Nicht weil dieser Cha-

[1]) Wenn Gf. zu Dohna die „Unrichtigkeit" der Handlung „Rechtswidrigkeit" nennt, so ist das ein bedauerlicher Zuwachs zu der terminologischen Verwirrung, die auf diesem ganzen Gebiet ohnedies schon herrscht. Die Behauptung, das Wort „rechtswidrig" in einzelnen gesetzlichen Tatbeständen (in den anderen soll es hinzugedacht werden) bedeute „unrichtig", entbehrt jeder festen Begründung und bedarf auch keiner besonderen Widerlegung.

rakter der Handlung allgemeingiltige Voraussetzung für die Anwendung des Strafgesetzes wäre, ist eine Einschränkung des Tatbestandes anzunehmen; aber im Zweifel spricht zugunsten dieser Entscheidung, daß die meisten der unzweifelhaft mit Strafe bedrohten Handlungen antisozial sind.

Bei der zweiten Gruppe hingegen kann über den Willen des Gesetzes kein Zweifel bestehen. Hier mag es offen zutage liegen und allgemein anerkannt sein, daß die Handlung nicht antisozial, nicht kulturnormwidrig, nicht unrichtig sei, — ein Verbrechen und normwidrig ist sie dennoch. Dies verneinen wegen des materiellen Gehaltes der Handlung, heißt das Gesetz abändern wollen. Daß seine Anwendung in einzelnen Fällen zu Entscheidungen führt, gegen die sich das „Rechtsgefühl" sträubt, die unzweckmäßig und schädlich genannt werden können, ist nicht zu leugnen, und es ist gewiß eine undankbare Aufgabe, solche Ergebnisse zu vertreten. Doch die hier vorhandenen Nachteile, die unschwer auf ein sehr geringes Maß herabgesetzt werden können, fallen viel weniger ins Gewicht, als die Gefahren, die mit einem souveränen Hinwegschreiten über die Schranken des Gesetzes notwendig verbunden sind. Sie bedürfen keiner näheren Erörterung.

Nur auf zwei Punkte sei besonders hingewiesen. Wie schon früher angedeutet, ist es eine der vornehmsten Aufgaben der Strafrechtswissenschaft, den materiellen Gehalt des Unrechts festzustellen und an dem gewonnenen Maßstab das bestehende Recht zu prüfen. Wird er dazu verwendet, im Gewande der Gesetzesauslegung das Gesetz zu korrigieren, so ist damit der kraftvolle Einfluß lahmgelegt, den die Wissenschaft auf die Verbesserung und zeitgemäße Anpassung der Gesetze ausüben kann und soll. — Und dann gibt es auf der einmal betretenen Bahn kein Halten mehr, sobald der Boden des Gesetzes verlassen wird. Als Beispiel dafür möchte ich die Sätze anführen, die von Liszt in der neuesten Auflage seines Lehrbuches aufgestellt hat.[1]) Er war offenbar bemüht, die Kraft positivrechtlicher Satzung nicht zu unterschätzen und die Ergebnisse der jüngsten Untersuchungen auf diesem Gebiet nur mit aller Vorsicht zu verwerten. Er betont ausdrücklich, daß der Richter durch das Gesetz gebunden ist, auch wenn sich ein Widerspruch zwischen dem materiellen Gehalt

---

[1]) § 32 II S. 140 fg.

der Handlung und ihrer positivrechtlichen Würdigung ergibt; „die Korrektur des geltenden Rechts liegt jenseits der Grenzen seiner Aufgabe“. Trotz alledem aber würde die Anerkennung der von Lisztschen Sätze den Richter zu einer Korrektur des Gesetzes in weitem Umfang berechtigen, und überdies entbehren diese Sätze der Folgerichtigkeit.

Sie sollen maßgebend sein für die Abgrenzung der rechtmäßigen von der rechtswidrigen Handlung. Offenbar kommen hier in erster Reihe solche Handlungen in Betracht, die einem strafgesetzlichen Tatbestand zunächst bloß nach dessen Wortlaut subsumiert werden können und es soll die Betrachtung im folgenden auf sie beschränkt werden.[1]) Und da soll nun folgendes gelten: 1. Jeder Rechtssatz, der die Verletzung oder Gefährdung eines Rechtsgutes gebietet oder erlaubt, stempelt diese zur rechtmäßigen Handlung und schließt damit die Möglichkeit ihrer Subsumption unter den Tatbestand einer Straftat' aus. 2. Fehlt es an einem solchen Rechtssatz, so ist der materielle Gehalt der in Frage stehenden Handlung zu untersuchen. Für diese kritische Prüfung sind zwei „Auslegungsregeln“ maßgebend. a) „Ist die Handlung das angemessene Mittel zur Erreichung eines bestimmten, vom Gesetzgeber als berechtigt anerkannten Zweckes, so ist sie rechtmäßig“ und kann nicht unter das Strafgesetz subsumiert werden.[2]) b) „Versagt dieser erste Grundsatz, so ist die Angemessen-

[1]) Vgl. v. Liszt a. a. O. S. 141 Punkt II 1 a. E. und Punkt II 2a a. E.

[2]) „Es kann sein, daß die Auffassung des Gesetzgebers aus dem Zusammenhang der gesetzlichen Bestimmungen erschlossen werden kann. Aus diesem kann sich ergeben, daß die Verfolgung eines bestimmten Zweckes als berechtigt anzusehen ist.“ Wenn nun aus diesen Sätzen der im Text angeführte abgeleitet wird, so handelt es sich hier nicht um eine Anleitung zur Prüfung des materiellen Gehaltes der Handlung, sondern um Ermittelung des Willens des Gesetzes, und deshalb ist die Bezeichnung „Auslegungsregel“ hier auch am Platz. Wird wirklich der materielle Gehalt einer Handlung geprüft, so ist das keine „Auslegung“. Will man diese Prüfung auf Grund einzelner gesetzlicher Bestimmungen, deren Anwendung eben in Frage steht, und auf Grund ihres Zusammenhanges vornehmen, dann darf man nicht zugleich den (richtigen) Satz aufstellen, daß der antisoziale Gehalt des Unrechts unabhängig ist von seiner richtigen Würdigung durch den Gesetzgeber; aber dann gerät man auch wieder in das Gebiet der oft erwähnten Kreisschlüsse, ohne daß es mehr ein Entrinnen gäbe. Es bleibt trotzdem wahr, daß der materielle Gehalt des Unrechts auch ohne völliges Absehen von den Bestimmungen der Rechtsordnung (wenn auch nicht allein aus ihnen) entwickelt werden kann; aber dabei

heit der Handlung im Hinblick auf den Zweck des staatlich geregelten Zusammenlebens zu prüfen." Auch das Ergebnis dieser Prüfung soll den Richter ermächtigen, von der Subsumption einer die Merkmale eines Tatbestandes aufweisenden Handlung unter das Strafgesetz abzusehen. Scheinbar handelt es sich hier um einen eng begrenzten Kreis von Fällen, die der freien, richterlichen Würdigung unterstellt werden, in Wahrheit ist gerade das Umgekehrte der Fall. Wenn man das ganze Gebiet der die Merkmale eines Tatbestandes tragenden Handlungen überschaut, so zeigt sich, daß gerade die große Masse dieser Handlungen unter die Herrschaft der „Auslegungsregel" zu 2b fiele und nur relativ wenige nach den Grundsätzen zu 1 und 2a behandelt werden könnten. Die ausdrücklich ausgesprochenen oder durch Auslegung zu ermittelnden Einschränkungen der Tatbestände bilden offenbar die Ausnahme, andernfalls wäre es unerfindlich, wie der Gesetzgeber zu den bestehenden Formulierungen der Tatbestände gelangte. Demnach wäre das über alle Schranken der Gesetze hinausgehobene richterliche Prüfungsrecht die Regel, und es würde gerade dort eintreten, wo der Wille des Gesetzes unzweifelhaft ist, weil es im ganzen Gebiet des geltenden Rechtes an jedem Anhaltspunkt fehlt, um anzunehmen, daß der Gesetzgeber die dem Strafgesetz nach seinem Wortlaut subsumierbare Handlung nicht mit Strafe bedrohen wollte. Da von Liszt selbst einräumt, daß die Gefahr willkürlicher Entscheidungen „hier" freilich schwer zu vermeiden sein wird, so erübrigt es, darüber weiteres zu sagen. Eine Bindung des Richters an das Gesetz besteht dann nur mehr in der Richtung, daß er nicht verurteilen kann bloß auf Grund seiner Überzeugung von dem antisozialen Gehalt der Handlung.[1]) Hingegen ist ein Freispruch immer möglich auf Grund des richterlichen Befindens, die Handlung sei eine „angemessene"; denn wenn auch die

---

muß ohne Rücksicht auf einzelne Fälle vorgegangen und es dürfen nur solche Rechtsnormen in Betracht gezogen werden, deren Inhalt und Umfang nicht zweifelhaft ist. Auf Grund der so gefundenen Formeln wird dann der materielle Gehalt der Handlung bestimmt, die die Merkmale eines Deliktstatbestandes aufweist, und das Ergebnis kann, wie schon früher bemerkt, zur Lösung von Zweifeln über den Willen des Gesetzes verwertet werden.

[1]) Übrigens kann die Anwendung der besprochenen Grundsätze doch auch zum Nachteil eines Angeklagten ausschlagen, z. B. dann, wenn dieser sich auf Notwehr beruft und der Richter die Angriffshandlung für eine „angemessene", also nicht rechtswidrige hält.

erste Auslegungsregel versagt, so steht ja dem Richter noch die zweite zu Gebote, mit deren Hilfe er immer zu dem gewünschten Ergebnis gelangen und das Gesetz korrigieren kann.[1]) Allerdings sagt auch von Liszt, im Falle eines Widerspruches zwischen dem materiellen Gehalt der Handlung und ihrer positivrechtlichen Würdigung „ist der Richter durch das Gesetz gebunden; die Korrektur des geltenden Rechts liegt jenseits der Grenzen seiner Aufgabe". Aber die zweite „Auslegungsregel" beruft den Richter ja gerade zur Gesetzeskorrektur. Und bei der Anwendung der von v. Liszt aufgestellten Grundsätze kann der von ihm auch ausdrücklich angeführte Fall[2]) gar nicht vorkommen, daß der Richter gezwungen wäre, wegen einer als rechtmäßig erkannten Handlung verurteilen zu müssen. Liegt ein Rechtssatz vor, der die Handlung gebietet oder erlaubt, so befindet sich der Richter ohnedies im Einklang mit der Auffassung des Gesetzes. Fehlt es aber an einem solchen Rechtssatz und kann auch auf Grund der ersten Auslegungsregel die Rechtmäßigkeit der Handlung aus Bestimmungen der Rechtsordnung nicht abgeleitet werden, dann kann der Richter mit Hilfe der zweiten Auslegungsregel über das Gesetz hinweg seiner Ansicht von der Rechtmäßigkeit der Handlung immer zum Siege verhelfen. Es sei nochmals betont,

[1]) Ich sage absichtlich: „zu dem gewünschten Ergebnis"; denn dem Richter drängt sich zunächst doch die Frage auf: Freispruch oder Verurteilung? Hält er den ersteren für angemessen, so wird er geneigt sein, die „Angemessenheit" der Handlung zu bejahen, nicht eigentlich auf Grund der „Auslegungsregel", sondern um den Freispruch begründen zu können. Offenbar ist es aber ein Fehlschluß, wenn eine Handlung darum für rechtmäßig erklärt wird, weil (mit Grund) angenommen wird, sie sei nicht strafwürdig oder verdiene nicht eine so strenge Strafe, als die allein in Frage kommende Bestimmung des Strafgesetzes sie androht. Ganz dieselbe Verwechslung findet sich bei Graf zu Dohna, wenn er das Wechseln eigenen Geldes aus einer anvertrauten fremden Kasse ein „berechtigtes Verhalten" nennt und mit dem Hinweis auf die allem Rechtsgefühl widerstreitenden Verurteilungen wegen Unterschlagung die Lehre angreifen zu können vermeint, die in dem Wechseln eine „rechtswidrige" Handlung erblickt. Die „Rechtswidrigkeit" der Handlung rechtfertigt eben noch nicht die Androhung von Strafe und das Rechtsgefühl kann und wird auch dadurch schon verletzt, daß eine „rechtswidrige" Handlung, der aber keine oder nur eine verschwindend kleine Gefährlichkeit zukommt, überhaupt mit Strafe oder gar mit schwerer Strafe geahndet wird. Oder soll der Richter auch hier zur Korrektur des Gesetzes berufen werden?

[2]) „Der Gesetzgeber verbietet, was materiell rechtmäßig ist." Im umgekehrten Fall allerdings bleibt der Richter an das Gesetz gebunden.

daß irgendwelche Grenzen für die Anwendung der Auslegungsregeln nicht aufgestellt werden. In der Tat kann eine solche Begrenzung auch nicht gegeben werden. Wird die abschüssige Bahn einmal betreten, so gibt es kein Halten mehr! —

Der Ausgangspunkt der vorstehenden Ausführungen war der Satz, daß jedes Verbrechen normwidrig ist. Indem der Gesetzgeber eine Handlung mit Strafe bedroht, erklärt er sie damit für verboten. Die Strafdrohung wird an den Tatbestand angeknüpft, an die Beschreibung der für strafwürdig erachteten Handlung. Dabei bedient sich der Gesetzgeber meist der Anführung rein tatsächlicher Momente, er kann aber auch rechtliche Momente verwenden und kann im besonderen auch den Umstand zum Tatbestandsmerkmal machen, daß die Handlung ein subjektives Recht verletzt. Er wird dies dann tun, wenn er gerade ein subjektives Recht schützen will. Es erscheint dann schon das Bestehen dieses Rechtes im Tatbestand und es ergibt sich daraus, daß die Verletzung dieses Rechtes ein notwendiges Erfordernis bildet. Will der Gesetzgeber dieses Erfordernis ausdrücklich aussprechen, so bedient er sich wiederum des Wortes rechtswidrig. Es bedeutet hier so viel als: mit Verletzung eines subjektiven Rechtes,[1]) und es ist im einzelnen Fall die Verletzung desjenigen subjektiven Rechtes Tatbestandsmerkmal, dessen Bestehen ebenfalls Tatbestandsmerkmal ist und zu dessen Schutz die betreffende Strafdrohung aufgestellt wird.

Nicht jedes Verbrechen verletzt ein subjektives Recht. Und auch wenn eine solche Verletzung gegeben ist, so kann es immerhin als möglich angenommen werden, daß das verletzte Recht derselben Norm sein Bestehen verdankt, die dem betreffenden Strafgesetz zugrunde liegt und die der Strafgesetzgeber selbst aufstellt. In diesem Fall kann natürlich die Rechtswidrigkeit der Handlung nicht Voraussetzung für die Strafdrohung, nicht Tatbestandsmerkmal sein, denn sie ist ja erst die Folge der Erlassung der Norm und besteht vor dieser nicht. Überdies hat die Aufnahme eines weiteren Merkmales in einen Tatbestand nur dann einen Sinn, wenn dadurch zu seiner schärferen Umgrenzung, zur genaueren Bezeichnung der Handlung etwas beigetragen wird und eine solche Ergänzung noch notwendig

---

[1]) In dieser Bedeutung gebrauche ich stets dieses Wort, es sei denn, daß es unter Anführungszeichen erscheint.

ist. Ist nun der Tatbestand schon ohne das Merkmal der Rechtswidrigkeit vollständig, so ist dieses überflüssig. Hat aber der Gesetzgeber im Tatbestand noch nicht alle die Umstände vereinigt, bei deren Vorhandensein erst die Handlung ihm strafwürdig erscheint, dann vermag das Erfordernis der Rechtswidrigkeit der Handlung auch nichts Neues zu sagen, wenn, wie vorausgesetzt, die Norm nur aus dem Tatbestand abgeleitet werden kann. — Doch auch dann, wenn die Rechtswidrigkeit der Handlung auf einer außerstrafrechtlichen Vorschrift beruht, ist sie nicht immer geeignet, als Tatbestandsmerkmal verwendet zu werden. Nur sehr selten wird die einem bestimmten Interesse schädliche Handlung unter allen Umständen verboten und soweit das Strafgesetz solche Verbote sanktioniert, sind es meist solche, die es selbst aufstellt und die überhaupt keine subjektiven Rechte schaffen. Nehmen wir nun aber an, daß das subjektive Recht auf einer außerstrafrechtlichen Norm beruhe, die sich im wesentlichen auf das einfache Verbot der einem Interesse schädlichen Handlung beschränkt, und es ergeben sich nur aus einzelnen Vorschriften an anderen Stellen einzelne Fälle, in denen das Verbot als nicht ergangen, das subjektive Recht also als nicht vorhanden anzusehen ist. Auch in diesem Fall wird das Strafrecht seinen Tatbestand nicht so gestalten, daß das subjektive Recht als Gegenstand des Angriffes erscheint und die Rechtswidrigkeit Tatbestandsmerkmal wäre; es fehlt an jedem Anlaß dazu. Aus dem subjektiven Recht kann weiter nichts abgeleitet werden, als sich auch aus dem strafgesetzlichen Tatbestand ergibt, wenn darin die dem Interesse schädliche Handlung durch Anführung tatsächlicher Momente beschrieben wird. Aus dem Tatbestand ergibt sich ganz dieselbe Norm, die das subjektive Recht geschaffen hat, und auf die erwähnten Fälle, für die die Norm nicht ergangen ist, kann das Strafgesetz durch das Wort rechtswidrig in der ersten Bedeutung hinweisen.

Aus dem Gesagten ergibt sich demnach: Die Rechtswidrigkeit der Handlung ist nur dann geeignet, ein Tatbestandsmerkmal zu bilden und das Wort rechtswidrig in einem strafgesetzlichen Tatbestand ist nur dann in dem Sinn: mit Verletzung eines subjektiven Rechtes, zu verstehen, wenn der mit Strafe bedrohte Angriff sich gegen ein subjektives Recht richtet, das nicht auf einer strafrechtlichen Norm beruht und das ferner zu den höher entwickelten subjektiven Rechten zu zählen ist.

Alle diese Voraussetzungen treffen bei den Eigentumsdelikten zu, im besonderen auch bei der Unterschlagung. Das Verbot der Zueignung fremder Sachen ist, von der strafgesetzlichen Sanktion abgesehen, dem bürgerlichen Recht zuzuweisen. Das Strafgesetz bedient sich zur Bezeichnung des Verbrechensobjektes eines zivilrechtlichen Begriffes und macht dadurch den Tatbestand vom Zivilrecht abhängig. Ein Verbot der Zueignung fremder Sachen stellt das Zivilrecht nicht ausdrücklich auf, aber es gehört zu den unerläßlichen Grundlagen unserer Eigentumsordnung. Für das Zivilrecht fehlt es nur an dem besonderen Anlaß, dieses Verbot hervorzuheben, der im Strafrecht gegeben ist. Wenn das Strafrecht die Zueignung fremder Sachen ausdrücklich verbietet, so ist darin nichts anderes zu erblicken, als die Hervorhebung und Wiederholung des Verbotes einer bestimmten Art von Einwirkungen auf fremde Sachen, das sich aus dem gegen alle solche Einwirkungen gerichteten generellen, wenn auch nicht schrankenlosen Verbot der Eigentumsordnung ergibt. So wenig diese des Zueignungsverbotes entbehren kann, so wenig wird der volle Inhalt des Eigentumsrechtes durch dieses Verbot allein geschaffen. Ist der Gegenstand des durch § 246 mit Strafe bedrohten Angriffes ein subjektives Recht, das seinen Voraussetzungen, Umfang und Inhalt nach vom bürgerlichen Recht bestimmt wird, ist es der Zweck dieses Strafgesetzes, das Eigentumsrecht gegen Angriffe in der Form der Zueignung zu schützen, so muß die Zueignung im einzelnen Fall eine Verletzung subjektiven Eigentumsrechtes bedeuten, wenn sie der Strafdrohung des § 246 unterfallen soll. Vorsätzliche Zueignung einer fremden Sache schlechthin erfüllt den Tatbestand der Unterschlagung noch nicht. Sie ist nicht notwendig eine Interessenverletzung und auch wenn sie es ist, so fragt es sich erst, ob das Interesse des Eigentümers Schutz verdiene, ob nicht gerade die Vornahme der Zueignung einem wichtigeren Interesse entspricht, dem der Rechtsschutz gewährt werden muß. Das Bestehen des Eigentumsrechtes bedingt also nicht notwendig die Rechtswidrigkeit der Zueignung; ein Recht auf die Zueignung ist aber auch nicht unvereinbar mit dem Eigentumsrecht. Dem Eigentümer steht eben nicht nur der Anspruch auf Unterlassung der Zueignung und es steht ihm dieser Anspruch auch nicht nur gegen einen Einzelnen zu. Auf die eben bezeichneten Fragen gibt das Strafrecht im § 246 keine Antwort; sie müssen aus dem Wesen des Eigentumsrechtes, auf Grund anderer Rechtsvorschriften, vorzugsweise der des bürgerlichen Rechtes, beantwortet werden. Das Strafrecht setzt hier die Rechtswidrigkeit der Handlung und damit freilich auch ihre Normwidrigkeit voraus; nicht diese letztere aber, sondern die Richtung der Handlung gegen das Eigentumsrecht ist dasjenige Moment, welches dem Verbrechen der Unterschlagung eine besondere Eigenart verleiht. Die Verletzung des Eigentumsrechtes als notwendige Voraussetzung für den Eintritt der Strafdrohung und als kennzeichnendes Merkmal der strafwürdigen Handlung bedeutet das Wort rechtswidrig im § 246, sie ist Tatbestandsmerkmal.

Wenn hier die Rechtswidrigkeit der Handlung als Merkmal des Tatbestandes anerkannt wird, so liegt darin kein Widerspruch mit dem vorhin aufgestellten Satz, daß die Normwidrigkeit niemals Tatbestandsmerkmal sein könne. Denn gerade so, wie das Bestehen eines subjektiven Rechtes, ist auch die Tatsache seiner Verletzung in jedem einzelnen besonderen Fall etwas Konkretes, und es muß diesen Momenten doch insoweit reale Existenz zugesprochen werden, daß ihnen die Fähigkeit nicht bestritten werden kann, Tatbestandsmerkmale zu bilden. Wird sie doch dem religiösen, dem sittlichen Gefühl, dem Schamgefühl und deren Verletzungen unbedenklich zugesprochen, obwohl auch sie nicht mit Händen zu greifen sind, mit den Sinnen nicht unmittelbar wahrgenommen werden können und außerhalb der Menschen eine selbständige Existenz nicht zu führen vermögen.

Die Eigenart der schon mehrfach gekennzeichneten Delikte besteht für die äußerliche Betrachtung darin, daß die Tatbestände neben Momenten tatsächlicher auch solche rechtlicher Natur aufweisen und daß insbesondere der Gegenstand des verbrecherischen Angriffes geradezu durch ein Recht gebildet wird. Die ausdrückliche Aufnahme des Wortes rechtswidrig in den Tatbestand hat da nicht entscheidende Bedeutung, sie ist nur die Folge davon, daß man bei der Konstruktion des Tatbestandes den eben angedeuteten Weg betreten hat. Dies ist bei der Unterschlagung schon durch die Aufnahme des Tatbestandsmerkmales der *fremden* Sache geschehen. Wer rechtliche Beziehungen für ungeeignet hält, Tatbestandsmerkmale zu bilden, müßte seine Angriffe in gleicher Weise gegen dieses und andere richten, wie gegen die Rechtswidrigkeit. *Frank* bemerkt hier, wenn Rechte, Rechtsverhältnisse und sonstige rechtliche Beziehungen, die durch das außerhalb des Strafrechts liegende Recht begründet werden, als Tatumstände auftreten, so rechtfertige sich dies durch die Erwägung, daß das Strafrecht derartige Gebilde genau ebenso vorfindet und unter seinen Schutz nimmt, wie rein tatsächliche Erscheinungen. Es handle sich dabei um nichts anderes als um eine Konsequenz des sekundären Charakters des Strafrechts, und die Konsequenz müsse so weit reichen, wie dieser selbst.[1])

Diesen Ausführungen mag der richtige Gedankengang zugrunde liegen, es scheint aber doch jedenfalls erforderlich, sie etwas auszugestalten und zu ergänzen, um wirklich zu einer Rechtfertigung des geltenden Rechtes zu gelangen. Frank sagt, das Strafrecht findet „derartige Gebilde" — z. B. das Eigentumsrecht — genau ebenso vor und nimmt sie unter seinen Schutz, wie rein tatsächliche Erscheinungen, z. B. das Leben des Menschen. Nun ist es gewiß richtig, daß heute der Strafgesetzgeber die Eigentumsordnung bereits vorfindet; und bei der Betrachtung einer großen Masse von als schädlich und gefährlich erkannten Handlungen drängt sich ihm sofort die Erwägung auf, daß allen diesen Fällen eine Verletzung subjektiven Eigentumsrechtes gemeinsam ist. Aber so verhält sich die Sache doch nicht, daß in diesen Fällen *nur* die Verletzung eines Rechtes vorgefunden würde, *nur* das subjektive Recht als Gegenstand des zu verpönenden Angriffes betrachtet werden könnte und es an rein tatsächlichen Erscheinungen gerade auch in bezug auf den Gegenstand des Angriffes und des als notwendig erkannten Schutzes gänzlich fehlen würde, während auf der anderen Seite allerdings, wenigstens in manchen Fällen, angenommen werden kann, daß der Strafgesetzgeber nur rein tatsächliche Erscheinungen vorfindet und rechtliche Beziehungen erst durch die Normen geschaffen werden, die er erläßt, diese also unmöglich zur Gestaltung des Tatbestandes verwertet werden können. In Wahrheit findet vielmehr das Strafrecht in den Fällen der ersten Art beides vor, sowohl rein tatsächliche Erscheinungen, als auch rechtliche Beziehungen; ohne tatsächliche Grundlage können ja die letzteren nicht bestehen, sie stehen hier neben rein tatsächlichen Erscheinungen, an die sie anknüpfen. Demnach scheint es zunächst, daß der Gesetzgeber hier freie Wahl habe, ob er den Tatbestand lediglich aus tatsächlichen Momenten oder aber mit Ver-

---

[1]) Kommentar, 3. und 4. Aufl. S. 99.

wertung der schon vorhandenen rechtlichen Beziehungen zusammensetzen wolle; und wenn der letztere Vorgang gewählt wird, so erhebt sich sofort die Frage, ob lediglich technische Zweckmäßigkeit dafür spreche und entscheidend gewesen sein dürfte, oder aber ob nicht tiefer liegende Gründe dafür vorhanden seien; nur im letzteren Fall kann es gerechtfertigt sein, eine wesentliche Besonderheit solcher Delikte zu behaupten, deren Tatbestand neben Momenten tatsächlicher auch solche rechtlicher Natur enthält und die gegen ein subjektives Recht gerichtet sind.

Die bezeichnete Frage kann hier nicht ihrem ganzen Umfang nach untersucht werden, sondern nur in Bezug auf die Eigentumsverbrechen. Es steht auch hier noch nicht zur Erörterung, ob der Gesetzgeber gut daran getan habe, diese Tatbestände so zu gestalten, wie dies im geltenden Recht der Fall ist und aus welchen Gründen dies geschehen sei, ganz abgesehen von der Aufnahme von Tatbestandsmerkmalen rechtlicher Natur. Diese Gründe entziehen sich vielfach überhaupt der exakten Feststellung, weil auch die heutige Gestalt vieler Verbrechenstatbestände nur zum Teil auf theoretischen Erwägungen beruht, zum anderen Teil aber die Anknüpfung an überkommene Verbrechensbegriffe maßgebend war, die sich in der Sprache unter dem Einfluß des Rechtsgefühles ausgebildet haben. Übrigens ist es naheliegend, daß die Begriffe der wichtigsten Vermögensverbrechen mit dem allmählichen Übergang vom Kollektivismus zum Individualismus im Anschluß an das Einzeleigentum sich entwickelt haben, das eben beginnt, zur Grundlage der Güterverteilung zu werden. Und nicht bloß dies, — zweifellos liegen in diesem Umschwung und gerade in der individualistischen Gestaltung des Eigentums die kräftigsten Anreize zu den Vermögensverbrechen, die sich um so fruchtbarer erweisen, je mehr der Egoismus des einzelnen geweckt wird und je schärfer die wirtschaftlichen Schattenseiten dieser Institution hervortreten. In diesem Sinn verstanden birgt der Ausspruch: „Eigentum ist Diebstahl" eine sehr ernste Wahrheit in sich, wenn er auch einen ganz anderen Gedanken zum Ausdruck bringen wollte.

Die Momente nun, die für die Ausbildung der wichtigsten Vermögensverbrechen als Eigentumsverbrechen maßgebend waren, sind gewiß auch mit entscheidend gewesen dafür, daß in diese Verbrechensbegriffe Rechtsbegriffe aufgenommen wurden, der Gegenstand des verbrecherischen Angriffes nicht durch tatsächliche Merkmale bezeichnet wurde, und ihre Wirksamkeit erstreckt sich bis in unsere Zeit.

Ein anderes Bild ergibt die technische Seite der Frage. Denken wir uns zunächst durchaus einfache wirtschaftliche Verhältnisse und die Entwicklung des Eigentums erst im Beginn, seinen Umfang als einen noch sehr kleinen, dann ist offenbar auch der Unterschied ein sehr geringer, ob etwa der Diebstahl bestimmt wird als Wegnahme einer „fremden" Sache, der Sache „eines anderen", oder ob dies mit Vermeidung dieser schon als Rechtsbegriffe anzusprechenden Merkmale geschieht, indem nämlich der noch durchaus einfache, rein tatsächliche Vorgang angeführt wird, auf Grund dessen einem anderen Eigentum zuerkannt wird, — der Tatbestand, an den sich die Rechtsfolge des Eigentums anknüpft, weil er als Begründung einer wirtschaftlichen Zugehörigkeit der Sache zu einer Person erachtet wird. Dieses Verhältnis ändert sich aber gänzlich bei fortschreitender Entwicklung, steigender Kompliziertheit der wirtschaftlichen Verhältnisse und Ausbildung des Eigentums. Wollte man heute versuchen, den Rechtsbegriff der „fremden" Sache durch bloße Anführung rein tatsächlicher Momente zu ersetzen, so würde sich sehr bald ergeben, daß ein solches Unternehmen aus technischen Gründen ganz undurchführbar ist; denn es müßte der Versuch gemacht werden, sämtliche Entstehungsgründe des Eigentums auf Tatbestände zurückzuführen, die sich lediglich aus tatsächlichen Momenten zusammensetzen, und diese aneinanderzureihen. In anderer Weise als durch eine solche Aufzählung der Entstehungsgründe ist es unmöglich, wirklich jedes rechtliche Moment, jede Bezugnahme auf die bestehende Eigentumsordnung zu vermeiden.

Andererseits wird sofort klar, daß diese Aufzählung nichts Charakteristisches ergeben würde für die Verbindung zwischen einer vom Täter verschiedenen Person und einer Sache. Und in der Tat ist heute die Zugehörigkeit einer Sache zu einer Person, die wir als Eigentum bezeichnen, einzig und allein rechtlich charakterisiert, so gewiß sie auch freilich immer irgendeine tatsächliche, wirtschaftliche Grundlage besitzen muß. Alle diese zu Eigentumserwerbsgründen erhobenen Tatbestände haben keine gemeinsamen tatsächlichen Momente, durch die sie sich von anderen unterscheiden würden, es fehlt eben hier an einem einheitlichen, leitenden Grundgedanken, der, so gewiß er einmal vorhanden war oder doch in die beginnende Gestaltung des Eigentums hineingetragen werden kann, dann im Laufe der Entwicklung verloren gegangen ist. Die Eigentumszuteilung erfolgt auf Grund unserer Rechtsvorschriften oft in durchaus formalistischer Weise und keineswegs im Einklang mit den gegebenen wirtschaftlichen und sozialen Verhältnissen.[1]) Wenn das Strafrecht das Eigentum schützt, so läßt es auch hier in letzter Reihe seinen Schutz einem Interesse zuteil werden, aber dieses Interesse empfängt seine ganze Gestaltung erst durch die Normen des bürgerlichen Rechtes und nur wegen dieser Normierung erscheint es uns als etwas fest Gegebenes und Umgrenztes. Von ihr abgesehen hat es wiederum nichts Besonderes, Unterscheidendes an sich. Endlich fehlt es jener Zugehörigkeit einer Sache zu einer Person, die durch den Rechtsschutz zum Eigentum erhoben wird, auch an jedem äußerlich erkennbaren, charakteristischem Merkmal; das Interesse des Eigentümers muß nicht betätigt werden, und es kann so betätigt werden, daß es an der Sache keineswegs erkennbar ist. Soweit es bei unseren Verbrechen zu einem körperlichen Angriff kommt, ist die Sache eines anderen Gegenstand dieses Angriffes und immer ist sie Handlungsobjekt. Aber gerade an ihr, aus der Situation, in der sie sich befindet, ist nicht erkennbar, ob sie jemandem zugehört, ob sie Gegenstand eines Eigentümerinteresses sei, und sie kann darum auch durch

---

[1]) Es würde viel zu weit führen, auf diesen Gegenstand hier näher einzugehen. Es sei hier nur darauf hingewiesen, daß sich in der gesetzgeberischen Gestaltung der Eigentumsverhältnisse gegenüber den ungeheueren Umwälzungen der Neuzeit eine vielleicht einzig dastehende Stagnation zeigt. Wo immer die Belebung und Ausbreitung des Verkehres oder die neuen Bedürfnisse der großen Volksmassen zu rechtlichen Reformen drängten, hat die Gesetzgebung fast immer obligatorische Ansprüche geschaffen, aber die Eigentumsordnung als ein noli me tangere betrachtet. Das hat zweifellos eine teilweise Entwertung des Eigentums zur Folge und vermindert die Bedeutung der Tatsache, Eigentümer einer Sache zu sein, auch in rechtlicher Beziehung. (Ob das angedeutete Vorgehen politisch klug sei gerade von dem Standpunkt aus, das Privateigentum überhaupt gegen feindliche Strömungen verteidigen zu wollen, und ob die von einer sozialpolitischen Gesetzgebung zu verfolgenden Ziele durch Änderungen der Eigentumsordnung bei Aufrechterhaltung ihres Bestandes nicht besser gefördert werden könnten, sind Fragen, auf deren Besprechung hier nicht eingetreten werden kann.) Dazu kommt, daß auch die Richtung, in der sich der wirtschaftliche Verkehr entwickelt, das „Überwuchern" der obligatorischen Ansprüche aufs kräftigste fördert, wodurch die Bedeutung des Eigentums noch mehr in den Hintergrund gedrängt wird.

tatsächliche Merkmale nicht so beschrieben werden, daß daraus der Bestand eines Eigentumsrechtes folgen müßte und erschlossen werden könnte.

Ich glaube, daß schon diese kurzen Ausführungen genügen dürften, um den Satz zu rechtfertigen, daß es keineswegs bloß technische Gründe, das Streben nach Vereinfachung und Kürze des Ausdruckes sind, die das Strafrecht veranlassen, unsere Tatbestände als Eigentumsverletzungen zu konstruieren und Rechtsbeziehungen als Tatbestandsmerkmale aufzustellen. Es sei hier wiederholt betont, daß mit diesen Ausführungen keineswegs die Gestaltung im einzelnen verteidigt werden soll, die etwa der Diebstahl und die Unterschlagung im geltenden Recht erfahren haben; ebensowenig sollte die Notwendigkeit behauptet werden, diese Delikte als Eigentumsverbrechen zu konstruieren. Wenn das aber geschieht, dann allerdings muß der Tatbestand Tatbestandsmerkmale rechtlicher Natur aufweisen, es muß zum Tatbestand das Bestehen des Eigentumsrechtes eines anderen und dessen Verletzung als solche, unmittelbar gefordert werden.

Nach der subjektiven Seite hin ergibt sich daraus die Besonderheit, daß der Vorsatz des Täters sich auch auf das Bestehen des fremden Rechtes und dessen Verletzung, die Rechtswidrigkeit, erstrecken muß. Sie ist nicht die Folge einer Sonderbehandlung dieser Delikte, sondern es führt vielmehr gerade die Anwendung der allgemeinen Grundsätze zu diesem Ergebnis, vermöge der besonderen Gestaltung des Tatbestandes. Der Vorsatz muß eben stets alle Tatbestandsmerkmale umfassen.

Der Gesetzgeber kann natürlich geradeso wie nach anderen Richtungen hin auch nach der Richtung in die Irre gehen, daß er einen Tatbestand als Rechtsverletzung gestaltet, obwohl er besser daran täte, von einem anderen Gesichtspunkte auszugehen. Wo aber der Gesichtspunkt der Verletzung eines subjektiven Rechtes mit Grund als maßgebend erachtet wird, dort ist auch das Erfordernis des Bewußtseins der Rechtswidrigkeit gerechtfertigt. Dies zeigt sich sehr klar beim Diebstahl, von dem wohl ohne weiteres behauptet werden darf, daß er mit Recht als Eigentumsverbrechen aufgefaßt und gestaltet wird.[1]) Es ist eben nicht bloß der Gesetzgeber, der,

[1]) Damit soll bloß gesagt sein, daß zu jedem Diebstahl zumindest auch eine Eigentumsverletzung gehöre; zu dem Streit der sogenannten „Eigentums- und Vermögens-Delikts-Theorie“ ist hier nicht Stellung zu nehmen.

wie Frank sagt, das Eigentumsrecht hier „vorfindet", sondern das Bestehen einer Eigentumsordnung ist notwendige Voraussetzung dafür, daß es zu Diebstählen kommt, und der Bestand eines Eigentumsrechtes und seine Verletzung sind bei jedem einzelnen Diebstahl Tatsachen von schwerwiegender psychologischer Bedeutung.[1]) Den meiner Auffassung nicht ganz entsprechenden Satz, daß die Rechtswidrigkeit Merkmal des Tatbestandes sei, wenn der Gegenstand des mit Strafe bedrohten Angriffes durch ein subjektives Recht gebildet wird, vertreten van Calker[2]) und H. Meyer.[3]) Nicht ganz richtig ist es meines Erachtens, wenn auch Merkel hierher gezählt wird.[4]) Denn Merkel[5]) führt aus, daß die Tatbestandsmerkmale zwar in erster Linie den Strafgesetzen zu entnehmen seien, jedoch finde die Strafgesetzgebung bezüglich dieser Merkmale eine mannigfache Ergänzung im Inhalt anderer Rechtsteile, und sie weise häufig selbst auf diese Ergänzung hin, so dann, wenn sie in ihre Definitionen

[1]) Nach allen der im vorstehenden angedeuteten Richtungen hin ergibt sich ein wesentlich anderes Bild bei Verbrechen, deren Angriffsobjekt nicht in einem subjektiven Recht besteht und deren Tatbestand aus rein tatsächlichen Merkmalen zusammengesetzt ist. Dies trifft selbst dort zu, wo das vom Strafrecht geschützte Interesse auch zivilrechtlichen Schutz genießt, also auch gesagt werden könnte, das Strafrecht finde rechtliche Beziehungen bereits vor. So kann auf Grund der Vorschriften des bürgerlichen Rechtes allein das Bestehen eines subjektiven Rechtes auf die Unversehrtheit des Körpers behauptet werden, aber der Strafgesetzgeber nimmt bei der Gestaltung seiner Tatbestände keinerlei Rücksicht darauf und es fehlt ihm auch jeder Anlaß dazu. Der letzte Grund dieser Verschiedenheit liegt wohl darin, daß es sich dort um Interessen handelt, die dem Menschen von Natur aus eigen sind, hier aber um den Schutz einer Kulturerscheinung, eines Interesses, das erst durch die Kultur geschaffen und in gewissem Sinn künstlich gestaltet wird. Darum können die Eigentumsverbrechen mit vielen anderen in besonders bezeichnender Weise als negative Kulturerscheinungen betrachtet werden, — nicht nur insofern, als jedes Verbrechen als Massenerscheinung diesen Namen verdient, sondern auch deshalb, weil sie in ihrem Auftreten das Erreichen einer bestimmten Kulturstufe voraussetzen und geradezu die Kehrseite einer Kulturerrungenschaft und einer der Grundlagen unserer Kultur bilden, — ein bisher noch wenig beachteter Gesichtspunkt, der sich aber besonders für kriminalpolitische Betrachtungen als sehr fruchtbar erweisen dürfte.

[2]) Die Delikte gegen das Urheberrecht, 1894, S. 158 fg.

[3]) Lehrbuch, 5. Aufl. S. 162 (Vgl. S. 262).

[4]) So von van Calker a. a. O. N. 1. Zweifel über die Stellung Merkels drückt Kohlrausch a. a. O. S. 49 N. 1 aus.

[5]) Lehrbuch S. 35.

das Merkmal der „Rechtswidrigkeit" aufnimmt. „Sie weist damit auf Tatumstände hin, welche sich in anderen Rechtsteilen näher bestimmt finden, und deren Beschreibung sie sich auf Grund dieses Hinweises erspart. Wenn z. B. die Sachbeschädigung im § 303 des RStGB. als vorsätzliche und rechtswidrige Beschädigung oder Zerstörung einer fremden Sache definiert wird, so repräsentiert das „rechtswidrig" eine Reihe von Tatumständen, welche uns das Vermögensrecht an die Hand gibt und deren Beschreibung im StrGB. als überflüssig erscheinen würde." Bei der Interpretation dieser Ausführungen muß vorerst beachtet werden, daß Merkel den verfehlten Begriff der „negativen Tatbestandsmerkmale" anerkennt.[1]) Gleichwohl ist es zumindest irreführend, wenn die „Rechtswidrigkeit" als Merkmal bezeichnet wird. Soll sie den Hinweis auf Tatumstände bedeuten, die in anderen Rechtsteilen näher bestimmt sind, so ist sie kein Tatbestandsmerkmal. Die Tatbestände, in die der Gesetzgeber ein „rechtswidrig" aufgenommen hat, müßten nach Merkel als unvollständige angesehen werden, wie er ja selbst von einer Ergänzung spricht. Aber eben erst diese Ergänzung würde dann die im Strafgesetz fehlenden Tatbestandsmerkmale beizubringen haben, und auf sie hätte sich auch der Vorsatz zu erstrecken. Ein Lehrbuch des Strafrechts hätte dann offenbar die Aufgabe, an die Stelle des im Strafgesetz enthaltenen Hinweises das zu setzen, worauf hingewiesen werden soll. Gerade das aber tut Merkel nicht, er begnügt sich z. B. gerade bei der Sachbeschädigung damit, als eines der „Erfordernisse" auch „die Rechtswidrigkeit der Handlung" aufzuzählen.[2])

Viel mehr noch als bezüglich Merkels muß jede Gemeinschaft mit der Frankschen Theorie abgelehnt werden. Es ist auch ganz unrichtig, wenn die Franksche Auffassung den Ausführungen Merkels

---

[1]) Vgl. Lehrbuch S. 82.

[2]) a. a. O. S. 316. Auch in der ausführlichen Darstellung der „Eigentumsverletzungen" in H. H. Bd. 3 sucht man vergeblich nach den Ergänzungen der gesetzlichen Tatbestände, auf die das „rechtswidrig" hinweisen soll. Bezüglich der Sachbeschädigung sagt Merkel hier (S. 854): „Es muß ‚rechtswidrig' beschädigt werden; darin liegt einerseits die Forderung, daß die Beschädigung ein fremdes Recht verletzen müsse, was nach den Grundsätzen des Zivilrechtes zu beurteilen sein wird, andererseits, daß der Täter dies entgegenstehende Recht gekannt habe." Diesen Sätzen ist vollkommen beizupflichten, nur stimmen sie mit den im Text bezogenen Ausführungen nicht ganz überein.

an die Seite gestellt wird. Letzterer betont ausdrücklich, daß die Strafgesetze keineswegs allgemein eine unabhängig von ihnen begründete „Rechtswidrigkeit" der von ihnen bedrohten Handlungen voraussetzen. Indem die Strafgesetze die von ihnen beschriebenen Handlungen mit Strafe bedrohen, erklären sie dieselben damit implizite für verboten und also für „rechtswidrig". Ob diese auch unabhängig von solcher Bedrohung „rechtswidrig" sein würden, ist an sich für die Auslegung und Anwendung der Strafgesetze gleichgültig; es kommt dies nur bei der Frage in Betracht, ob bei der Beschreibung der mit Strafe zu bedrohenden Handlungen in dem erwähnten Sinne eine abkürzende Bezugnahme auf anderweitige Rechtsbestimmungen möglich sei. — Demnach kann es als die Ansicht Merkels bezeichnet werden, daß die Normwidrigkeit der mit Strafe bedrohten Handlungen immer auf das im Strafgesetz ausgesprochene Verbot zurückzuführen sei, und zwar selbst dann, wenn der betreffende Tatbestand, an den die Strafdrohung anknüpft, ein „rechtswidrig" enthält. Es soll hier nicht untersucht werden, ob sich dieser Satz ganz mit der Auslegung vereinen läßt, die Merkel der Hervorhebung der „Rechtswidrigkeit" im Tatbestand gibt; gewiß bereitet diese Vereinigung keine Schwierigkeiten, wenn man davon ausgeht, daß die Verletzung eines subjektiven Rechtes überall dort Tatbestandsmerkmal sei, wo der mit Strafe bedrohte Angriff sich gegen ein subjektives Recht richtet, und daß die Hervorhebung der Rechtswidrigkeit in diesen Fällen eben dieses Tatbestandsmerkmal bezeichnen soll. Auf die Frage nach dem Grund der Normwidrigkeit der Zueignung einer einem anderen gehörigen Sache, die das Eigentumsrecht dieses anderen verletzt, gibt es allerdings zwei Antworten; aber der Hinweis auf das strafgesetzliche Verbot als Quelle der Normwidrigkeit büßt seine Berechtigung durch seinen Konkurrenten nicht ein und er ist ganz am Platz, wenn man sich völlig auf die Betrachtung des Strafgesetzes beschränkt. Die Rechtswidrigkeit der Zueignung ist dann ein Tatbestandsmerkmal, wie jedes andere, und es kommt dabei zunächst nicht in Betracht, daß sie freilich mit einer unabhängig vom Strafgesetz bestehenden Normwidrigkeit untrennbar verbunden ist. Gerade umgekehrt geht Frank von der Unterscheidung aus, ob das Strafrecht die „Rechtswidrigkeit" begründe oder — ausnahmsweise — voraussetze, und als Fälle der zweiten Art sollen „grundsätzlich" alle jene angesehen werden, in denen das Moment der „Rechtswidrigkeit" in den Tatbestand des einzelnen Delikts aufgenommen wurde.[1]) In diesen Fällen soll die „Rechtswidrigkeit" positives Tatbestandsmerkmal sein, in den anderen Fällen ist das Erfordernis der „Rechtswidrigkeit" nicht in den einzelnen Deliktstatbestand hineinzuinterpretieren, wohl aber wird der Deliktstatbestand negiert durch Umstände, welche das normalerweise strafbare und darum „rechtswidrige" Verhalten ausnahmsweise als gerechtfertigt erscheinen lassen — die „negativen Tatbestandsmomente oder negativen Tatumstände". Die Angriffe, die gegen diese Konstruktion gerichtet worden sind,[2]) treffen die hier vertretene Auffassung nicht. Zwar werden auch nach ihr zwei Gruppen von Delikten gebildet, aber nicht auf der schwankenden und unbrauchbaren Grundlage des Unterschiedes, ob der strafgesetzliche Tatbestand ein „rechtswidrig" enthält oder nicht. Vielmehr werden alle jene Delikte zu einer besonderen (zweiten) Gruppe vereinigt, zu deren Tatbestand die Verletzung eines höher entwickelten subjektiven Rechtes gehört. Die übrigen Delikte bilden die andere (erste) Gruppe. Diesem Einteilungsgrund kommt sachliche Bedeutung zu, so daß es gerechtfertigt ist, auf ihm aufzubauen.

Es erübrigt nunmehr noch, zu der Frage kurz Stellung zu nehmen, in welchem Verhältnis die Vorschriften des Strafgesetzes zu solchen anderer Rechtsgebiete stehen.

Für die zweite Gruppe ergibt sich unmittelbar aus der Gestaltung des Tatbestandes, daß es zu einem Zusammenstoß, zu einem scheinbaren Konflikt von Vorschriften des Strafgesetzes und solchen anderer Gesetze gar nicht kommen kann.

Anlangend die erste Gruppe kommt der bezeichneten Frage eine nicht zu unterschätzende Bedeutung zu. Scheinbar ist zu ihr bereits endgültig Stellung genommen worden, da den außerhalb des Strafgesetzes stehenden Rechtssätzen die Kraft zuerkannt wurde, eine Einschränkung strafgesetzlicher Tatbestände in dem Umfang zu bewirken, in dem sie die einem solchen Tatbestand seinem Wortlaut nach sub-

---

[1]) Kommentar, 3. und 4. Aufl. S. 10. Vgl. aber auch S. 100fg.: Bei jedem Delikt, in dessen Tatbestand die „Rechtswidrigkeit" aufgenommen ist, soll untersucht werden, was „Rechtswidrigkeit" bedeutet, und es kann damit auch „das Zuwiderhandeln gegen ein subjektives Recht oder Rechtsverhältnis" bezeichnet werden.

[2]) Namentlich von Kohlrausch a. a. O. S. 59ff.; vgl. auch Graf zu Dohna a. a. O. S. 30ff.

sumierbare Handlung als erlaubt erscheinen lassen. Diesem Grundsatz kann eine unanfechtbare Grundlage gegeben werden, wenn er mit der Einschränkung ausgesprochen wird, daß der betreffende Rechtssatz in einem Gesetz enthalten ist, das nach dem Strafgesetz erlassen wurde. Ohne diese, allgemein nicht aufgenommene Einschränkung bedeutet unser Grundsatz, als ein formales juristisches Prinzip von allgemeiner, bedingungsloser Gültigkeit betrachtet,[1] eine geringere Kraft strafgesetzlicher Vorschriften gegenüber Rechtssätzen aus anderen Rechtsgebieten. Denn in jedem der in Rede stehenden Fälle liegt ein scheinbarer Widerspruch zweier Rechtssätze oder der Folgesätze aus ihnen vor; und da soll nun das Strafgesetz stets zurücktreten. Zur Begründung beruft man sich auf die sekundäre Natur des Strafgesetzes, doch mit ebensowenig Erfolg, als auf einem anderen Wege eine unanfechtbare Begründung gegeben werden könnte. Es ist hier Hold von Ferneck vollkommen zuzustimmen, wenn er den Mangel solcher Begründung hervorhebt und sagt: „Es gibt nicht Gesetze höherer und niederer Kategorie.“[2] Aber daß einer großen Menge strafgesetzlicher Vorschriften doch sekundäre Natur zukommt, ist dennoch nicht zu leugnen, nur muß man sich von Übertreibungen fernhalten und es darf unter „sekundärer Natur“ nicht eine verminderte gesetzliche Kraft verstanden werden. Übertreibung ist es, wenn das Strafgesetz lediglich als „droit sanctionnateur“ bezeichnet wird. Die Verbote zahlreicher Handlungen sind nur im Strafgesetz ausgesprochen; hier handelt es sich eben um Gebiete, deren rechtliche Regelung nicht zum Gegenstand irgendeines anderen Gebietes der Rechtsordnung gehört.[3])

Betritt aber der Strafgesetzgeber ein solches Gebiet, dann ist seine Stellung notwendig eine sekundäre. Er hat sich innerhalb der Schranken zu bewegen, die ihm für seine spezifische Tätigkeit durch die bereits bestehenden Vorschriften gezogen sind. Er kann seine Aufgabe nicht darin erblicken, Vorschriften abzuändern, die nicht zu

---

[1]) Als solchen spricht ihn z. B. v. Liszt, Lehrbuch, S. 140, aus; vgl. auch Frank a. a. O. S. 10.

[2]) a. a. O. S. 335. — Vgl. zu dem folgenden überhaupt § 26 der bezogenen Schrift.

[3]) Will man also das Strafrecht überhaupt als sekundäres Recht bezeichnen, so kann es nur in dem Sinn geschehen, daß das Strafgesetz nur dort selbständig normiert, wo es allein steht.

seinem besonderen Gebiet gehören. Nehmen wir an, auf Grund eines dem bürgerlichen Recht angehörenden Rechtssatzes steht die Rechtmäßigkeit einer bestimmten Handlung außer Zweifel. Wenn nun ein neues Strafgesetz einen Tatbestand aufstellt, dem diese Handlung subsumiert werden kann, und es soll angenommen werden, der Gesetzgeber habe diese Handlung mit Strafe bedrohen wollen, so müßte er zunächst zur Überzeugung gelangt sein, daß die Handlung ein schutzwürdiges Interesse verletzt, hingegen das bisher geschützte Interesse keinen Schutz verdiene oder doch nicht in dem Umfang, in dem er bisher gewährt wurde. Die nächste Folge dieser Erkenntnis ist das Verbot der Handlung, die Erlassung der Norm. Erst dann folgt die Erwägung, in welcher Weise ihre Befolgung sicherzustellen sei; erst die Erkenntnis von der besonderen Gefährlichkeit der Handlung führt dazu, die Vornahme der Handlung mit Strafe zu bedrohen. Schon früher aber muß sich dem Gesetzgeber aufdrängen, daß das zu erlassende Verbot dem bürgerlichen Recht zugehört; ihm gehört auch der Rechtssatz an, der aufgehoben oder abgeändert werden soll. Bevor es also noch zur Erlassung der Strafdrohung kommt, wird der Gesetzgeber die Abänderung des bürgerlichen Rechtes an der zuständigen Stelle aussprechen. Nur dann kann er darauf rechnen, verstanden zu werden; und wir sind berechtigt, von der Erwartung auszugehen, daß er die von ihm selbst mitbegründete Abgrenzung der Rechtsgebiete bei seiner gesetzgeberischen Tätigkeit nicht außer acht lassen werde. Endlich beruht doch die Unterscheidung verschiedener Gesetze und Gebiete des geltenden Rechtes darauf, daß diese Grenzen nicht verwischt werden.[1)][2)]

---

1) Die Gattungszugehörigkeit einer Rechtsvorschrift vermag der Gesetzgeber nicht zu verändern. Wenn er z. B. ein Lebensverhältnis, dessen Regelung Sache des bürgerlichen Rechtes ist, durch eine im Strafgesetz ausgesprochene Norm allein regeln oder durch eine solche Norm in der Tat die bestehende Regelung abändern wollte, so ist diese Vorschrift allerdings eine strafgesetzliche, aber ungeachtet ihrer formellen Zugehörigkeit zum Strafgesetz bleibt sie doch ihrem materiellen Gehalt nach eine zivilrechtliche. Diese Unterscheidung kann dort von Wichtigkeit werden, wo die Gesetzgebungskompetenz auf beiden Gebieten eine verschiedene ist. Einen nicht uninteressanten Fall dieser Art habe ich in meinem „Bericht über die Strafgesetzgebung des Kantons Freiburg im Jahre 1903" (Schweizerische Z. für Strafrecht 1904) angeführt. Bekanntlich ist in der Schweiz das Obligationenrecht bereits vereinheitlicht, Gegenstand der Bundesgesetzgebung, während die Kompetenz zur Erlassung von

Der früher erwähnte Grundsatz[3]) kann demnach aufrechterhalten werden, aber es ist dabei zu beachten, daß zu seiner Begründung auch eine Auslegungsregel herangezogen werden muß.[4]) Daß er darum einer Grundlage von solcher Festigkeit entbehrt, wie sie ihm zu wünschen wäre, läßt sich nicht leugnen; ebensowenig, daß dieser Mangel auch bei der Einschätzung dessen in Betracht kommt, was früher über die Fälle des ausgeschlossenen Tatbestandes gesagt wurde. Doch läßt sich der nachteilige Einfluß technischer Mängel auf die formale Konstruktion nicht gänzlich ausschließen, wenn diese sich nicht über das geltende Recht stellen, sondern zu seiner Erklärung beitragen will. Die Art der Verwendung des Wortes rechtswidrig im geltenden Recht und das Bestehen von auch nur scheinbaren Widersprüchen sind technische Mängel, über die zunächst die Auslegung hinweghelfen muß.

Die steigende Kompliziertheit aller Lebensverhältnisse, der wachsende Umfang, in dem diese gesetzlicher Normierung unterstellt werden, die Arbeitsteilung auch auf dem Gebiet der Gesetzesfabrikation, der ihr notwendiges Korrelat, die Arbeitsvereinigung, nicht immer verbunden ist, — alle diese und noch andere Umstände wirken zusammen, um die technischen Mängel in der Gesetzgebung nicht verschwinden zu lassen, oft sogar, um sie zu steigern. Die Wissenschaft in ihrem Fortschreiten stellt aber auch an die Technik stets steigende Ansprüche; sie muß dem geltenden Recht immer bald voraus sein. Ihr Einfluß

Strafgesetzen noch den Kantonen zusteht. Das eidgenössische Obligationenrecht enthält keine besonderen Bestimmungen über den Ratenhandel. Da sich auch im Kanton Freiburg die bekannten Auswüchse des Ratenhandels nachteilig fühlbar machten, erließ der Kanton im Gewande einer Novelle zu seinem Strafgesetz einschränkende Bestimmungen. In dem angeführten Bericht habe ich bloß Zweifel über ihre Gültigkeit geäußert, bin aber nunmehr von ihrer Ungültigkeit überzeugt.

[2]) Vgl. Art. 23 des Vor-Entw. zum schweiz. StGB. (1903): „Die Tat, die ein Gesetz unter bestimmten Voraussetzungen gebietet, erlaubt oder straflos erklärt, ist in diesen Fällen kein Verbrechen." — Eines näheren Eingehens enthalte ich mich hier, da diese Frage für die Erörterung der Unterschlagung nach deutschem Recht nicht von entscheidender Bedeutung ist; anläßlich der Besprechung des öst. Rechtes wird noch auf sie zurückzukommen sein.

[3]) Siehe die Formulierung bei v. Liszt a. a. O. S. 140.

[4]) Im wesentlichen aus diesem Grunde verwirft Hold von Ferneck die Erklärung für die Straflosigkeit der Fälle des ausgeschlossenen Tatbestandes, der ich mich im Text angeschlossen habe. (S. 334 fg. u. S. 397 a. a. O.).

auf die Gesetzgebung wird nicht immer genügend ausgeübt, häufig unterschätzt. Dadurch steigert sich der Zwiespalt und es liegt darin für die wissenschaftliche Beschäftigung mit dem geltenden Recht der Anreiz, eine Bahn zu betreten, die zu einem Hinwegschreiten über das Gesetz führt. Der andere Weg läßt notwendigerweise oft unbefriedigt, doch kann und soll die Wissenschaft jede Erkenntnis von irgendeinem Mangel der bestehenden Gesetzgebung dazu verwerten, um an ihrer Verbesserung mitzuarbeiten.

Wir sind zu dem Ergebnis gelangt, daß die Rechtswidrigkeit der Zueignnung Tatbestandsmerkmal der Unterschlagung sei, d. h. also, daß die Zueigung der fremden Sache das Eigentumsrecht des Anderen verletzen müsse, um den Tatbestand des § 246 zu erfüllen. Die Rechtswidrigkeit der Zueignung einer fremden Sache folgt unmittelbar aus dem Bestand der Eigentumsordnung und aus dem Wesen des Eigentums. Aus einzelnen besonderen Rechtsvorschriften, die meist, aber nicht ausschließlich, dem bürgerlichen Recht angehören, ergeben sich jene Fälle, in denen die Zueignung einer fremden Sache ausnahmsweise nicht rechtswidrig ist. Jede Anerkennung des Eigentums schließt das Verbot der Aneignung fremder Sachen ohne Einwilligung des Eigentümers in sich[1]). Der Nichteigentümer ist demnach verpflichtet, Einwirkungen auf die Sache des Eigentümers und namentlich auch die Zueignung der Sache zu unterlassen, dem Eigentümer steht ein negativer Anspruch zu gegen jeden, der zur Zueignung geneigt erscheint, gerichtet auf Unterlassung dieser Zueignung und erfolgt sie gleichwohl, so ist sie pflichtwidrig und rechtswidrig. Damit die bezeichnete Rechtsbeziehung zwischen dem Eigentümer einer Sache und einem Nichteigentümer fehlt und die Zueignung der Rechtswidrigkeit ermangelt, bedarf es eines besonderen Grundes.

Ein solcher Grund ist die Einwilligung des Eigentümers in die Zueignung, ein weiterer der Umstand, daß der Gesetzgeber das Interesse des Nichteigentümers an der Zueignung höher anschlägt als das Interesse des Eigentümers und demgemäß das erstere Interesse schützt, den Eigentümer verpflichtet, die Zueignung zu dulden und den Nichteigentümer berechtigt, sie vorzunehmen.

Daß die Zueignung einer fremden Sache ohne Einwilligung des Eigentümers stets als rechtswidrig zu betrachten und — bei Vorhandensein der weiteren Erfordernisse — als Unterschlagung zu be-

[1]) Binding, Normen, Bd. 2, S. 539.

strafen sein, soferne nicht dem Täter eine besondere Befugnis zur Zueignung zustehe, ist neuestens wieder lebhaft bestritten und als ein unrichtiges Ergebnis aus der falschen Auffassung der „Rechtswidrigkeit“ bekämpft worden.[1]) Demgegenüber sei nur betont, daß die Norm- und Rechtswidrigkeit der Zueignung hier nicht aus dem Strafgesetzbuch abgeleitet wird. Nicht wegen des Bestandes des § 246 ist die Zueignung beim Mangel einer besonderen Befugnis rechtswidrig, sondern es folgt dies aus dem Wesen des Eigentums, das gerade in den an die Nichteigentümer gerichteten generellen Verboten seinen Ausdruck findet. Die jeder einzelnen Kulturperiode angemessenen Einschränkungen dieser generellen Verbote gelangen nur allmählich, mühsam und auf engbegrenztem Gebiet zu gesetzlicher Anerkennung. Daß der Konservatismus auf dem ganzen Gebiet der Eigentumsordnung ein besonders starker und die gesetzgeberische Durchführung von Neuerungen hier eine besonders langsame ist, das ist eine ebenso bekannte wie leicht erklärliche Erscheinung. Wenn auch die Normwidrigkeit einzelner das Interesse des Eigentümers verletzender Handlungen von weiten Schichten der Gesellschaft als ungerechtfertigt empfunden wird und wenn auch die Wissenschaft den Nachweis der Schädlichkeit des bestehenden Zustandes liefert, der Wille des Gesetzes bleibt es darum doch, daß diese Handlungen unterlassen werden sollen und ihre Vornahme verletzt das Recht des Eigentümers so lange, als die Gesetzgebung sich nicht zu Reformen entschließt. Das Rechtsgefühl und wissenschaftliche Erkenntnis von der Unangemessenheit der Behandlung einzelner Fälle können darum nicht zur Grundlage genommen werden, um eine theoretische Konstruktion der Rechtswidrigkeit der Zueignung als verfehlt zu erweisen. Noch viel weniger geht es an, daß man sich zu diesem Zweck auf einzelne verurteilende Straferkenntnisse beruft, die vom Rechtsgefühl mißbilligt werden, so namentlich auf Verurteilungen wegen Unterschlagungen auf Grund des Tatbestandes, daß jemand sein Geld aus einer ihm anvertrauten fremden Kasse auswechselt. Es ist ohne weiteres zuzugeben, daß in solchen Fällen die Verurteilung wegen eines mit Gefängnis bis zu 5 Jahren und fakultativ mit Verlust der Ehrenrechte bedrohten Vergehens dem Rechtsgefühl widerstreitet; aber das beweist nicht einmal so viel, daß das Rechtsgefühl die Rechtmäßigkeit solcher Handlungen

---

[1]) Gf. zu Dohna a. a. O.

fordert oder ihre Rechtswidrigkeit mißbilligt. Ich kann das gegen eine bestimmte Handlung gerichtete Strafgesetz als zu hart, als überflüssig oder schädlich aufs lebhafteste bekämpfen und zugleich ein entschiedener Anhänger des Verbotes dieser Handlung sein. Und auch wenn das Gesetz selbst keinen Tadel verdienen sollte, müßte doch erst feststehen, daß alle anderen Erfordernisse des Tatbestandes wirklich vorhanden sind und nicht etwa zu Unrecht als vorhanden angenommen wurden, bevor gerade die grundsätzliche Auffassung der Rechtswidrigkeit für die zu mißbilligenden Verurteilungen verantwortlich gemacht werden könnte. — Vorläufig wenigstens wird also daran festzuhalten sein, daß die Zueignung einer fremden Sache nur in den zwei früher erwähnten Fällen der Rechtswidrigkeit ermangelt.

1. Die Zueignung ist nicht rechtswidrig, wenn sie mit Zustimmung des verfügungsberechtigten Eigentümers erfolgt. Wenn der Eigentümer zu erkennen gibt, daß er kein Interesse an dem Unterbleiben der Zueignung habe, so hat die Rechtsordnung keinen Anlaß, die Zueignung zu verbieten. Das Eigentum bleibt aber bis zur Vornahme der Zueignung bestehen. Wie die Einwilligung erklärt wird, wie sie zustande kam, ob sie dem Handelnden bekannt ist oder nicht, ist hier unentscheidend.[1]) — Der Begriff der Zueignung wird durch die vorliegende Einwilligung des Eigentümers nicht ausgeschlossen, und auch der Zueignungsvorsatz verträgt sich mit dem Wissen von der Einwilligung; nur rechtswidrige Zueignung, Vorsatz, eine Sache sich rechtswidrig zuzueignen und Einwilligung des Eigentümers sind nicht miteinander vereinbar. Dies wird freilich oft übersehen, wenn einerseits die Richtung gegen den Eigentümerwillen (mit Unrecht) als wesentlich für den Zueignungsbegriff bezeichnet, andererseits aber unbedenklich von einer mit Zustimmung des Eigentümers erfolgenden Zueignung gesprochen wird.

2. Die Zueignung ist nicht rechtswidrig, wenn der Handelnde ein Recht auf die Zueignung hat.[2])[3]) Ein solches Recht kann unmittelbar

[1]) Merkel in H. H.. Bd. 3, S. 702, Binding, Lehrbuch, S. 272.

[2]) Daß die Zueignung einer fremden Sache in den Fällen zu 1 und 2 nicht rechtswidrig sei, ist allgemein anerkannt. Abgesehen von der schon früher erwähnten Kontroverse, die grundsätzlicher Natur ist, besteht aber auch darüber Meinungsverschiedenheit, ob nicht wenigstens ein weiterer Fall der mangelnden Rechtswidrigkeit anzuerkennen und ferner darüber, unter welchen Voraussetzungen ein Recht auf Zueignung anzunehmen sei.

[3]) Wo immer eine Rechtsnorm ein Zueignungsrecht schafft, handelt es sich

durch das Gesetz oder durch einen Vertrag begründet sein. Das Gesetz kann bloß die Berechtigung zu einer bestimmten Zueignungsart schaffen. Das letztere ist z. B. überall dort der Fall, wo jemand für berechtigt erklärt wird, sich durch Verkauf einer fremden Sache für eine Forderung Befriedigung zu verschaffen. Andere Arten der Zueignung sind dann durch die gesetzliche Befugnis nicht gedeckt, sind rechtswidrig und können eine Unterschlagung darstellen. Der bloße Bestand einer Zueignungsbefugnis hebt natürlich das Eigentum an der Sache, auf die sie sich bezieht, nicht auf. Der Eigentümer ist allerdings mit der Verpflichtung belastet, die Zueignung seiner Sache zu dulden, aber im übrigen genießt er den vollen Schutz gegenüber Einwirkungen jedes Dritten und auch desjenigen, dem die Zueignungsbefugnis zusteht, soweit diese letzteren nicht Zueignung sind. Die Ausübung der Befugnis freilich macht dem bis dahin bestandenen Eigentum ein Ende, sei es, daß die Sache selbst dadurch untergeht, sei es, daß der zur Zueignung Befugte oder alsbald ein Dritter Eigentümer der Sache wird. Immer aber bedarf es dazu einer Handlung des Zueignungsberechtigten, die den Eigentümer von dem Genuß seiner Sache ausschließt. Der Untergang des Eigentums knüpft an diese Handlung an, deren Vornahme im Belieben des Zueignungsberechtigten steht. Das Bestehen der gesetzlichen Befugnis hindert also nicht, von Zueignung fremder Sachen zu sprechen; andererseits könnte hier in der Tat gesagt werden, daß die Zueignungsbefugnis eine Enteignungsbefugnis in sich schließe.

Die Ausübung einer Zueignungsbefugnis steht materiell dem Eigentumserwerb auf Grund einer „Übertragung“ des Eigentums, die Einräumung dieser Befugnis der Übertragung des Eigentums am nächsten, muß aber streng von diesem geschieden werden.[1]) Wenn jemand unmittelbar auf Grund der Willenseinigung mit dem bis-

---

hier nicht um einen Fall des ausgeschlossenen Tatbestandes, sondern dann liegt der Tatbestand der Unterschlagung überhaupt, auch seinem bloßen Wortlaut nach, nicht vor, weil ein Tatbestandsmerkmal, die Rechtswidrigkeit der Zueignung, fehlt. Ein Fall des ausgeschlossenen Tatbestandes der Unterschlagung wäre nur dann gegeben, wenn rechtswidrige Zueignung, zugleich aber auch solche Umstände vorlägen, bei deren Vorhandensein das Strafgesetz die Handlung für nicht strafbar erklärt.

[1]) Vgl. Kapff a. a. O. S. 95 fg., der sich aber etwas zu unbestimmt ausdrückt; die bloße Erteilung einer Zueignungsvollmacht bewirkt für sich allein niemals das Erlöschen des Eigentums an der Sache.

herigen Eigentümer das Recht auf den vollen Genuß einer Sache erwirbt, kann von Zueignungsbefugnis und Zueignung nicht die Rede sein. Aber auch nach der andern Richtung hin, gegenüber minder weitgehenden Befugnissen, ist eine scharfe Abgrenzung notwendig. Eine Zueignungsbefugnis ist nicht vorhanden, wenn der Eigentümer selbst seine Sache genießen will und zu diesem Zweck einen Andern zur Vornahme einer Handlung ermächtigt, die diesen Genuß vermitteln soll.[1]) Nur wenn die Befugnis besteht zu einer Handlung, die der Handelnde im eigenen Interesse vollzieht, die Genuß der Sache für ihn bedeutet, liegt eine Zueignungsbefugnis vor. Allerdings genießt der Eigentümer der Sache auch in diesem Fall; aber während bei der bloßen Veräußerungsbefugnis die Handlung des Andern den Genuß des Eigentümers bewirkt, kann hier sein Genuß nur in dem Einräumen der Zueignungsbefugnis gefunden werden. Dafür kann und wird sich der Eigentümer regelmäßig eine Gegenleistung versprechen lassen. Daß für den Fall der Ausübung der eingeräumten Befugnis die Verpflichtung zu einer Gegenleistung übernommen wird, beseitigt nicht den Begriff der Zueignungsbefugnis, selbst dann nicht, wenn die Gegenleistung den wirtschaftlichen Vorteil der Ausübung der Befugnis wieder aufhebt oder ihr Wert diesen übersteigt. Zueignung muß nicht einen endgültigen Vermögenszuwachs bedeuten.

Nun wirft man aber die Frage auf: Wenn aus der durch Vertrag oder Gesetz eingeräumten Zueignung die Verpflichtung zu bestimmten Leistungen entspringt und ihr dann nicht Genüge geschieht oder gar schon im Zeitpunkt der Zueignung die Absicht bestand, die Verpflichtung nicht zu erfüllen, bleibt die Rechtmäßigkeit der Zueignung davon unberührt? Gewiß ist Merkel[2]) zuzustimmen, wenn er diesbezüglich sagt, durch die Nichterfüllung der Verpflichtung kann die vorausgegangene Zueignung nicht nachträglich zu einer rechtswidrigen werden. Um aber den Einwendungen zu entgehen, die dieser Konstruktion offenbar entgegenstehen, sucht man nach einem schon im Zeitpunkt der Zueignung vorhandenen Moment, von dem die Rechtmäßigkeit der Zueignung abhängen soll und glaubt dieses

[1]) Sehr treffend warnt Kapff (S. 96) davor, eine bloße Veräußerungsvollmacht mit Zueignungsvollmacht zu verwechseln. Auf den hier vorhandenen wichtigen Unterschied weist auch Binding a. a. O. S. 272 N. 4 hin.

[2]) In H. H. Bd. 3 S. 701.

eben in der Absicht bezüglich der Erfüllung der Verbindlichkeit gefunden zu haben. So merkt Binding[1]) bei Besprechung der „Rechtswidrigkeit" der Zueignung an: „Es gibt Fälle berechtigter Aneignung, entweder durch Vertrag oder durch Gesetz begründet, die voraussetzen, daß im Moment der Aneignung ihr Urheber die Absicht hat, diejenigen Verbindlichkeiten zu erfüllen, die ihm aus der Aneignung gegen den früheren Eigentümer erwachsen" und führt dazu die Veräußerung der Sache durch den Trödler und das Selbsteintrittsrecht des Verkaufskommissionärs an.[2]) Im schärfsten Gegensatz zu dieser Auffassung führt Merkel aus: „Noch weniger kann davon die Rede sein, daß die bloße Absicht, dieser Verbindlichkeit nicht zu genügen, den Zueignungsakt zu einem rechtswidrigen mache. Dabei ist es gleichgültig, ob diese Absicht von Anfang an bestand oder sich erst hinterher einstellte. Die Hintergedanken, mit welchen von einem Rechte Gebrauch gemacht wird, können diesen Gebrauch ebensowenig zu einem rechtswidrigen wie zu einem rechtsunwirksamen machen." Und auch hier wird der grundsätzlichen Auffassung Merkels beizutreten sein. Binding beruft sich darauf, daß der Handelnde,[3]) der mit der Absicht, seine Verpflichtung nicht zu erfüllen, die Sache veräußert, wisse, er handle gegen den Willen des Eigentümers; darum liege rechtswidrige Zueignung vor. Wenn aber der Vertrag, den der Eigentümer mit dem Übernehmer der Sache abschließt, wirklich eine Zueignungsbefugnis begründet, dann ist es eben das vertragsmäßig begründete Recht auf Zueignung, vermöge dessen die Zueignung eine rechtmäßige ist, und es bedarf gar nicht der Berufung

---

[1]) a. a. O. S. 272 N. 4.

[2]) Es ist nicht gesagt, ob diese zwei Fälle als die einzigen ihrer Art zu betrachten sein sollen oder ob sie nur beispielsweise angeführt werden.

[3]) Und zwar in dem angeführten Fall der Trödler. Gerade entgegengesetzt erklärt Merkel, der Trödler, der weder die Sache zurückgebe, noch den Preis zahle, begehe niemals eine Unterschlagung, denn die Zueignung liege innerhalb der vertragsmäßig begründeten Befugnisse. Ich gehe hier auf eine nähere Erörterung des Falles des Trödlervertrages nicht ein, denn die hier zuerst maßgebende Frage, die vorab erörtert werden muß, ist die Eigentumsfrage. Es ist nicht zu billigen, wenn Merkel meint, ob hier nach dem geltenden Zivilrecht die Spezies sofort in das Eigentum des Empfängers überging oder nicht, sei gleichgültig. Nur eine alternative, obligatorische Verbindlichkeit, nicht das Eigentumsrecht des Gläubigers werde verletzt. Offenbar kann aber das Eigentumsrecht des Übergebers nur dann verletzt werden, wenn es nicht schon durch die Übergabe erlischt.

darauf, daß die Zueignung im Moment, wo sie vollzogen wird, dem Willen des Eigentümers entspricht, daß der Übernehmer weiß, er handle diesem Willen gemäß. Umgekehrt kann aber dann auch das Wissen des Übernehmers, gegen den Willen des Eigentümers zu handeln, nicht zur Begründung der Rechtswidrigkeit der Zueignung dienen. Würde die Rechtmäßigkeit der Zueignung von dem Willen des Eigentümers im Zeitpunkt der Zueignung abhängen, dann stünde nicht ein durch Vertrag begründetes Recht auf Zueignung in Frage. — Die Konstruktion Bindings ist demnach unhaltbar, ihre praktischen Ergebnisse hingegen dürften der allgemeinen Zustimmung sicher sein, während Merkels Sätze nach dieser Richtung hin Bedenken erregen. Zur Versöhnung dieses Gegensatzes führt die Beachtung der schon früher betonten engen Abgrenzung des Begriffes der Zueignungsbefugnis und ihre scharfe Unterscheidung von der bloßen Veräußerungsbefugnis. Nicht jede Veräußerung einer fremden Sache ist gleichbedeutend mit Zueignung, und sie ist es niemals dann, wenn sie im Interesse des Eigentümers erfolgt.

Beruht die Befugnis zu der fraglichen Handlung auf einem Vertrag des Eigentümers der Sache mit dem Übernehmer, ist aus der Willenserklärung des Eigentümers beim Vertragsabschluß festzustellen, ob dem Übernehmer eine Zueignungsbefugnis eingeräumt wurde; schafft eine gesetzliche Bestimmung die Befugnis, so muß deren Bedeutung aus dem Sinn und Wortlaut des Gesetzes abgeleitet werden. Nun kann, um bei dem ersten Fall zu bleiben, der Wille des Eigentümers nach zwei Richtungen gehen: entweder a) der Übernehmer soll im eigenen Interesse veräußern, soll die Sache genießen dürfen, zugleich aber zu bestimmten Leistungen verpflichtet sein, oder b) der Übernehmer soll die Sache im Interesse des Eigentümers veräußern dürfen und daher zu bestimmten Leistungen verpflichtet sein, namentlich dazu, den Wert der Sache an den Eigentümer abzuliefern.

Im Fall a liegt Zueignungsbefugnis vor. Die Rechtmäßigkeit der Zueignung ist unabhängig von der Erfüllung der übernommenen Verbindlichkeit und auch von der Absicht hinsichtlich dieser Erfüllung im Zeitpunkt der Zueignung. Der Eigentümer hätte vielleicht die Zueignungsbefugnis nicht erteilt, wenn er gewußt hätte, daß der Übernehmer nicht erfüllen will. Aber dieser hat eine verpflichtende Willenserklärung abgegeben, der Eigentümer seine Erwartungen nicht erklärt und sie sind nicht in irgendeiner Form Gegenstand des Vertrages geworden. Regelmäßig wird übrigens die Absicht, die der Übernehmer zur Zeit der Zueignung hegt, dem Eigentümer gleichgültig sein. Er hält sich an die Verpflichtung des Übernehmers und hat ihm die Gegenleistung für die Einräumung der Zueignungsbefugnis kreditiert. — Im Fall b liegt Zueignungsbefugnis nicht vor. Sie fehlt nicht aus dem Grund, daß der Übernehmer durch die Veräußerung nicht bereichert wird; er kann sehr gut aus der Durchführung der Veräußerung einen Vorteil beziehen. Aber aus den Willenserklärungen beim Vertragsabschluß ergibt sich, daß der Übernehmer die Sache nicht genießen darf. Darum muß er im Zeitpunkt der Zueignung die Absicht haben, seine Verpflichtungen gegen den Eigentümer zu erfüllen. Die eingeräumte Befugnis kann niemals auf Veräußerung schlechthin gehen; ihr Inhalt ist dann noch nicht ausreichend bestimmt, es fragt sich erst: Veräußerung im Interesse des Eigentümers oder im eigenen Interesse? Die Unterscheidung bildet das subjektive Moment der Absicht des Übernehmers. Veräußert dieser mit der Absicht, seine Verpflichtungen zu erfüllen, dann liegt eine Zueignung der Sache gar nicht vor; im andern Fall aber eignet er sich die Sache zu und zwar rechtswidrig, weil er außerhalb seiner Befugnisse handelt.

Allgemein kann also gesagt werden: Liegt eine Zueignungsbefugnis vor, dann wird die Rechtmäßigkeit der Zueignung von der Absicht des Übernehmers nicht berührt, die er hinsichtlich der Erfüllung seiner Verpflichtungen hegt. Liegt nur die Befugnis zur Veräußerung im Interesse des Eigentümers vor, dann macht der Mangel der Absicht, die Verpflichtungen zu erfüllen, die Veräußerung zur rechtswidrigen Zueignung.

Es gibt demnach nicht „Fälle berechtigter Aneignung, die voraussetzen, daß im Moment der Aneignung ihr Urheber die Absicht hat", zu erfüllen; aber das praktische Ergebnis bei dem ersten der von Binding angeführten Fälle ist auch von dem eben dargelegten Standpunkt aus im wesentlichen dasselbe. Zweifellos hat der Verkaufskommissionär — vom Selbsteintritt vorerst abgesehen — kein Recht auf Zueignung der ihm zum Verkauf übergebenen Sachen. Er verkauft zwar im eigenen Namen, oder „auf fremde Rechnung", d. h. im Interesse des Eigentümers. Er begeht eine Unterschlagung,[1])

---

[1]) Vgl. RG. 28. 12. 1880 Bd. 3 S. 150ff.

wenn er die Sachen auf eigene Rechnung verkauft, d. h. wenn er beim Verkauf schon die Absicht hat, den Erlös für sich zu behalten, und zwar nicht deshalb, weil eine Voraussetzung für eine Zueignungsbefugnis fehlen würde, sondern weil eine solche Befugnis durch den Kommissionsvertrag überhaupt nicht geschaffen wird.[1]) Daran wird nun durch das Selbsteintrittsrecht des Kommissionärs gar nichts geändert, es liegt darin keine Zueignungsbefugnis. Die Absicht des Gesetzes ergibt sich sehr schön aus dessen Worten, daß nämlich der Kommissionär befugt sein soll, das Gut, welches er zu verkaufen hat, „als Käufer zu übernehmen", oder „als Käufer für sich zu behalten".[2]) Wenn nun der Kommissionär das Gut für sich behält, ohne den Kaufpreis bezahlen zu wollen, so behält er es gerade nicht „als Käufer". Man kann nicht einwenden, ein Kauf liege auch dann vor, wenn der Käufer schon beim Vertragsabschluß den Preis nicht zu zahlen gewillt sei. Gibt er eine verpflichtende Willenserklärung ab, dann sind solche geheime Hintergedanken freilich ohne Einfluß auf das Zustandekommen des Vertrages. Beim Selbsteintritt werden aber Willenserklärungen nicht abgegeben und der Kaufvertrag, den der Kommissionär „in sich" abschließt, kommt überhaupt nur dann zustande, wenn er den Kaufpreis bezahlen will. Offenbar kann er auch nur unter dieser Voraussetzung die Absicht haben, für fremde Rechnung zu verkaufen; er kann nicht die Absicht haben, den Verkaufspreis abzuliefern, den er als Kommissionär erzielt hat, wenn er als Poprehändler nicht die Absicht hat, den Kaufpreis zu zahlen. Natürlich fallen diese beiden Absichten in der Wirklichkeit in eine zusammen, betrachtet man sie aber getrennt, so bedingt der Mangel der einen notwendig den Mangel der anderen. Das Recht des Kommissionärs besteht also immer nur darin, „auf fremde Rechnung" zu handeln, verkaufen darf er auch an sich nur in der Absicht, den Wert der Sache dem Kommittenten abzuliefern, und für die Annahme einer Zueignungsbefugnis ist hier nirgends ein Platz. Auch die Ansicht wäre unrichtig, daß das Gesamtergebnis des Selbsteintrittes doch Zueignung, das Recht darauf also ein Zueignungsrecht sei. Allerdings gelangt der Kommissionär durch den Selbsteintritt

[1]) Dies dürfte auch der Auffassung Bindings entsprechen; denn sonst würde er a. a. O. nicht den besonderen Fall des Selbsteintrittes, sondern überhaupt die Kommission anführen.

[2]) HGB. § 400, alt. Art. 376, schweiz. Obligationenrecht Art. 444.

in den ausschließlichen Genuß der Sache; aber dieses Ergebnis beruht auf einem Vertrag und damit ist der Begriff der Zueignung ausgeschlossen. Macht der Verkaufskommissionär von seinem Recht des Selbsteintrittes Gebrauch, so liegt darin niemals eine Zueignung der Sache; eignet er sich aber die Sache zu, dann begeht er eine Unterschlagung, da er zur Zueignung nicht befugt ist.

Nach der herrschenden Ansicht ist die Zueignung einer fremden Sache auch noch dann nicht rechtswidrig, wenn derjenige, der sie vornimmt, die (sofortige) Übertragung der Sache in sein Eigentum verlangen kann.[1]) Das Recht, die Eigentumsübertragung zu fordern, schließt aber keineswegs ein Zueignungsrecht in sich und der Eigentümer, der verpflichtet ist, das Eigentum an der Sache einem Anderen zu übertragen,[2]) ist darum noch nicht verpflichtet, die Zueignung der Sache durch den Anderen zu dulden. Auch ein Fall erlaubter Selbsthilfe liegt nicht vor. Wie schon Hälschner[3]) sehr richtig bemerkte, tritt in der bekämpften Ansicht das Bestreben hervor, sich den vollen Konsequenzen der gesetzlichen Fassung des Tatbestandes der Unterschlagung (wie des Diebstahls) zu entziehen. Die Strafbarkeit der Zueignung in unserem Fall würde entfallen, wenn die Unterschlagung als Bereicherungsverbrechen gestaltet würde; unter der Herrschaft des geltenden Rechtes läßt sie sich nicht bestreiten, auch nicht auf Grund der unhaltbaren Unterscheidung, daß hier nur „formelle" Rechtsverletzung vorliege, zur Unterschlagung aber „materielle" Rechtswidrigkeit erforderlich sei.

---

[1]) So besonders Binding a. a. O. S. 272 mit eingehender Begründung, ferner Köstlin, Abhandlungen, S. 244, Merkel a. a. O. S. 702 (vgl. S. 654), Olshausen zu § 242 N. 32a.

[2]) Genau genommen ist der Eigentümer zu einer Handlung verpflichtet, die sein Eigentumsrecht erlöschen und gleichzeitig Eigentum des Anderen entstehen läßt; denn es ist immer nur eine bildliche Ausdrucksweise, wenn von Übertragung oder Übergang des Eigentums gesprochen wird. Daß nun dieser Rechtsumschwung eintrete, liegt allerdings im Willen des Rechts, wie Binding sagt, aber er soll eben durch eine Handlung des Eigentümers bewirkt werden. Wenn jedoch der Nichteigentümer die Zueignung vornimmt, so tritt gerade dieser Rechtsumschwung nicht ein, denn ein Zueignungsrecht läßt sich nicht behaupten und die ohne Recht vollzogene Zueignung kann nicht — selbst wenn sie nicht rechtswidrig wäre — Eigentum desjenigen begründen, der sie vollzieht.

[3]) a. a. O. S. 356.

## § 4. Der Vorsatz.

Der Wille des Täters ist bei der Unterschlagung auf Zueignung einer Sache gerichtet; er muß sich mit dem Bewußtsein verbinden, daß die Sache im Eigentum eines Anderen stehe und daß die Zueignung rechtswidrig sei, d. h. das Eigentumsrecht des Anderen verletze.[1])

Zum Tatbestand der Unterschlagung ist nicht erforderlich die Absicht, das Vermögen des Eigentümers zu verringern und ebensowenig die Absicht, das eigene Vermögen zu vergrößern. Die Unterschlagung ist kein Bereicherungsverbrechen.[2]) Die Absicht, dem Eigentümer für die Sache vollen Ersatz zu leisten, schließt daher den Unterschlagungsvorsatz nicht aus.

Der erforderliche Vorsatz fehlt, wenn der Täter annimmt, die Sache sei seine eigene oder sie sei überhaupt nicht Gegenstand eines Eigentumsrechtes. Ebenso dann, wenn der Täter annimmt, das Eigentumsrecht an der Sache stehe der Zueignung nicht entgegen, wenn ihm also das Bewußtsein der Rechtswidrigkeit der Zueignung mangelt.

Dies wird namentlich in zwei Fällen zutreffen: a) der Täter ist von der Vorstellung beherrscht, der Eigentümer habe in die Zueignung eingewilligt oder er würde doch seine Einwilligung erteilen, wenn ihm alle tatsächlichen Umstände bekannt wären, die im Moment der Zueignung vorliegen. Auf diese letztere Vorstellung gründet sich dann die Erwartung des Täters, der Eigentümer werde die erfolgte Zueignung nachträglich genehmigen oder doch nichts gegen sie einwenden. Aber nicht diese Erwartung an und für sich ist das Entscheidende, sondern der Umstand, daß sich der Täter vorstellt: Wenn ich dem Eigentümer die ganze Sachlage, wie sie jetzt gegeben ist,

---

[1]) Vgl. Binding, Normen, Bd. 2 S. 544 ff. Er unterscheidet vier Vorsatzelemente, da er trennt: 1. die Sache steht im Eigentum, 2. im Eigentum eines Anderen; Kapff a. a. O. S. 100 ff.

[2]) So die durchaus herrschende Ansicht. Dagegen besonders Dörr a. a. O. und im Anschluß an diesen Pačic, Über das Verhältnis der unerlaubten Selbsthilfe zu den Vermögensdelikten (Münchener Diss. 1897). — Wenn Binding a. a. O. S. 242 auch Unterschlagung und Diebstahl Bereicherungsverbrechen nennt, so handelt es sich dabei nur um eine terminologische Abweichung; sachlich stimmt er mit der gem. Meinung überein. Vgl. übrigens auch Binding, Normen, Bd. 2 S. 541 ff.

schon früher hätte mitteilen können oder wenn er sie vorausgesehen hätte, so wäre ich bereits im Besitz seiner zustimmenden Erklärung; oder auch: wenn ich dem Eigentümer jetzt die Sachlage schildern könnte, würde er seine Einwilligung erteilen. Nimmt der Täter bloß an, der Eigentümer werde sich mit der einmal erfolgten Zueignung schon abfinden, so muß darum der Unterschlagungsvorsatz nicht fehlen. Der Eigentümer kann unter dem Druck der vollzogenen Tatsache Einwendungen unterlassen, wenn auch die Zueignung sehr gegen seinen Willen erfolgt ist und der Täter kann damit rechnen. Er weiß dann, daß er gegen den Willen des Eigentümers handelt und ermangelt nicht des Bewußtseins der Rechtswidrigkeit. Ganz unberührt bleibt der Vorsatz des Täters von der Hoffnung, es werde ihm gelingen, die Verzeihung des Eigentümers zu erlangen.[1])

b) Der Täter handelt in der Annahme, er sei zur Zueignung berechtigt. Ob diese Annahme eine begründete ist oder nicht, hat hier ebensowenig Bedeutung wie im vorigen Fall; dem Täter fehlt das Bewußtsein der Rechtswidrigkeit seiner Handlung, der Tatbestand der Unterschlagung ist nicht erfüllt.

Dasselbe muß aber auch dann gelten, wenn der Täter zwar weder die Einwilligung des Eigentümers, noch ein ihm zustehendes Zueignungsrecht annimmt, aber doch nicht der Meinung ist, die Zueignung verstoße gegen eine ihm obliegende Verpflichtung. Der Handelnde ist dann jedenfalls von irrtümlichen Vorstellungen beherrscht. Die Zueignung ist mangels der Einwilligung des Eigentümers und mangels einer Zueignungsbefugnis rechtswidrig. Aber es läßt sich gewiß nicht behaupten, daß ein Irrtum des Handelnden in dieser Richtung überhaupt nicht möglich wäre,[2]) und wenn er vorliegt, so ist er mit dem Bewußtsein der Rechtswidrigkeit der Zu-

---

[1]) Binding a. a. O. S. 273.

[2]) Der Täter kann z. B. annehmen, daß es nicht unzulässig sei, sich eine fremde Sache zuzueignen, wenn nach der Lage der besonderen Umstände durch die Zueignung keinerlei Interesse von allgemeiner Bedeutung verletzt wird; er weiß, daß die Sache im Eigentum eines Anderen steht, glaubt aber, im besonderen Fall zur Unterlassung der Zueignung nicht verpflichtet zu sein. Derlei Vorstellungen werden tatsächlich gewiß selten begegnen, unmöglich sind sie aber nicht. Daß sich aus der fehlenden, auch nicht vorausgesetzten Einwilligung des Eigentümers das Bewußtsein der Rechtswidrigkeit von selbst ergebe, wie dies das RG. (Bd. 4 S. 328) ausgesprochen hat, kann nicht als richtig anerkannt werden.

eignung und dem Unterschlagungsvorsatz ebenso unvereinbar, wie ein Irrtum in einer der oben bezeichneten Richtungen.

## § 5. Die Unterschlagung anvertrauter Sachen.

Das Gesetz bedroht die Unterschlagung mit Gefängnis bis zu fünf Jahren, wenn die Sache, die sich der Täter zueignet, ihm anvertraut ist. Anvertrauen ist kein juristisch-technischer Ausdruck und die Auslegung folgt mit Recht dem allgemeinen Sprachgebrauch.[1]) Anvertrauen heißt demnach, jemanden in den Stand setzen, über eine Sache tatsächlich zu verfügen, in dem Vertrauen, er werde seine Verfügungsmacht im Sinne desjenigen gebrauchen, der sie ihm überträgt.[2]) Wenn der Besitz einer Sache auf Grund eines Rechtsgeschäftes erlangt oder fortgesetzt wird, das den Besitzer zur Rückgabe der Sache oder zur Ablieferung an einen Dritten oder zu einer bestimmten Verwendung der Sache verpflichtet, so ist die Sache als anvertraut anzusehen. Das Verhältnis des Besitzers zur Sache ist dadurch ausgezeichnet, daß es im Vertrauen auf den Besitzer eingeräumt wird. Zu der Unterschlagung ist vermöge des Erfordernisses der fremden Sache das Bestehen einer rechtlichen Beziehung zwischen dem Täter und dem Eigentümer der Sache unerläßlich; hier nun tritt zu dieser Beziehung eine weitere hinzu, der Täter ist zu einem bestimmten Verfahren mit der Sache verpflichtet und hat die Sache in seinem Gewahrsam auf Grund des Vertrauens, das ein Anderer in ihn setzt. Er hat die Sache zu treuen Händen und kann darum zutreffend „Treuhänder" genannt werden.[3])

Meist wird es der Eigentümer selbst sein, der seine Sache einem Anderen anvertraut; aber zum Begriff des Anvertrauens ist Identität

---

[1]) Dafür namentlich das RG. in ständiger Praxis. Vgl. Draheim, Untreue und Unterschlagung S. 25, Binding a. a. O. S. 278 N. 5: beim „Anvertrauen" handelt es sich um einen von der Geschichte ausgeprägten Begriff.

[2]) So im wesentlichen übereinstimmend die gemeine Meinung, vgl. Olshausen zu § 246 N. 23, Draheim a. a. O. S. 25fg., RG. Bd. 4 S. 386.

[3]) Nach dem Vorschlag von Draheim a. a. O. S. 24. — Dabei ist freilich zu beachten, daß derselbe Ausdruck auch noch in anderer Bedeutung gebraucht wird, nämlich nur zur Bezeichnung desjenigen, der Rechte als Eigenrechte, aber mit der Bestimmung empfangen hat, sie nicht im eigenen Interesse zu gebrauchen. In dieser Bedeutung verwendet Schultze das Wort in seiner Schrift: „Treuhänder im geltenden bürgerlichen Recht". (Jena, Fischer 1901, S.A. aus Iherings Jahrbüchern für die Dogmatik des bürgerlichen Rechts Bd. 47).

des Eigentümers und des Anvertrauenden nicht erforderlich. Wenn a die Sache des b von diesem zum Verkauf erhält und sie einstweilen dem c zur Aufbewahrung übergibt, so ist die Sache dem c anvertraut; ebenso ist c auch dann Treuhänder, wenn b die Sache des a findet, ohne zu wissen, wem sie gehört, und sie einstweilen dem c zur Verwahrung übergibt. Auch der Nichteigentümer ist eben in der Lage, jemandem tatsächliche Verfügungsmacht über eine Sache einzuräumen und ihn zu einem bestimmten Verfahren mit der Sache zu verpflichten und dies selbst dann, wenn er zu solchem Vorgehen nicht berechtigt oder dieses ihm geradezu verboten ist.

Körperliche Übergabe seitens des Anvertrauenden an den Treuhänder ist nicht notwendiges Erfordernis. Die Sache kann auch etwa durch Zufall oder Irrtum in den Gewahrsam des Täters gelangt sein, sie ist dann als anvertraut anzusehen von dem Zeitpunkt an, in dem der Eigentümer der Sache mit dem Gewahrsamsinhaber ein Rechtsgeschäft der oben gedachten Art abschließt.[1])

Um dem Begriff des Anvertrauens seinen ganzen in der geschichtlichen Entwicklung und dem gemeinen Sprachgebrauch begründeten Umfang zu sichern und den Absichten des Gesetzgebers völlig gerecht zu werden, muß man noch einen Schritt weitergehen. Bisher sind nur Fälle in Betracht gezogen worden, bei denen der Treuhänder die Sache erlangt oder den Gewahrsam weiterbehält unmittelbar auf Grund des Rechtsgeschäftes, das die Verpflichtung zur Rückgabe oder Ablieferung der Sache begründet. Der Übergeber der Sache und derjenige, dem der Treuhänder verpflichtet ist, der das Vertrauen in den Treuhänder setzt, sind eine und dieselbe Person. Unter Umständen wird man nun auch davon absehen und Treuhänderschaft auch dann annehmen dürfen, wenn zwar eine körperliche Übergabe der Sache erfolgt, aber nicht seitens desjenigen, dem der Empfänger der Sache zur Herausgabe verpflichtet ist und auch nicht auf Grund des Rechtsgeschäftes, das eben diese Verpflichtung begründet. Man kann hier von mittelbarem Anvertrauen[2]) sprechen zum Unterschied

[1]) Die Begründung der Treuhänderschaft erfolgt hier in analoger Weise, wie die Eigentumsübertragung bei der traditio brevi manu. Vgl. BGB. § 929 Satz 2.

[2]) So auch das RG. Bd. 4 S. 386 und Olshausen zu § 246 N. 24. Das Besondere dieser Fälle liegt aber nicht darin, daß hier keine körperliche Übergabe der Sache an den Treuhänder erfolgt, sondern in den im Text hervorgehobenen Punkten.

von den früher betrachteten Fällen des unmittelbaren Anvertrauens. Damit aber eine Treuhänderschaft angenommen werden könne, muß das Rechtsgeschäft, durch das der Treuhänder die Verfügungsmacht über die Sache erlangt, mit dem Rechtsverhältnis in Beziehung stehen, vermöge dessen der Treuhänder zu einem bestimmten Verfahren mit der Sache verpflichtet ist, so zwar, daß dieses Rechtsverhältnis gleichsam die Unterlage und im einzelnen konkreten Fall Anlaß und Voraussetzung bildet für den Abschluß jenes Rechtsgeschäftes. Dies trifft namentlich dann zu, wenn der Treuhänder in Ausführung eines ihm erteilten Auftrages eine ihm unmittelbar anvertraute Sache veräußert und dafür für seinen Auftraggeber eine andere Sache erwirbt, die ihm nun mittelbar anvertraut ist. Aber auch ein Rechtsverhältnis öffentlichrechtlicher Natur, so namentlich die Übertragung eines öffentlichen Amtes, kann Fälle des mittelbaren Anvertrauens begründen, wenn es einerseits den Treuhänder berechtigt, bestimmte Leistungen von dritten Personen einzufordern und Sachen sich übergeben zu lassen, andererseits ihn zur Ablieferung dieser Sachen an den Berechtigten (den Anvertrauenden) verpflichtet. Hier kann freilich unmittelbares Anvertrauen seitens der die Sachen übergebenden dritten Personen vorliegen; aber dies ist keineswegs immer der Fall und setzt voraus, daß die Übergeber die Sachen dem Treuhänder anvertrauen wollen, daß er ihnen zur Ablieferung an den Berechtigten verpflichtet sei. — Beim mittelbaren Anvertrauen sind also der Übergeber der Sache und der Berechtigte, dem der Treuhänder zur Herausgabe, Ablieferung u. s. f. der Sache verpflichtet ist, verschiedene Personen. Zwischen Übergeber und Berechtigtem kann es an jeder rechtlichen Beziehung fehlen. Jedenfalls bedeutet die Übergabe der Sache an den Treuhänder vom Standpunkt des Übergebers aus kein Anvertrauen, der Übergeber will sich den Treuhänder nicht zu einem bestimmten Verfahren mit der Sache verpflichten. Diese Verpflichtung des Treuhänders entsteht zwar in dem Augenblick, da er den Besitz der Sache erlangt, aber sie gehört nicht zum Inhalt jenes Rechtsgeschäftes, das der Treuhänder mit dem Übergeber abschließt. Hingegen wird der Treuhänder nur dadurch veranlaßt und in den Stand gesetzt, die Verfügungsmacht über die Sache übertragen zu bekommen, daß er mit einem Dritten (dem Berechtigten) ein Rechtsgeschäft abschloß, das ihn diesem gegenüber zur Herausgabe der Sache oder sonst einem bestimmten Verfahren verpflichtet. In diesem

Sinne trifft demnach die oben gegebene Begriffsbestimmung des Anvertrauens auch hier zu, der Berechtigte übergibt oder beläßt nicht selbst unmittelbar die Verfügungsmacht über die Sache dem Treuhänder, aber er setzt diesen in den Stand, sich die Sache übertragen zu lassen und er tut dies in dem Vertrauen darauf, daß seinem Willen gemäß mit der Sache verfahren werde.

Gegen die vorstehenden Ausführungen kann nicht eingewendet werden, daß der Empfänger der Sache auch ohne Abschluß des Rechtsgeschäftes mit dem Dritten in der Lage sein könne, Verfügungsmacht über die Sache zu erlangen. Der Begriff des Treuhänders soll nicht davon abhängig gemacht werden, daß die Verfügungsmacht über die Sache ohne eine Beziehung zu dem Berechtigten nicht hätte erlangt werden können; nur so, wie sie erlangt wurde, muß sie auf Grundlage dieser Beziehungen erlangt worden sein, also z. B. in Ausführung eines erteilten Auftrages, durch Veräußerung einer unmittelbar anvertrauten Sache.

Übrigens sei wiederholt betont, daß hier nur das geltende Recht Gegenstand der Betrachtung ist, daher auch der Begriff des Anvertrauens nur innerhalb der Schranken, die durch die gesetzliche Gestaltung des Tatbestandes der Unterschlagung gegeben sind. Für die Gesetzesauslegung kann die Frage, ob eine Sache als anvertraut anzusehen sei, nur dann aufgeworfen werden, wenn feststeht, daß sie eine dem Gewahrsamsinhaber fremde ist. Mag es darum vielleicht auch scheinen, als ob durch die Einbeziehung des mittelbaren Anvertrauens der Kreis zu weit gezogen sei, so ist zu beachten, daß durch das Erfordernis der fremden Sache eine unüberschreitbare Grenze gegeben ist. Ist nicht bloß tatsächliche Verfügungsmacht, sondern Eigentum an der Sache erworben worden, dann kann durch den, der die Sache hat, keinesfalls eine Unterschlagung an ihr begangen werden und die Frage der Treuhänderschaft entsteht gar nicht.[1]) Auch ein Fall des mittelbaren Anvertrauens kann nur dann angenommen werden, wenn der Treuhänder nicht Eigentum an der Sache erwirbt. Da aber unmittelbares Vertrauen vorliegen wird, wenn der die Sache übergebende Eigentümer Eigentümer bleiben will, so erübrigt für das mittelbare Anvertrauen nur der Fall, daß die Sache durch den Treuhänder für einen Dritten erworben wird.

---

[1]) Es wird erst später zu erörtern sein, ob Treuhänderschaft und Eigentum an der Sache sich gegenseitig notwendig ausschließen.

Der Treuhänder wird meist in einer der folgenden Rechtsstellungen erscheinen: als Verwahrer, Entleiher, Gebrauchsberechtigter, Faustpfandgläubiger, Mieter, Beauftragter, Geschäftsführer, Frachtführer, Vormund, Beamter.[1])

Bei der Unterschlagung anvertrauter Sachen tritt zu den schon früher besprochenen Elementen des Vorsatzes noch ein weiteres hinzu. Der Täter weiß, daß er als Treuhänder eine Sache sich zueignet, d. h. er verletzt bewußt die Verpflichtung, mit der Sache in bestimmter Weise zu verfahren.[2]) Er macht sich also einer doppelten Pflichtverletzung schuldig, er begeht einen Vertrauensbruch, denn gerade auf Grund des Vertrauens, er werde seine Verfügungsmacht über die Sache pflichtgemäß gebrauchen, wird er unmittelbar oder mittelbar in den Stand gesetzt, über die Sache zu verfügen.

Das Gesetz hat das äußerst wichtige Moment der Treuhänderschaft des Täters nur als Strafschärfungsgrund verwertet und hält an dem grundlegenden Gedanken des Eigentumsschutzes auch hier fest. Die Verletzung der besonderen Pflichten des Treuhänders wird vom Strafgesetz nur dann geahndet, wenn sie zugleich Eigentumsverletzung durch Zueignung ist.[3])

## II. Die Vertretbarkeit.

Die Vertretbarkeit ist eine objektive Verkehrseigenschaft von Sachen.[4]) Sie besteht darin, daß die vertretbare Sache im Verkehr nicht als Individuum in Betracht kommt, sondern lediglich als Gattungsträger. Diese Erscheinung beruht auf wirtschaftlichen Grün-

---

1) Binding a. a. O. S. 278.

2) Vgl. Binding, Normen, Bd. 2 S. 547; Draheim a. a. O. S. 66.

3) Insofern ist es nicht unbegründet, wenn Draheim (a. a. O. S. 67 fg.) im Anschluß an Oppenheim (Die Objekte des Verbrechens, S. 233 ff.) bei der Unterschlagung anvertrauter Sachen im Eigentum das primäre, in der obligatorischen Verpflichtung des Täters — besser hieße es: dem Forderungsrecht des Anvertrauenden — nur ein sekundäres Schutzobjekt erblickt.

4) Vgl. zum folg. überhaupt Goldschmidt, Handbuch des Handelsrechts, §. 62; Halpert, Über die juristische Natur der Vertretungssachen nach gemeinem Recht (Göttinger Diss. 1888). Windscheid, Lehrbuch des Pandekten-Rechtes (7. Aufl.) Bd. 1 S. 399; Unger, Öst. Privatrecht Bd. 1 S. 407; Hasenöhrl, Das öst. Obligationenrecht, S. 201, von Schey, Die Obligationsverhältnisse des öst. allgem. Privatrechts S. 20 ff. u. 60 und die dort Angeführten.

den, so wie auch die Unterscheidung von Gattungen, wie sie hier in Betracht kommen, ein Produkt des wirtschaftlichen Verkehres ist. Die zu einer Gattung vereinigten Sachen können untereinander größere oder geringere Verschiedenheiten aufweisen. Sind die Verschiedenheiten so gering, daß sie wirtschaftlich nicht mehr von Einfluß sind, so ist innerhalb der Gattung das Individuum völlig gleichgültig. Da die Sachen in der Wirtschaft der Menschen die Mittel zur Befriedigung der Bedürfnisse sind, so werden die einzelnen Sachen nur insoweit als solche in ihrer Individualität beachtet und voneinander unterschieden werden, als zwischen ihnen Verschiedenheiten in der Fähigkeit bestehen, ihrer Zweckbestimmung zu dienen; umgekehrt also werden Sachen, die dasselbe Bedürfnis in ganz gleicher Weise befriedigen, jede individuelle Bedeutung verlieren; jedem Individuum kommt ganz dieselbe Bedeutung zu und da der wirtschaftliche Ausdruck für die Bedeutung, die wir den Sachen (Gütern) als Mittel unserer Bedürfnisbefriedigung im weitesten Sinn beilegen, der Wert ist, so werden dann alle Individuen derselben Gattung gleich bewertet werden. Zunächst nur subjektiv; aber das Ergebnis dieser gleichmäßigen subjektiven Wertschätzung wird in der Regel das einer objektiven Wertgleichheit sein. Sobald dieses Stadium eingetreten ist, der wirtschaftliche Verkehr alle Individuen derselben Gattung als gleichwertig behandelt, haben wir eine objektiv gegebene Tatsache vor uns.[1]) Dieses Verhältnis ist durchaus analog dem zwischen den subjektiven Wertschätzungen einer Sache und dem Preis einer Sache; auch dieser beruht wesentlich auf subjektiven Tatsachen und doch bezweifelt man nicht, daß er selbst etwas Objektives ist. Ist einmal die Wertgleichheit innerhalb einer Gattung vom Verkehr allgemein angenommen, dann wird an dieser Tatsache dadurch nichts geändert, daß etwa in einem besonderen Fall zwei Sachen derselben Gattung doch subjektiv verschieden bewertet werden sollten. Eine solche Erscheinung, der Auflehnung des Einzelwillens gegen den Willen der Gesamtheit vergleichbar, vermag die allein entscheidende Auffassung des Verkehrs nicht zu berühren. Diese selbst wird sich freilich ändern, wenn diese Erscheinung sich oft und oft wiederholt. Die Wertgleichheit innerhalb der bisher augenommenen Gattung wird dann abge-

---

[1]) Hanausek, Die Lehre vom uneigentlichen Nießbrauch nach gemeinem Recht, § 2, Halpert a. a. O. S. 13 fg.

löst werden von je einer solchen innerhalb zweier oder mehrerer neuen Gattungen, die Vertretbarkeit bleibt bestehen, aber der Kreis von Sachen, auf den sie sich bezieht, hat sich verändert, ist enger geworden. Ein Wegfallen der Vertretbarkeit auf diesem Weg fortschreitender Differenzierung ist immerhin denkbar, wenn insbesondere gleichzeitig die Zahl der einzelnen Stücke innerhalb der Gattungen immer kleiner wird. Umgekehrt kann eine sehr bedeutende Vermehrung der Individuen innerhalb einer Gattung möglicherweise dazu führen, daß Sachen, die früher nicht vertretbar waren, nun diese Eigenschaft erlangen. Vertretbarkeit kann auch dadurch an die Stelle von Nichtvertretbarkeit treten, daß ein allgemeiner Umschwung hinsichtlich des Bedürfnisses eintritt, zu dessen Befriedigung die Sachen verwendet werden, wenn sie das neue Bedürfnis ganz gleichmäßig befriedigen, während dies früher nicht der Fall war.

Die Vertretbarkeit, zunächst eine auf natürlicher Beschaffenheit[1]) und der Auffassung des Verkehrs beruhende Eigenschaft von Sachen, wird zu einer rechtlich bedeutsamen dadurch, daß die Rechtsordnung für den Verkehr mit vertretbaren Sachen besondere Rechtssätze aufstellt, die ihrer eigentümlichen Natur entsprechen. Damit wird nur dem tatsächlich Gegebenen Rechnung getragen, und wir haben uns wohl auch die Entwicklung so vorzustellen, daß Hand in Hand mit Beginn und Aufblühen eines wirtschaftlichen Verkehres jene Auffassung, die wir Vertretbarkeit nennen, sich namentlich in besonderen Formen wirtschaftlicher Güterübertragungen äußerte, der Jurist dann einerseits zu dem Begriff der Vertretbarkeit gelangte, andererseits bestimmte rechtsgeschäftliche Formen dem Verkehr zur Verfügung stellte, freilich gebunden an die Voraussetzung der Vertretbarkeit der Objekte. — Besonders mit Rücksicht auf diesen Umstand taucht nun die Frage auf, ob die Parteien eine nichtvertretbare Sache zu einer vertretbaren zu machen und ob sie umgekehrt einer vertretbaren Sache diese Eigenschaft zu entziehen vermögen. Die Verneinung der Frage ergibt sich aus dem früher Ausgeführten. Der Parteiwille kann einer Sache die Eigenschaft der Vertretbarkeit weder beilegen noch entziehen, er vermag die Verkehrsauffassung nicht zu ändern.

---

[1]) In der älteren Literatur begegnet oft die unrichtige Ansicht, die Vertretbarkeit sei eine natürliche Eigenschaft von Sachen. (Vgl. Halpert a. a. O. N. 15.) Aber gewisse natürliche Eigenschaften muß eine Sache besitzen, damit sie zur vertretbaren werden könne.

Das Wesen der Vertretbarkeit als einer tatsächlichen, objektiv gegebenen Erscheinung wird durch ihre juristische Bedeutsamkeit nicht verändert, der Begriffsinhalt ist ganz derselbe, mag man nun Vertretbarkeit in rein tatsächlichem oder juristischem Sinn analysieren. Die vertretbare Sache ist und bleibt vertretbar, in welch' immer für einem tatsächlichen oder rechtlichen Verhältnis sie sich befindet; insbesondere ist die Sache als Objekt des Eigentums oder eines anderen dinglichen Rechtes genau so vertretbar oder nicht vertretbar, als sie die eine oder andere Eigenschaft besitzt und eben eine von diesen Eigenschaften besitzen muß, wenn wir sie als Objekt eines obligatorischen Rechtsverhältnisses ins Auge fassen oder wenn wir sie uns etwa als derelinquierte, herrenlose Sache vorstellen. Daß die eben erörterte Frage so vielfach unrichtig beantwortet wurde, hat seinen Grund darin, daß der Gegensatz von Vertretbarkeit und Nichtvertretbarkeit zum Teil mit dem anderen von genereller und spezieller Bestimmtheit geradezu verwechselt oder identifiziert wurde, zum Teil doch ein scharfes Unterscheiden und Auseinanderhalten dieser beiden Gegensätze unterblieb. Heute wird das Verhältnis der beiden Gegensätze fast ausnahmslos richtig erkannt, wenigstens in der zivilistischen Literatur. Die früher bestandene Unklarheit hat jedoch gerade auf dem Gebiet der Unterschlagung an vertretbaren Sachen sehr viele Irrtümer und unrichtige Behauptungen verschuldet und auch heute noch begegnen wir einzelnen Aufstellungen, die offenbar auf demselben Boden erwachsen sind.[1])

Der Gegensatz von spezieller und genereller Bestimmtheit ist vor allem für das Obligationenrecht von Bedeutung[2]) und betrifft die Art der Bestimmung des Gegenstandes einer geschuldeten Leistung.[3])

Der Gegenstand der Verpflichtung kann individuell, durch Merk-

---

[1]) Siehe Huber a. a. O. S. 96, Hälschner, System des preußischen Strafrechts, Bd. 3 S. 516 und G. A. Bd. 15 S. 11, v. Stemann a. a. O. S. 5fg., Kapff a. a. O. S. 98, aber auch Meyer, Lehrbuch S. 543, und Finger, B. v. Barkautionen, S. 74ff.

[2]) Daß dieser Gegensatz nur für das Obligationenrecht in Betracht kommen könne, wie dies fast ohne Ausnahme behauptet wird, ist nicht anzuerkennen; doch wird erst in einem späteren Zusammenhang darüber zu sprechen sein.

[3]) Vgl. besonders Goldschmidt a. a. O.; Halpert S. 15ff.; Windscheid a. a. O. Bd. 2 S. 20; Endemann, Lehrbuch des bürgerlichen Rechts, Bd. 1 §§ 119 und 56 (9. Aufl.).

male bezeichnet sein, die auf ein einzelnes Individuum zutreffen: reine Speziesschuld. Nur das bezeichnete Individuum ist „in obligatione", nur dieses ist der Gläubiger zu fordern berechtigt, nur dieses der Schuldner zu leisten verpflichtet; nur durch die Leistung der individuell bestimmten Sache genügt der Schuldner seiner Verpflichtung. Gegenstand der Speziesschuld ist in der Regel eine nicht vertretbare Sache, aber auch eine vertretbare Sache kann Gegenstand einer Speziesschuld sein. Sie verliert dadurch keineswegs ihre Vertretbarkeit, sie wird auch nicht „als nichtvertretbar behandelt", und es wird ihr nicht die Eigenschaft der Vertretbarkeit „entzogen". Die Parteien haben nur eben in diesem Fall irgendwelche Gründe, diese Sache nicht, wie es verkehrsüblich ist, den anderen Sachen derselben Gattung völlig gleichzustellen, nur dies kommt in der speziellen Bestimmung des Leistungsgegenstandes zum Ausdruck und dies berührt offenbar nicht die objektive Eigenschaft der Vertretbarkeit.

Ist hingegen der Gegenstand der Verpflichtung bloß durch Gattungsmerkmale bestimmt, so liegt eine Genusschuld vor. Die Abgrenzung des genus kann eine weitere oder engere sein, sie braucht sich mit der nach der Verkehrssitte üblichen Abgrenzung der Gattungen nicht zu decken, muß nur mehrere Individuen umfassen. Die generelle Bestimmung bildet die Regel, wenn ein Rechtsgeschäft über vertretbare Sachen abgeschlossen wird; aber es können auch nicht vertretbare Sachen generell verschuldet werden, geradeso wie vertretbare Sachen Gegenstand einer Speziesschuld sein können. Auch hier gilt ferner die Umkehrung des früher aufgestellten Satzes: die generelle Bezeichnung einer nicht vertretbaren Sache macht diese Sache nicht zu einer vertretbaren.

Die Unterscheidung von vertretbaren und nicht vertretbaren Sachen betrifft also einen durch das Vorhandensein oder Fehlen einer bestimmten *Eigenschaft* gebildeten Gegensatz, jene von spezieller oder genereller Bestimmtheit nur die Art der Bezeichnung von Sachen, dort ist der Gegensatz ein objektiver, unter der Voraussetzung gewisser natürlicher Beschaffenheit der Sachen durch die Verkehrssitte gegebener, hier ein rein subjektiver, von dem Willen der Parteien allein abhängiger. Vertretbarkeit oder Nichtvertretbarkeit besitzt jede Sache sofort mit ihrer Entstehung und besitzt sie bis zu ihrem Untergang, die generelle oder individuelle Bestimmtheit wird erst durch eine Willenserklärung der Parteien geschaffen, die sich auf ein bestimmtes Rechtsgeschäft beziehen muß, und sie endigt notwendig mit der Beendigung dieses Rechtsverhältnisses.

Bei der Rückgewährung vertretbarer und nicht individuell bestimmter Sachen findet tatsächlich eine Vertretung statt, an Stelle der hingegebenen Sachen werden andere derselben Gattung geleistet, trotzdem aber nicht aliud pro alio, sondern idem. Es findet ein wirkliches Zurückgeben statt und es ist dies nicht eine bloße Fiktion,[1]) sondern der Satz „tantundem ejusdem qualitatis est idem“ hat seine feste tatsächliche Grundlage in der Auffassung des Verkehres.[2]) Freilich kehren nicht ein und dieselben Stücke in das Vermögen des Hingebenden zurück, aber schon beim Hingeben kommen die einzelnen Stücke nicht als solche in Betracht. Gegeben und zurückgegeben wird zwar nicht die Gattung,[3]) sondern immer ein einzelnes Stück oder (regelmäßig) eine Mehrheit, eine Menge einzelner Stücke. Aber diese Stücke sind bloß „Gattungsträger", Repräsentanten einer bestimmten Quantität von Sachen bestimmter Qualität. Da die einzelnen Stücke individuell völlig gleichgültig sind, ihre Individualität abgestreift haben, kommt innerhalb der Gattung nur die Quantität in Betracht, und wenn der Übergeber die gleich große Quantität zurückerhält, die er dem Empfänger übergeben hat, so erhält er „idem“.

Hingegen kann von eigentlicher Vertretung nicht die Rede sein bei bloßer Gattungsbestimmtheit. Die Sache, die geleistet wird, vertritt nicht eine andere, sondern die Gattungsbestimmtheit läßt nur eben eine Auswahl unter allen Stücken der Gattung zu; findet gleichwohl wirklich eine Vertretung statt, dann ist sie eben eine Wirkung des Umstandes, daß die bloß generell bestimmte Sache eine vertretbare Sache ist. Das „Vertreten" und „Vertretenwerden" ist also eine Erscheinung, die sich als eine der objektiven Eigenschaft der Vertretbarkeit von Sachen eigentümliche Wirkung darstellt. Ob es aber im konkreten Fall, wenn vertretbare Sachen Gegenstand eines Rechtsgeschäftes sind, zu einer Vertretung kommen soll und

---

[1]) So Bekker, Zur Lehre vom Genuskauf, Jahrbuch des gemeinen deutschen Rechts, Bd. 5 S. 561. Gegen ihn Karlowa, Über den Begriff der fungiblen Sachen, Grünhuts Z. Bd. 16 S. 409; v. Schey a. a. S. 25.

[2]) Vgl. von Schey a. a. O. S. 24 N. 54.

[3]) Dieser Ausdrucksweise begegnet man oft, ohne daß sie gebilligt werden könnte. Eher könnte von Bruchteilen der Gattung gesprochen werden, doch erfolgt die Bestimmung nicht nach diesem sondern nach einem absoluten Maßstab.

kommt oder nicht, darüber entscheidet doch der Wille der Parteien, und dieser findet eben seinen Ausdruck in der Wahl der generellen oder individuellen Bestimmtheit. Die Gattungsbestimmtheit bildet bei vertretbaren Sachen die Regel. Die Vertretbarkeit der Sache ist daher ein wichtiges Interpretationsmittel für die Feststellung des Parteiwillens in einem bestimmten Rechtsverhältnis, wenn dieser nicht ausdrücklich erklärt ist.[1]) — Die Gesetzgebung zeigt gegenüber dem Begriff der Vertretbarkeit ein recht verschiedenes Verhalten.

Der § 91 BGB. für das Deutsche Reich bestimmt: „Vertretbare Sachen im Sinne des Gesetzes sind bewegliche Sachen, die im Verkehr nach Zahl, Maß oder Gewicht bestimmt zu werden pflegen".[2]) Damit ist nun freilich nicht das eigentliche Wesen der vertretbaren Sachen bezeichnet, wohl aber hat das Gesetz ein zutreffendes Merkmal angegeben, nach dem die vertretbaren Sachen von den nicht vertretbaren zu unterscheiden sind und der Kreis der ersteren festzustellen ist.[3]) Entscheidend ist die Verkehrssitte. Die oben gemachten Ausführungen können also ohne weiteres auch auf den durch das BGB. aufgestellten Begriff übertragen werden. Obwohl die Beschränkung des Begriffs hier nicht besonders betont wird, ergibt sie sich doch mit Notwendigkeit, denn die Bestimmungsweise nach Zahl, Maß oder Gewicht ist nur innerhalb einer Gattung denkbar. Wie weit oder eng freilich diese Gattungsgrenze gezogen wird, ist gleichgültig. Ganz offenbar ist die Auffassung der Vertretbarkeit abgelehnt, die über die Gattungsgrenze hinausgehend alles vertretbar nennt, was einer Vertretung durch Geld fähig ist, oder den Tauschwert einer Sache als vertretbar betrachtet.[4])

Das allgemeine bürgerliche Gesetzbuch für das Kaisertum Österreich (ABGB.) hat den Begriff der Vertretbarkeit nicht aufgenommen und spricht von verbrauchbaren Sachen, wo es von vertretbaren handeln sollte.[5]) (Vgl. § 983.) Daß die Auslegung berechtigt ist, den richtigen Ausdruck einzusetzen, steht wohl außer Zweifel und es wird dies von Theorie und Praxis geübt.[6]) Neuere Gesetze haben

---

[1]) Vgl. Halpert a. a. O. S. 21; Hanausek a. a. O. N. 15.

[2]) Vgl. 12 § 1 Dig. 12,1: „res, quae pondere numero mensura constant".

[3]) Vgl. Karlowa a. a. O. S. 410 fg.; Halpert a. a. O. N. 25.

[4]) Siehe darüber unten S. 109.

[5]) Ebenso code civil français art. 1874, vgl. art. 1892.

[6]) So schon Unger, System des öst. allgem. Privatrechts, Bd. 1, S. 409

dann den Begriff der vertretbaren Sachen eingeführt, ohne aber eine Begriffsbestimmung zu geben.[1]) Heute besteht auch kein Bedürfnis mehr nach einer solchen Bestimmung, da der richtige Begriff der Vertretbarkeit wissenschaftlich feststeht[2]) und allmählich doch zum Gemeingut aller gebildeten Juristen wird.[3])

Von den geltenden schweizerischen Zivilgesetzbüchern enthalten

---

(5. Auflage), dem die neuere Literatur gefolgt ist. — Bezüglich der Praxis vgl. die Entscheidungen des obersten Gerichtshofes, beispielsweise die Entsch. v. 29. 7. 1869 Z. 5885 Sammlung Nr. 3476.

1) Vgl. HGB. Art. 301, 338, ZPO. § 548, GO. § 346 Abs. 2.

2) In neuerer Zeit hat Roguin, Les choses fongibles et les choses de consomation (Recueil inaugural de l'Université de Lausanne, 1892) versucht, ihn zu beseitigen. Er erklärt Verbrauchbarkeit und Vertretbarkeit für identisch; die letztere hänge ausschließlich von der Parteienintention ab, und das Gesetz könne nur Präsumptionen der Vertretbarkeit aufstellen. Soweit ich sehen kann, hat aber Roguin nirgends Zustimmung gefunden.

3) Aber nur allmählich! Es berührt ganz eigentümlich, in einem 1869 veröffentlichten Aufsatz von Jhering („Beiträge zur Lehre von der Gefahr beim Kaufkontrakt" in den Jahrbüchern f. d. Dogmatik d. heutigen röm. und deutschen Privatrechts, Bd. 4, S. 400) den Satz zu lesen: „Der Gegensatz der generischen und spezifischen Bestimmung der Sachen gehört zwar zu den Elementarbegriffen der Jurisprudenz, allein ich halte es keineswegs für überflüssig, denselben einer Revision zu unterwerfen." Gerade die Verkennung dieses Gegensatzes und seine Verwechselung mit Vertretbarkeit—Nichtvertretbarkeit reichen bis auf unsere Zeit und daß man diese zwei Gegensätze so schwer scharf auseinanderzuhalten versteht, verdunkelt und verzerrt den Begriff der Vertretbarkeit. Vgl. das System des öst. allgem. Privatrechts von Krainz (herausgeg. von Pfaff, 3. Aufl. von Dr. A. Ehrenzweig) Bd. 1 § 90 Vertretbarkeit. „Nicht nur bestimmte einzelne Sachen (species) können Gegenstand von Rechtsgeschäften werden, sondern auch unbestimmte, und zwar entweder so, daß sie nur durch allgemeine Gattungsmerkmale bezeichnet sind (genera, ein [nicht dieses] Pferd), oder so, daß ein Quantum von Sachen, bei welchem wegen ihrer Gleichheit das Individuum gleichgültig ist, Gegenstand der Willenserklärung ist (Quantitäten, 20 Guldenstücke). Sachen, die sich zu der letzteren Behandlung eignen, heißen vertretbare, sonst unvertretbare". — „Die Vertretbarkeit als rein juristische Eigenschaft ist von dem Willen der Parteien abhängig, so daß eine meist vertretbare (weil verbrauchbare) Sache als unvertretbar und umgekehrt behandelt werden kann." — „Vertretbare Sachen können als solche nur Gegenstand einer Leistung, nicht eines dinglichen Rechtes sein". — Daß auch in den Entscheidungen des Kassationshofes zum Teil eine mißverständliche Auffassung des Begriffs der Vertretbarkeit und nicht selten zumindest eine verfehlte Ausdrucksweise begegnet, wird noch später aufgezeigt werden.

nur zwei Bestimmungen über die Einteilung der Sachen in vertretbare und nicht vertretbare.[1]) Das Gesetzbuch für den Kanton Graubünden bestimmt im § 117 Absatz 5: „Die Sachen sind ferner vertretbar (fungibel) oder nicht vertretbar (nicht fungibel), je nachdem sie als Gegenstände von Rechten durch andere von derselben Gattung und Güte ersetzt werden können oder nicht." Art. 416 des code civil von Freiburg lautet: „Les meubles sont fongibles, s'ils se consomment par le premier usage qu'on en fait, comme les comestibles de tout espèce, ou s'ils peuvent être exactement remplacés par d'autres objets de même nature, tels que l'argent; ils sont non fongibles, s'ils ne se consomment pas par le premier usage, bien qu'ils s'altérent, comme sont les vêtements et les meubles meublants." — Bern unterscheidet nur verbrauchbare und nichtverbrauchbare Sachen, doch in einer Art, daß diese Bestimmung auch auch hier angeführt zu werden verdient: „Sachen, welche durch die gewöhnliche Benützungsart zerstört oder aufgebraucht werden, und wenn man sie einem anderen zum Gebrauche überläßt, von diesem durch Sachen von gleicher Art und Güte zu erstatten sind, heißen verbrauchbare, und Sachen, welche durch die gewöhnliche Benutzungsart nicht zerstört oder aufgebraucht werden, und die, wenn man sie einem andern zum Gebrauch überläßt, in der gleichen Substanz zurückgegeben werden müssen, nicht verbrauchbare." (Satz 341 des Zivil-GB.)

Die Bestimmung von Graubünden ist eigentlich bloß eine Worterklärung; vertretbar heißt: durch andere Sachen derselben Gattung und Güte ersetzbar. Gewiß kann das Wort auch in diesem einfachen Sinn gebraucht werden; aber er entspricht nicht dem heute gebräuchlichen Begriffsinhalt. Unter Vertretbarkeit pflegt man nicht bloß die Möglichkeit zu verstehen, daß die Sache durch eine andere vertreten werde, sondern es muß noch das hinzukommen, daß der Verkehr diese Möglichkeit beachtet und die Sachen gemäß der von ihm angenommenen Wertgleichheit behandelt. Freiburg unterscheidet zwischen vertretbaren und nicht vertretbaren Sachen im wesentlichen nach dem Kriterium, ob die Sachen verbrauchbar oder nicht verbrauchbar sind. Ganz hat aber der Gesetzgeber diesem Kriterium doch nicht vertraut, denn er erklärt Sachen auch dann für vertretbar,

---

[1]) Huber, System und Geschichte des Schweizerischen Privatrechtes. (Basel 1889) Bd. 3 S. 42.

wenn sie durch andere derselben Art vollkommen ersetzt werden können; hier muß es sich offenbar um unverbrauchbare Sachen handeln, dann aber ist es unrichtig, daß die nicht vertretbaren Sachen die nicht verbrauchbaren sind. Jene Auffassung, die mit dem Begriff der Verbrauchbarkeit auch den der Vertretbarkeit zu erschöpfen glaubte,[1]) war also hier wohl schon erschüttert, zu einer Begriffsbestimmung der Vertretbarkeit ist man aber gleichwohl nicht gelangt. Bezüglich der Bestimmung von Bern bemerkt Huber, hier sei wieder anstatt von fungibeln von verbrauchbaren und nichtverbrauchbaren Sachen die Rede. Daß aber diese eigentümliche Bestimmung als Feststellung des Begriffs der Vertretbarkeit schon gar nicht zu befriedigen vermag, bedarf keiner weiteren Ausführung. Bei diesem Stand der Gesetzgebung muß es sehr befremden, wenn Huber die Anführung der eben besprochenen Gesetzesstellen mit dem Satz einleitet, die Klassifikation der Sachen in fungible und nichtfungible im schweizerischen Recht zeige nichts von der allgemeinen Doktrin irgendwie Abweichendes!

Das Bundesgesetz über das Obligationenrecht vom 14. Brachmonat 1881 spricht an mehreren Stellen[2]) von vertretbaren Sachen, bestimmt aber nicht den Begriff. — Das BG. über das Obligationenrecht soll nun als fünfter Teil in das zukünftige eidgenössische Zivilgesetzbuch aufgenommen werden.[3]) Der für dieses umfassende Gesetzgebungswerk bereits vorliegende, von Huber ausgearbeitete Vorentwurf[4]) hat die Unterscheidung von vertretbaren und nicht vertretbaren Sachen gleichfalls verwertet,[5]) eine Begriffsbestimmung

---

[1]) Von ihr waren die Redaktoren des ABGB. völlig beherrscht und sie spielt in der älteren Literatur eine große Rolle. Vgl. darüber Halpert a. a. O. S. 22, Karlowa a. a. O. S. 416.

[2]) Siehe Art. 131 („Geldsummen oder andere vertretbare Sachen) 329 (dieselbe Wendung) 485 („. . vertretbare Sachen oder Wertpapiere").

[3]) S. Botschaft des Bundesrates an die Bundesversammlung zu einem Gesetzesentwurf betr. die Ergänzung des Entwurfes eines schweiz. Zivilgesetzbuches durch Anfügung des Obligationenrechtes und der Einführungsbestimmungen. (Vom 3. März 1905, Bern, A. Franke.)

[4]) Schweizerisches Zivilgesetzbuch. Vorentwurf des Eidgenössischen Justiz- und Polizeidepartements, Bern, 1900, und Botschaft des Bundesrates an die Bundesversammlung zum Bundesgesetz, enthaltend das schweiz. Zivilgesetzbuch. (Vom 28. Mai 1904, Bern, A. Franke.)

[5]) Siehe Art. 229 Absatz 3: „Bares Geld und andere vertretbare

aber für entbehrlich erachtet. Huber hat sich überhaupt dafür entschieden, einen sogenannten allgemeinen Teil in den Entwurf nicht aufzunehmen.[1]) Wenn dabei freilich die allgemeinen Begriffsbestimmungen, die der Gesetzgeber voraussetzt, in das Gesetz nicht aufgenommen werden, so sei dies kein Mangel. In den meisten, wenn nicht in allen Fällen gehören diese gar nicht der Gesetzgebung, sondern der Wissenschaft an. „Nur wo der Gesetzgeber es zur Beseitigung von Unklarheiten in der Doktrin und zur Hebung der lähmenden Einwirkung von Kontroversen für geboten erachtet, da wird er veranlaßt sein, solche Bestimmungen zu erlassen ... Wo dagegen solche Erwägungen nicht Platz greifen, da kann füglich die Feststellung der Begriffe der Wissenschaft oder dem allgemeinen Sprachgebrauch überlassen werden. Aus solchem Grund halten wir es für unnötig, in dem Gesetze zu bestimmen, was ... fungible Sachen seien." Daß Huber bezüglich der Vertretbarkeit dieser Ansicht ist, mag nach seiner oben angeführten Bemerkung über die kantonale Gesetzgebung nicht wundernehmen.[2]) Gerade daraus aber ergibt sich für eine objektive Beurteilung der Schluß, daß für ein künftiges schweizerisches Zivilgesetzbuch eine dem Stand der Wissenschaft entsprechende Feststellung des Begriffes der Vertretbarkeit sehr

---

Sachen" und vgl. Art. 766 des V. E. v. 1900; Art. 216 Absatz 3 und 763 des V. E. v. 1904.

[1]) Siehe die Einleitung zu den Erläuterungen z. Vorentwurf v. 1900. 1. Heft (Bern, 1901) S. 22ff.

[2]) Auch folgendes ist zu beachten: Art. 229 spricht von „vertretbaren Sachen", Art. 766 bestimmt: „Verbrauchbare Sachen gehen ... in das Eigentum des Nutznießers über ..." Zu dem ersteren Art. bemerkt Huber (Erläuterungen, S. 182): „Vertretbare Sachen des Frauenvermögens, wie namentlich das bare Geld, gehen, entsprechend der Nutznießungsregel des Art. 766, in das Eigentum des Mannes über." — Wenn Huber (ebenda S. 24) meint, „was auch der Gesetzgeber darüber (z. B. fungible Sachen) sagen wollte, es würde doch Gefahr laufen, schon nach kurzer Zeit durch eine wissenschaftlich richtigere Umschreibung außer Kraft gesetzt zu werden, oder gegenüber einer neueren, richtigeren Erkenntnis eine lästige Fessel zu bilden", so trifft dies meines Erachtens für die Fälle allerdings zu, die aber Huber eben damit nicht meint, wo nämlich tatsächlich Unklarheiten oder Kontroversen in der Doktrin bestehen. Steht aber ein Begriff einmal wissenschaftlich fest, wie der der Vertretbarkeit, dann ist diese Gefahr doch gering, jedenfalls nicht so groß, daß sie das Bedürfnis nach einer gesetzlichen Begriffsbestimmung aufzuheben vermöchte.

notwendig wäre. Der Sprachgebrauch kann hier der Praxis absolut keine Stütze bieten und so können und werden bei dem Schweigen des Gesetzes die verschiedensten Auslegungen geübt werden. Mit Rücksicht auf den Vorschlag des schweizerischen Strafgesetzentwurfes[1]) schien es erforderlich, diesen Mangel zu beleuchten, zumal da es heute keinem Zweifel mehr unterliegen kann, daß die Vereinheitlichung des schweizerischen Strafrechts jener des Zivilrechts erst nachfolgen wird.

Unter den vertretbaren Sachen ist das Geld weitaus die wichtigste; ferner kommen in Betracht Wertpapiere[2]) und sogenannte Massengüter, wie Getreide, Holz, Kohle u. a.

Unter Geld ist sowohl Metallgeld als auch Papiergeld zu verstehen, unter letzterem nicht bloß die Staatsnoten, sondern auch die Banknoten; man mag diese immerhin Geldsurrogate nennen, entscheidend ist, daß sie als allgemeines Tauschmittel anerkannt sind und im Verkehr zu Austauschzwecken umlaufen. Von den Wertpapieren sind besonders die Inhaberpapiere hervorzuheben, doch kann auch anderen Vertretbarkeit zukommen und ihre Struktur schließt regelmäßig die Vertretbarkeit nicht aus, wenn sie in größerer Zahl ausgegeben werden (sogenannte „Massenemission").

Dem Geld hat man nicht selten eine Sonderstellung unter den vertretbaren Sachen einräumen wollen.[3]) Nun kann das Geld gewiß besondere Beachtung beanspruchen unter allen Sachen überhaupt vermöge der ihm allein zukommenden Eigenschaften und Funktionen und vermöge der dadurch bedingten, alles andere überragenden praktischen Bedeutung, die es besitzt. Aber eine erhöhte, „außerordentliche"[4]) Vertretbarkeit kommt auch dem Geld nicht zu, weil es eine solche nicht gibt. Man kann nicht verschiedene Grade der Vertretbarkeit unterscheiden. Es dürfte auch kaum die Ansicht richtig

---

[1]) Art. 84 § 1 (V. E. v. 1903): „Wer Gelder oder andere vertretbare Sachen . . ."

[2]) Vgl. z. B. auch § 783 BGB.: „. . Geld, Wertpapiere oder andere vertretbare Sachen . .". §§ 592, 688 ZPO. und die oben (S. 106 N. 2) angeführten Art. des schweiz. Obl.-Rechtes.

[3]) S. hier nur v. Schwarze, Die Unterschlagung an vertretbaren Sachen, insbesondere an Geldstücken, G. A. Bd. 7 S. 289 ff. (besonders S. 297 und 299); Lindenau, Die Unterschlagung an barem Gelde nach deutschem Reichsstrafrecht. (Rostocker Diss., 1894.)

[4]) Lindenau a. a. O. S. 29.

sein, daß einzelne Geldstücke im Vergleich zu anderen vertretbaren Sachen besonders selten Gegenstand eines individuellen Interesses seien oder daß sie besonders schwer erkennbar seien. Hingegen trifft es allerdings zu, daß beim Geld die Vertretbarkeit innerhalb einer sehr weiten Grenze spielt, während diese bei den anderen vertretbaren Sachen meist enger gezogen wird. Im Verkehr pflegt innerhalb der ganzen großen Gattung „Geld" kein weiterer Unterschied gemacht zu werden, doch berührt auch dieser Umstand nicht das Wesen der Vertretbarkeit. Besonderer Hervorhebung bedarf auch die Teilbarkeit des Geldes, die aber niemals eine physische ist; die Teilung eines Geldstückes ist immer nur auf Grund einer Vertretung durchführbar. Der Anschein außerordentlicher Vertretbarkeit des Geldes mag auch dadurch hervorgerufen werden, daß jede Geldsumme unmittelbar eine bestimmte Wertgröße darstellt, während wir den Wert jedweder anderen Quantität erst auf Grund einer Schätzung, aber in Geld ausdrücken. Offenbar handelt es sich aber auch hier nicht um einen Unterschied zwischen Geld einerseits und allen übrigen vertretbaren Sachen andererseits, sondern zwischen diesem und allen anderen Sachen. Jede Sache kann bloß als Träger ihres Wertes in Betracht gezogen werden, das Geld hingegen kommt im Verkehr, von verschwindenden Ausnahmen abgesehen, nur als Wertträger in Betracht.

Die Funktion des Geldes als allgemeiner Wertmesser und als Verkörperung von Vermögen hat auf die Auffassung der Vertretbarkeit überhaupt Einfluß geübt.[1]) Man bezeichnete „jede in Geld ausdrückbare Wertmenge, gleichviel von welchem körperlichen Vehikel sie getragen wird", als vertretbar, weil sie durch eine Wertmenge in anderer Gestalt vertreten werden kann.[2]) Nicht ganz so weitgehend, aber doch über die Gattungsgrenze hinaus, wird von anderer Seite dem Kapital, nicht als abstrakten Begriff, sondern in seiner jeweiligen konkreten Erscheinungsform Vertretbarkeit zugesprochen.[3]) Kommt

---

[1]) Gegen den Ausdruck „vertretbare Sache" hat sich Savigny, System, Bd. 6, S. 124, N. 6 gewendet, weil jede Sache einer Vertretung durch Geldentschädigung fähig sei. Doch wird dabei offenbar Vertretung in einem nicht gewöhnlichen Sinne gebraucht.

[2]) Endemann, Handelsrecht, § 75, N. 17 und ebenso im Handbuch, Bd. 2, § 164 V. Dagegen besonders Goldschmidt a. a. O. S. 71ff.

[3]) von Schey a. a. O. S. 22ff., vgl. S. 60fg.

nun eine Sache im Verkehr als Wertträger in Betracht, so bezeichnet man sie als vertretbar in dem Sinn, daß die ihren Wert ausmachende Geldsumme an ihre Stelle treten kann. Allerdings kommt es hier auch zu einer Vertretung, aber von „Vertretbarkeit" kann doch nur mehr in übertragenem Sinn gesprochen werden. Nennt man die Sache in diesem weiteren Sinn „vertretbar", so wird damit offenbar nicht eine objektive Verkehrseigenschaft der Sache bezeichnet, sondern diese Vertretbarkeit im weiteren Sinn ist von dem Parteiwillen vollkommen abhängig. Mit ihr werden wir uns nur an einigen wenigen Stellen vorübergehend zu beschäftigen haben und wenn von Vertretbarkeit schlechtweg gesprochen wird, so ist darunter stets nur der früher erörterte Begriff zu verstehen, der an die Gattungsgrenze gebunden ist.

Nach dem vorhin Gesagten ist eine Einteilung aller vertretbaren Sachen nach dem Gesichtspunkt nicht vorzunehmen, ob sie zu der Gattung „Geld" zu zählen sind oder nicht.[1]) Eine andere Unterscheidung jedoch ist besonders hervorzuheben, nämlich die der „Einzelsachen" von den „Mengesachen".[2]) Natürlich handelt es sich auch hier nicht um einen Unterschied in der Vertretbarkeit, sondern nur um folgendes: bei den Mengesachen sind innerhalb einer bestimmten Quantität einzelne Individuen entweder überhaupt nicht zu unterscheiden (z. B. bei Flüssigkeiten) oder es wird doch im Verkehr eine solche Unterscheidung nicht vorgenommen (z. B. Getreide), die Bestandteile der Menge sind als solche wertlos, erscheinen nur wie „Atome des Ganzen". Bei den Einzelsachen hingegen (z. B. Geld, Wertpapiere) besitzen die Bestandteile der Quantitäten selbstständigen Wert, sie erschöpfen sich nicht darin, eine Menge zu bilden und können auch einzeln zum Gegenstand des Verkehrs werden,[3]) obwohl auch sie

---

[1]) Trotzdem wird natürlich auf die besonderen Eigenschaften des Geldes als der weitaus wichtigsten vertretbaren Sache Rücksicht zu nehmen sein.

[2]) Siehe von Schey in Grünhuts Z. Bd. 8, S. 117, 150 ff. ferner a. a. O. S. 77 fg. und die dort Angeführten.

[3]) Vgl. Karlowa a. a. O. S. 411, Goldschmidt a. a. O. S. 23, N. 28 a. Wenn hier gegen v. Schey bemerkt wird, es sei nicht richtig, daß bei allen vertretbaren Sachen wirtschaftlich stets nur eine Menge in Betracht komme, so dürfte ein Mißverständnis vorliegen. Vgl. v. Schey, die Obl.-Verh. S. 78. Der Verkehr kennt die Mengesachen allerdings nur als Quantitäten; nicht so aber die Einzelsachen, wenn auch bei diesen das einzelne Auftreten sehr zurücktritt.

regelmäßig nur als Gattungsträger in Betracht kommen und innerhalb der Gattung völlig gleich bewertet werden.[1])

Als die eigentliche Domäne der Vertretbarkeit kann das Darlehen bezeichnet werden. Hier gelangt sie sozusagen zur vollen Entfaltung, äußert alle ihre Wirkungen. Die Erkenntnis von der engen Verbindung zwischen Darlehen und Vertretbarkeit hat aber die Auffassung anderer Verkehrsakte nachteilig beeinflußt, die gleichfalls vertretbare Sachen zum Gegenstand haben. Hat die Entwickelung des Verkehrs einerseits noch zu einer Erweiterung des Begriffs der Vertretbarkeit und zu neuen Formen des Darlehens geführt, so gelangte man andererseits dazu, bei der Verfolgung anderer wirtschaftlicher Zwecke die Vertretbarkeit in mehr oder minder beschränktem Umfang zu verwerten. Die Gesetzgebung hat einigen, lange nicht allen diesen Erscheinungen Rechnung getragen[2]) und verrät dabei die Tendenz, sie geradezu dem Darlehen an die Seite zu stellen oder doch recht nahe zu bringen.[3]) Ihre Aufgabe würde aber darin bestehen, dem gesamten vom wirtschaftlichen Verkehr geschaffenen Stoff die seinem Wesen ensprechende rechtliche Form zu geben und nur dort hätte sie zu versuchen, eine veränderte Auffassung zur Geltung zu bringen, selbst gestaltend auf den Verkehr einzuwirken und bestimmten Vereinbarungen die rechtliche Wirksamkeit zu versagen, wo es gilt, Gefahren vorzubeugen. Diese können sich daraus ergeben, daß der Vertretbarkeit von Gegenständen des Verkehrs einseitig eine übergroße Bedeutung beigelegt wird, niemals aber von der entgegengesetzten Seite her. Die oben erwähnte Tendenz der Gesetzgebung, die in der Theorie des Privatrechts vielfach bereitwillige Unterstützung findet, wirkt daher gerade nach der Richtung hin, die von der Gesetzgebung eingedämmt werden sollte und sie ist doppelt nachteilig darum, weil sie meist dem in der stärkeren Position Befindlichen die Handhabe bietet, den Unerfahrenen oder wirtschaftlich Schwächeren zu Geschäfts-

---

[1]) Halpert a. a. O. § 2 nennt die vertretbaren Sachen überhaupt Mengesachen. Daß sie immer in großer Zahl überhaupt vorhanden sein müssen, ist gewiß richtig, doch bedarf es zum Ausdruck dessen nicht einer besonderen Bezeichnung, so daß das Wort „Mengesachen" besser als Gegensatz zu Einzelsachen gebraucht wird. Diesen Gegensatz mit „Quantität" zu bezeichnen, ist nicht sehr treffend. Der Ausdruck Quantiät bleibt besser zur Bezeichnung jeder Menge vertretbarer Sachen gewahrt.

[2]) Durch die Aufstellung der „irregulären" Vertragsformen.

[3]) Einen Umschwung wenigstens nach einer Richtung hin bedeutet das „Depot-Gesetz".

abschlüssen zu veranlassen, deren große und ihm nachteilige rechtliche Tragweite er nicht kennt und nicht voraussetzen kann oder der er sich nicht zu entziehen vermag.

Bedeutet das Darlehen die umfassendste Verwertung der Vertretbarkeit, so wird gleichsam der Gegenpol von dem Ausnahmsfall gebildet, daß vertretbare Sachen Gegenstand eines besonderen individuellen Interesses sind und daß derjenige, der sie in Verkehr bringt, seine Beziehungen zu dem anderen Kontrahenten diesem seinem Interesse völlig anpaßt. Der wirtschaftliche Zweck und Charakter des Geschäftes ist ganz derselbe, wie wenn eine nicht vertretbare Sache sein Gegenstand wäre, die Vertretbarkeit soll die Beziehungen der Parteien in keiner Weise beeinflussen. Hier kann im allgemeinen gesagt werden, daß die Zivilgesetzgebung diesem Fall sein Recht werden läßt. Hingegen läßt sie die nächste Stufe meist völlig unbeachtet. Auch von ihr gilt, daß die Vertretbarkeit den von den Parteien verfolgten wirtschaftlichen Zweck nicht beeinflußt; aber es besteht doch keinerlei individuelles Interesse, vielmehr richtet sich dieses nur auf eine Quantität, die einzelnen Stücke sind völlig gleichgültig. Besondere rechtsgeschäftliche Kategorien bestehen hier nicht, das erwähnte Moment tritt zu diesem oder jenem Rechtsgeschäft hinzu. Es kann nicht einfach darüber hinweggesehen werden und doch gibt die Gesetzgebung keine oder allzu spärliche Anhaltspunkte dafür, welche rechtlichen Wirkungen es erzeuge. Von den Schwierigkeiten, die sich daraus ergeben, wird noch im folgenden zu sprechen sein. Hier sei nur betont, daß die gesetzlichen Bestimmungen über die Gattungsschuld sie nicht zu lösen vermögen.[1])

## III. Das Verhältnis von Unterschlagung und Vertretbarkeit im allgemeinen.

Schon die vorstehenden Betrachtungen über das Wesen der Vertretbarkeit und die besonderen Eigenschaften der vertretbaren Sachen drängen zu dem Schluß, daß die Vertretbarkeit einer Sache, die Gegenstand einer Unterschlagung ist, nicht unter allen Umständen einen unmittelbaren Einfluß auf den strafgesetzlichen Tatbestand aus-

---

[1]) BGB. §§ 243, 279, 300; 480, 491; 524; 2182, 2183. Die Ausbeute an Bestimmungen, die sich auf vertretbare Sachen beziehen, ist äußerst gering: §§ 607, 700, 706, 783.

zuüben vermag, um so weniger, daß sie die Möglichkeit einer Unterschlagung ausschließen könne.

Die Unterschlagung richtet sich gegen das Eigentum und nur gegen das Eigentum. Die Möglichkeit einer Unterschlagung an vertretbaren Sachen leugnen, hieße also nichts anderes, als die Behauptung aufstellen, daß die Zueignung einer vertretbaren Sache durch den Gewahrsamsinhaber niemals das Eigentumsrecht eines Anderen verletzen könne. Diese Behauptung könnte nur in zweifacher Weise begründet werden: entweder müßte angenommen werden, daß ein Gewahrsam an vertretbaren Sachen nur in Verbindung mit Eigentum an ihnen denkbar sei, daß das Aufgeben des Gewahrsams oder doch die Begründung fremden Gewahrsams auch den Verlust des bisherigen Eigentums bewirke;[1]) oder es müßte jedem, der Gewahrsam an vertretbaren Sachen gleichviel auf welche Weise erlangt hat, ein Zueignungsrecht zugesprochen werden. Es darf hier wohl vorweg gesagt werden, daß diese Behauptungen völlig verfehlt und gegenüber dem geltenden Recht einfach unhaltbar sind.[2]) Sie bilden aber die einzige Grundlage für die Annahme, an vertretbaren Sachen könne keine Unterschlagung begangen werden. Dies erhellt deutlich, wenn man Diebstahl und Unterschlagung an vertretbaren Sachen zum Vergleich einander gegenüberstellt. Die Vertretbarkeit der Sache hat auf den Tatbestand des Diebstahls anerkanntermaßen nicht den geringsten Einfluß, sie ist hier nie beachtet oder etwa gar zum Gegenstand besonderer Betrachtung gemacht worden. Soll nun bei der Unterschlagung der Vertretbarkeit ein so weitgehender Einfluß zukommen, so müßte dies seinen Grund in dem veränderten Verhältnis haben, das hier zwischen Täter und Sache besteht.

Die Ansicht, daß an vertretbaren Sachen eine Unterschlagung überhaupt nicht begangen werden könne, ist denn auch niemals zur Herrschaft gelangt. Aber es besteht auch keine Übereinstimmung der Meinungen darüber, wie die Unterschlagung an vertretbaren Sachen zu beurteilen sei. Freilich begnügt man sich oft mit dem Satz, bezüglich der Unterschlagung an vertretbaren Sachen gelte nichts Besonderes;

[1]) Diese Behauptung ist in der Tat, aber nur bezüglich des Geldes, aufgestellt worden von Schwarze, Die Unterschlagung an vertretbaren Sachen, insbesondere an Geldstücken. G. A. Bd. 7, S. 291 ff. Vgl. Finger, Die Veruntreuung von Barkautionen, S. 49 ff.

[2]) Siehe das Nähere darüber unten S. 117 ff.

es sei eben auch hier einfach festzustellen, ob die Tatbestandsmerkmale der Unterschlagung gegeben sind oder nicht. Der Satz ist insofern richtig, als er die unbestreitbare Wahrheit ausspricht, daß unser geltendes Recht keine Sonderbestimmungen für den Fall aufstellt, daß vertretbare Sachen Gegenstand des Angriffes sind. Deswegen kann man aber ebensowenig die zahlreichen Schwierigkeiten und Zweifel übersehen, zu denen die Unterschlagung an vertretbaren Sachen in Theorie und Praxis Anlaß gibt, als auch die Tatsache, daß die erwähnte Feststellung häufig genug dazu führt, einerseits das Vorliegen einer Unterschlagung verneinen zu müssen, obwohl ein starkes Bedürfnis nach Bestrafung gegeben ist, andererseits aber auch strafen zu müssen, wo eine Strafe überhaupt oder doch die im Gesetz angedrohte nicht am Platz ist.

Woraus erklärt sich diese Erscheinung? Unterschlagung einer Sache — Vertretbarkeit dieser Sache: Auf der einen Seite haben wir einen Tatbestand vor uns, der die rechtswidrige Zueignung einer fremden Sache unter Strafe stellt, der das Eigentum an einer bestimmten Sache schützen will. Und zwar handelt es sich stets darum, das Recht des nicht besitzenden Eigentümers zu schützen gegen den die Sache besitzenden Nichteigentümer. Ist diesem die Sache anvertraut, dann geht die einfache Unterschlagung über in das schwerere Vergehen der geschärften Unterschlagung, neben die Verletzung des Eigentums tritt das Zuwiderhandeln gegen eine Vertragsverpflichtung. Aber der Charakter des Delikts wird nicht geändert, es bleibt Eigentumsverbrechen. Und auch hier weist schon der gesetzliche Tatbestand auf eine bestimmte Sache hin. Das richtige Bild aber von der Unterschlagung und ihrer Auffassung sowohl seitens des Gesetzgebers, als auch der herrschenden Lehre erhält man erst dann, wenn man sich die Grundsätze vergegenwärtigt, die fast unbestritten die ganze Lehre vom Eigentum beherrschen, vor allem den Satz, daß Eigentum nur an einer individuell bestimmten Sache möglich sei, daß demnach Eigentum an einer Mehrheit von Sachen immer nur als Eigentum an jeder einzelnen der Sachen aufzufassen sei, die zusammen die Mehrheit ausmachen usf. Diese Auffassung, die über bloßes starres Festhalten an römischrechtlichen Grundsätzen weit hinausgehend, als eine Übertreibung solcher bezeichnet werden muß, beherrscht durch das Medium des Zivilrechts auch das Strafrecht und äußert ihren Einfluß besonders auch bei den Tatbeständen der Eigentumsverbrechen im RStGB. Nicht nur, daß sie ganz offenbar den Verfassern dieses Gesetzbuches eigen war, hat sie neuerdings bei der Kodifikation des deutschen bürgerlichen Rechts geradezu Triumphe gefeiert, so sehr sie auch mit der Entwicklung des wirtschaftlichen Verkehrs, mit tatsächlichen Erscheinungen und den im Verkehr lebendigen Rechtsanschauungen im Widerspruch steht.[1]) Dann besteht das Eigentum immer nur an einer körperlichen Sache, und es kann zwar — bildlich gesprochen — die Früchte und physische Teile dieser Sache erfassen, nicht aber vermag es von sich aus neue Sachen zu ergreifen, mögen diese auch als Teile der ersten Sache erscheinen, und es bleibt an dieser haften, ganz unbekümmert um den Weg, den ihr Wert genommen hat. Die unwirtschaftliche Auffassung des Eigentums als eines Herrschaftsrechtes trägt noch das Ihrige dazu bei, um auch im Strafrecht die Konsequenzen aus dieser Konstruktion recht schroff hervortreten zu lassen.

Auf der anderen Seite nun haben wir vertretbare Sachen vor uns, Sachen, die im Verkehr regelmäßig nur als Gattungsträger in Betracht kommen, ihre Individualität gleichsam abgestreift haben. Nicht als Individuen haben sie Bedeutung, werden sie beachtet, sondern regelmäßig nur als Repräsentanten ihrer Gattung, regelmäßig treten sie auch nicht in der Einzahl, sondern in größeren oder geringeren Mengen auf, die als solche Gegenstand des Verkehrs sind und wobei eben wieder die Individuen, welche die Menge bilden, in keiner Weise beachtet werden, sondern nur die durch sie dargestellte Quantität. Sowie die Individuen selbst, ist auch das Recht an ihnen bedeutungslos, sie können ja jederzeit wechseln, durch andere vertreten werden, ohne daß irgend ein Interesse des Eigentümers der ersten Individuen verletzt würde, die Vertretung liegt vielmehr in seinem Willen. Dazu kommt noch, daß bei der weitaus wichtigsten unter den vertretbaren Sachen, dem Geld, die körperliche Sache völlig zurücktritt gegenüber dem Wert, den sie trägt. Schon die Sprache drückt diesen immer durch Vervielfältigung der Rechnungseinheit aus und jede eine größere „Geldsumme" darstellende körperliche Sache

---

[1]) Vgl. Gierke, Personengemeinschaften und Vermögensinbegriffe in dem Entwurf e. Bürgerl. Gesetzbuches f. d. Deutsche Reich (18. Heft der Beiträge zur Erläuterung und Beurteilung des Entwurfes rc. Berlin, Guttentag, 1889.), dessen überaus scharfe Kritik zwar nicht gerade gegen die im Text angeführten Punkte gerichtet ist, die aber dennoch wegen des grundsätzlichen Standpunktes hier angeführt werden darf.

kann in der Tat beliebig geteilt werden, niemals aber körperlich, sondern nur so, daß die Teile als neue Sachen an die Stelle der alten treten, die körperlich ungeteilt fortbesteht.

Hält man nun einerseits die früher geschilderte Struktur der Unterschlagung und die herrschende Auffassung des Eigentumsrechtes, andrerseits die eben skizzierte Art des regelmäßigen Auftretens der vertretbaren Sachen im Verkehr zusammen, so leuchtet sofort ein, daß es bei der Unterschlagung an vertretbaren Sachen häufig zu Reibungen, Schwierigkeiten, vor allem aber dazu kommen muß, daß der strafrechtliche Schutz versagt. Und, wie immer, wenn die Gesetzgebung mit den Erscheinungen des tatsächlichen Lebens in Widerspruch geraten ist, spielt der Zufall seine unerwünschte und hier doppelt gefährliche Rolle, wo es sich um Verurteilung oder Freispruch, um Schutz oder aber Preisgabe schutzbedürftiger Interessen handelt.

Wie die Vertretbarkeit ein Produkt des wirtschaftlichen Verkehrs ist, äußert sich auch die Eigenart der vertretbaren Sachen nur dort, wo sie zum Gegenstand eines Verkehres werden. Daraus erklärt sich einerseits, warum die Vertretbarkeit der Sache gerade bei der Unterschlagung von Bedeutung wird, andrerseits ergibt sich daraus auch, daß ihr eine besondere Bedeutung nicht auf dem ganzen Gebiet der Unterschlagung zukommt, sondern gerade dort, wo die vertretbare Sache auf Grund eines Verkehrsaktes in die Hand des Täters gelangt ist. Diese Aufstellung findet eine weitere Stütze in dem letzten vorläufigen Ergebnis der bisherigen Ausführungen: die früher geschilderte Art des Auftretens vertretbarer Sachen im Verkehr bildet zwar durchaus die Regel, ist aber doch nicht die einzig mögliche. Der Wille des Einzelnen vermag zwar niemals einer Sache die Vertretbarkeit zu entziehen, wohl aber kann er nahezu jede Wirkung der Vertretbarkeit unterdrücken und er bestimmt auch im Rahmen etwaiger besonderer gesetzlicher Bestimmungen ihr Maß. Darin liegt nun auch die vorläufige Rechtfertigung dafür, daß der Einfluß der Vertretbarkeit bei der Unterschlagung a n v e r t r a u t e r Sachen zum Gegenstand besonderer Untersuchung gemacht wird, wenn auch das geltende Recht der Eigenart dieser Gruppe von Unterschlagungen nur sehr wenig Rechnung trägt. Es soll nicht behauptet werden, daß der Vertretbarkeit an und für sich keinerlei Bedeutung zukomme, daß sie also ohne jeden Einfluß sei dort, wo die Sache dem Täter nicht anvertraut ist. Aber im wesentlichen handelt es sich hier doch nur darum, daß bei Vertretbarkeit der Sache die Mängel noch schärfer hervortreten, die dem Tatbestand der Unterschlagung überhaupt anhaften. Hingegen fehlt es hier selbst an der Möglichkeit, daß der Vertretbarkeit ein Einfluß eingeräumt werde auf Beziehungen zum Täter, die gerade im Hinblick auf seinen Gewahrsam an der Sache begründet werden, während bei allen den Verhältnissen, die unter das Anvertrautsein der Sache fallen, diese Möglichkeit nicht nur gegeben ist, sondern regelmäßig von ihr auch Gebrauch gemacht wird. Da entsteht nun die Frage: Vermag der auf dem Grundsatz des Eigentumschutzes aufgebaute Tatbestand der Unterschlagung den Besonderheiten gerecht zu werden, die sich aus der Vertretbarkeit der Sache und daraus ergeben, daß diese auf die Beziehungen des Treuhänders zu dem, der ihm die Sache anvertraute, Einfluß genommen hat? Fallen nicht vermöge dieser Besonderheiten Fälle aus dem Tatbestand heraus, die doch ganz dieselbe Behandlung verdienten? Bedenkt man nun, daß die Gesetzgebung der Eigenart der vertretbaren Sachen und ihres Auftretens im Verkehr fast nur auf dem Gebiet des Obligationenrechtes und auch da nicht ausreichend Rechnung trägt, für die Anwendbarkeit des § 246 RStGB. aber die Frage nach der Verletzung eines Eigentumsrechtes Bedeutung hat, so treten nunmehr die früher angedeuteten Schwierigkeiten bereits schärfer hervor.

In der einschlägigen Literatur wird vielfach der Fehler gemacht, daß auf das Moment der Vertretbarkeit der Sache allein geachtet und ihm zu viel Gewicht beigelegt, hingegen das zweite Moment außer acht gelassen wird, dessen Bedeutung oben betont wurde. Dazu kommt, daß, wie schon früher bemerkt, das Wesen der Vertretbarkeit selbst nicht richtig erkannt wird. Man schreibt ihr Wirkungen zu, die ihr nicht zukommen, und da man doch nicht übersehen kann, daß diese angeblichen Wirkungen nicht immer auftreten, so schränkt man die aufgestellten Sätze wieder dahin ein, daß sie nur gelten sollen, sofern die Vertretbarkeit nicht „ausgeschlossen" oder „entzogen" sei.

Als eine Ansicht, die auf solchen ganz verfehlten Ausgangspunkten beruht, ist vor allem die von Schwarze[1]) anzuführen. Nach ihm äußert sich die eigentümliche Natur der vertretbaren[2]) Sachen

---

[1]) a. a. O. S. 291.

[2]) Schwarze und Andere sprechen mit Vorliebe von „fungibeln" Sachen, ein Wort, das vielfach als „barbarisch" bezeichnet wurde, (so Savigny, System, Bd. 6, § 268, dem dann die Meisten nachfolgten; vgl. Halpert a. a. O. S. 9,

darin, daß in der Regel der Gläubiger keinen Anspruch auf bestimmte einzelne Sachen verfolgen kann, vielmehr sein Anspruch nur auf Gewährung des genus(!) sich erstreckt, und zwar einfach deshalb, weil das rechtliche Interesse des Gläubigers durch eine Gewährung des tantundem vollkommen gedeckt ist. Es sind eben diese Sachen nur „Quantitäten", haben keinen individuellen Wert noch Unterschied. — Unter diesen vertretbaren Sachen nimmt das Geld einen der wichtigsten Plätze ein, indem es bei dem ihm innewohnenden bezw. beigelegten Wert zugleich als Gegensatz und Deckung für den Wert eines jeden Vermögensstückes gebraucht werden kann. Andererseits erlangen die Münzstücke erst durch die Verausgabnng die Realisierung dieses besonderen ihnen beigelegten Wertes, während bei anderen vertretbaren Sachen, als Korn, Öl usw., deren Verwertung zu einem bestimmten Zweck keiner weiteren Vermittelung bedarf. — Es liegt daher schon im Begriff der vertretbaren Sachen, daß bei einem Gelddarlehen der Empfänger das Eigentum der einzelnen Münzstücke erhält.[1]) — Die eigentümliche Natur der Geldstücke ist nun unabhängig von dem besonderen Rechtsverhältnis, bei welchem Geldstücke in Frage kommen. Mit der Weggabe derselben an einen Dritten verliert der zeitherige Inhaber jedes Recht an ihnen, ohne Unterschied des Rechtsgeschäftes, infolgedessen die Übergabe geschah. Das Ausgeben der Geldstücke ist ihr naturgemäßer Verbrauch und entzieht sie ebenso dem zeitherigen Inhaber, wie der Verbrauch einer sogenannten verbrauchbaren Sache. In der Ausgabe des Geldstückes liegt die vollständige Entäußerung desselben und der Ausgebende verliert mit ihr das Eigentum an demselben. — Es ist nur die notwendige Folge dieser Auffassung, wenn Schwarze weiter annimmt, der Empfänger der Geldstücke werde mit der Empfangnahme auch ihr Eigentümer und lediglich obligatorisch zur Rückstellung der empfangenen Geldsumme verpflichtet. Diese Stellung des Empfängers sei mit dem Hinweis auf den Mangel eines rechtlichen Interesses an den einzelnen Geldstücken seitens des Tradenten nicht ausreichend erklärt. Dieser Mangel ist vielmehr nur eine Folge der rechtlichen Natur der Geldstücke und der Bedeutung

N. 10). Jedenfalls wird das Fremdwort besser vermieden, wo ein gleichwertiger deutscher Ausdruck zu Gebote steht.

[1]) Der Fehler, der hier gemacht wird, liegt offen da: Der Erwerb des Eigentums an den Geldstücken seitens des Empfängers liegt im Begriff des Darlehens, nicht aber in dem der Vertretbarkeit.

ihrer Tradition an den Empfänger. — Wie nun deutlich zu ersehen ist, bewegt sich die ganze Beweisführung Schwarzes in einem Kreise. Die eigentümliche Natur der vertretbaren Sache äußert sich in der Regel darin, daß der Gläubiger keinen Anspruch auf bestimmte, einzelne Sachen verfolgen kann, weil er kein rechtliches Interesse an ihnen hat.[1]) Übergibt jemand Geldstücke einem Dritten, so soll er stets das Eigentum an ihnen verlieren, der Empfänger es erwerben. Warum? Nach Schwarze nicht eigentlich wegen des Mangels an rechtlichem Interesse an den Geldstücken, sondern wegen der besonderen Natur der vertretbaren Sachen (die aber nach Schwarze eben in diesem Mangel besteht) und wegen der Bedeutung der Tradition. Diese hat aber doch wohl auch nach Schwarze nicht stets die Bedeutung, daß dabei Eigentum übergehen müsse. Woher soll sie aber dann hier gerade eine besondere Bedeutung besitzen? Offenbar nur daher könnte sie stammen, daß eben vertretbare Sachen übergeben werden. Damit ist nun der Kreis geschlossen.

Schwarze betont aber noch die besondere Natur der Geldstücke und teilt die vertretbaren Sachen gleichsam in Geld und andere vertretbare Sachen ein. Dabei wird besonderes Gewicht gelegt auf die Verbrauchbarkeit des Geldes und darauf, daß das Ausgeben des Geldes dessen naturgemäßer Verbrauch sei. Wird aber das Geld als verbrauchbare Sache bezeichnet, so ist dabei immer zu beachten, daß hier der Standpunkt der Betrachtung plötzlich gewechselt wird.[2]) Verbrauchbar nennt man allgemein eine Sache dann, wenn der bestimmungsgemäße Gebrauch der Sache mit der Zerstörung oder doch mit einer wesentlichen Verringerung ihrer Substanz verbunden ist; die verbrauchbare Sache gewährt den gewöhnlichen Nutzen dadurch, daß sie zerstört wird, aufhört zu bestehen oder doch in ihrem Bestande wesentlich beeinträchtigt wird.[3]) In diesem Sinne ist nun das Geld

---

[1]) Unter „rechtlichem Interesse" soll wohl ein Interesse verstanden werden, das vom Recht beachtet wird oder doch Beachtung durch das Recht verdiente. Aber von vornherein kann überhaupt nicht von „rechtlichem" Interesse gesprochen werden, zuerst kommt es immer darauf an, ob jemand ein tatsächliches Interesse hat.

[2]) Vgl. schon Unger a. a. O. S. 401 ff.

[3]) Der eigentlich wesentliche Punkt wird freilich bei dieser gebräuchlichen Begriffsbestimmung gerade nicht betont, nämlich der Umstand, daß der Gebrauch den der Sache eigentümlichen Wert aufhebt oder doch wesentlich verringert. Trifft dies zu, dann ist die Sache als verbrauchbar anzusehen, selbst wenn der

eine unverbrauchbare Sache.[1]) Nur wenn man statt des sonst angenommenen objektiven Maßstabes hier einen subjektiven Maßstab anlegt, kann man das Geld als verbrauchbare Sache ansehen. Um seiner hauptsächlichen Bestimmung, der eines allgemeinen Tauschmittels, zu dienen, muß das Geld ausgegeben werden. Dieser Gebrauch des Geldes ist allerdings mit dem Verlust der Geldstücke, mit dem Aufhören ihres Bestehens für den, der von ihnen diesen Gebrauch macht, verbunden, aber nur für ihn. Die — man könnte sagen — „relative" Verbrauchbarkeit des Geldes besagt also nur soviel, daß Geldstücke für ihren bisherigen Eigentümer zu bestehen aufhören, wenn er sie als Tauschmittel verwendet.[2]) Keineswegs ist aber damit gesagt, daß jede Übergabe von Geldstücken notwendig eine Veräußerung dieser sein muß. Hier liegt offenbar ein Fehlschluß vor. Darum, weil die Übergabe von Geldstücken behufs Erwerbung einer Sache oder Tilgung einer Schuld usf. Veräußerung der Geldstücke ist, muß nicht jede Übergabe Veräußerung sein. Wodurch sollte der Zwang begründet sein, der jeden Eigentümer von Geldstücken nötigen würde, sie stets zu veräußern, d. h. also veräußern zu wollen, so oft er sie einem Anderem übergibt, oder, anders ausgedrückt, sie nur dann einem Andern zu übergeben, wenn er eben durch die Übergabe sie gebrauchen will?

Schwarze gelangt zu dem Ergebnis, die Möglichkeit einer Unterschlagung an Geld überhaupt zu verneinen.[3]) Er will den Verbrauch von Geldstücken unter solchen Umständen, welche den Verbrauch anderer vertretbarer Sachen zur Unterschlagung stempeln, als Untreue behandelt wissen. Dabei wird nur übersehen, daß es bei dem bezüglich der rechtlichen Natur des Geldes und ihrer Wirkungen eingenommenen Standpunkt an jeder Handhabe fehlt, um den Kreis der strafbaren Fälle des Verbrauches abzugrenzen. Das Nichtzurückzahlen eines Darlehens und der Verbrauch einer deponierten Geldsumme stehen einander gleich.

Schwarze selbst hat die im vorstehenden bekämpfte Ansicht

---

Gebrauch die Substanz unberührt läßt. In der Regel allerdings treffen Aufhebung des Wertes und Substanzveränderung zusammen.

[1]) Im Gegensatz zu fast allen anderen vertretbaren Sachen.

[2]) Oder auch als Zahlungsmittel bei einseitigen Leistungen.

[3]) Nicht so weit geht Schwarze bezüglich der übrigen vertretbaren Sachen (siehe S. 297 fg. a. a. O.), jedoch sind diese seine Ausführungen hier nicht weiter von Interesse.

später offenbar aufgegeben,[1]) obgleich er dies nicht ausdrücklich erklärte. In neuerer Zeit ist sie jedoch in wesentlichen Punkten wieder aufgelebt in der schon mehrfach erwähnten Abhandlung von Finger über die Veruntreuung von Barkautionen. Auch in dieser Schrift wird eine „Änderung der Bestimmungen bezüglich der Veruntreuung durch die Art des Objektes" behauptet, wenn nämlich die anvertraute Sache eine vertretbare, insbesondere Geld[2]) ist. Finger geht von der prozessualen Bestimmung aus, daß der Eigentümer in den Fällen der Anstrengung einer Eigentumsklage die von ihm vindizierte Sache nach ihren Merkmalen genau beschreiben muß.[3]) Nun ist es aber eine Eigentümlichkeit der vertretbaren Sachen, daß sie sich von Sachen ihrer Gattung durch bestimmte Merkmale nicht unterscheiden. Daraus folgt die materiell-rechtliche Bestimmung, daß Geld in der Regel kein Gegenstand der Eigentumsklage ist,[4]) daß also derjenige, der einem Andern vertretbare Sachen übergeben hat, gegen den Übernehmer nicht mehr einen Anspruch auf Rückstellung derselben Sache, nicht eine Eigentumsklage hat, daß ihm nicht mehr eine vindicatio, sondern bloß eine actio zusteht. Der Übernehmer vertretbarer Sachen ist dem Übergeber regelmäßig nur zur Zurückstellung gleicher Stücke in gleicher Anzahl verpflichtet. Der Verlust des Eigentums an dem

---

[1]) Vgl. Schwarze, Bemerkungen zur Lehre vom dolus bei dem Verbrechen der Unterschlagung, Gerichtssaal 1871 (23. Jahrg.), S. 437 ff. Schwarzes Kommentar z. Strafgesetzbuch f. d. deutsche Reich (5. Aufl.) S. 706.

[2]) Finger behandelt nur die Veruntreuung an Geld.

[3]) a. a. O. S. 74.

[4]) Offenbar schweben Finger die Vorschriften der §§ 370, 371 ABGB. vor, obwohl er sie nicht anführt: „Wer eine bewegliche Sache gerichtlich zurückfordert, muß sie durch Merkmale beschreiben, wodurch sie von allen ähnlichen Sachen gleicher Gattung ausgezeichnet wird." — „Sachen, die sich auf diese Art nicht unterscheiden lassen, wie bares Geld mit anderem baren Gelde vermengel, ... sind also in der Regel kein Gegenstand der Eigentumsklage; wenn nicht solche Umstände eintreten, aus denen der Kläger sein Eigentumsrecht beweisen kann, und aus denen der Geklagte wissen mußte, daß er die Sache sich zuzuwenden nicht berechtiget sei." Die Tragweite dieser Stellen ist bestritten, keinesfalls aber können aus ihnen die von Finger aufgestellten Sätze abgeleitet werden. Vgl. Randa, Eigentum, S. 315, v. Schey a. a. O. S. 76 ff., Pfaff-Krainz, System § 210. Selbst wenn dies aber zulässig wäre, würde es sich um eine Singularität des österreichischen Rechtes handeln, während Finger seine Behauptungen ganz allgemein aufstellt und angeblich aus einer Eigentümlichkeit der vertretbaren Sachen ableitet.

übergebenen Gelde ist eine Folge der Eigenschaft des Geldes und kann daher durch eine einfache Vereinbarung nicht ausgeschlossen werden, weil Verabredungen die Qualität des Geldes nicht alterieren können. Scheinbar wird also hier die Unmöglichkeit einer Unterschlagung an vertretbaren Sachen auf der Vertretbarkeit aufgebaut, tatsächlich aber auf ihrer Ununterscheidbarkeit, dem Mangel individueller Erkennbarkeit. Diese Unerkennbarkeit ist mit der Vertretbarkeit keineswegs gleichbedeutend, ja sie ist mit ihr nicht einmal notwendig verbunden, wenn sie auch häufig mit ihr zusammentrifft. Es ist daher unzulässig, Vertretbarkeit und Unerkennbarkeit so zusammenzuwerfen, ja anscheinend geradezu als gleichbedeutend zu behandeln, wie dies Finger tut. Die Unerkennbarkeit wird oft vom Zufall abhängen und überdies von den Umständen des einzelnen Falles, dem Maß von Aufmerksamkeit, das bei den Beteiligten vorausgesetzt wird. Wenn auch zugegeben werden kann, daß Münzgeld in der Regel individuell nicht erkennbar ist, so trifft dies schon für das Papiergeld nicht zu. Denn es gibt weder Staats- noch Banknoten, die nicht Nummern tragen würden. Die Einwendung, daß diese Erkennungszeichen im Verkehr ganz regelmäßig nicht beachtet werden, trifft nicht ohne weiteres zu, denn es ist gerade im kaufmännischen Verkehr hie und da üblich, die Nummern wenigstens der Noten von höherem Wert aus Vorsicht aufzuschreiben.[1])

Die Auffassung Fingers widerspricht aber auch den positiven Bestimmungen des Zivilrechts. Er stützt sich freilich in erster Reihe auf das römische Recht und zunächst auf die Ausführungen Bechmanns,[2]) doch behandeln diese nur den Eigentumserwerb durch Ver-

---

[1]) Es ist gewiß einzuräumen, daß es sich dabei um ein Verfahren handelt, das nur in relativ kleinem Kreis geübt wird. Das Entscheidende ist aber, daß Staats- und Banknoten und damit eine große Masse der wichtigsten vertretbaren Sachen tatsächlich individuell erkennbar sind. Dadurch ist Fingers Ausgangspunkt bereits als unrichtig erwiesen. Wenn der Verkehr die Möglichkeit der individuellen Unterscheidung nicht beachtet, so hat das seinen besonderen Grund, aber es geht darum nicht an, ganz allgemein die Unerkennbarkeit der vertretbaren Sachen zu behaupten und daraus weitgehende Folgerungen abzuleiten. — Übrigens sei nur nebstbei bemerkt, daß in dem erwähnten Verfahren vielleicht ein entwicklungsfähiger Keim zur leichteren Entdeckung und damit auch zur Bekämpfung der „Geldverbrechen" überhaupt gelegen sein könnte.

[2]) Zur Lehre vom Eigentumserwerb durch Akzession und von den Sachgesamtheiten, S. 24 ff.

mengung. Wenn Bechmann und gleich ihm viele andere[1]) die Vermengung nur als einen besonderen Fall der Konsumtion ansehen, so wird diese Ansicht von anderer Seite lebhaft bestritten[2]) und ist darum kaum geeignet, als Grundlage für weitere Folgerungen zu dienen. Doch sehen wir davon ganz ab. Der Satz, daß durch Konsumtion die Eigentumsklage ausgeschlossen werde, beweist überhaupt nichts für die Fingersche Behauptung. Wenn z. B. Goldschmidt sagt, das Geld ist der Eigentumsklage so lange unterworfen, als es nicht konsumiert ist, nur tritt seine Konsumtion schlechthin schon durch die Ausgabe ein, so ist dabei natürlich an das Ausgeben des Geldes seitens des besitzenden Nichteigentümers zu denken, — so lange aber die Geldstücke beim Besitzer noch vorhanden sind, können sie vindiziert werden.[3]) Das setzt aber doch notwendig voraus, daß der Eigentümer von Geldstücken diese auf einen Anderen übertragen kann, ohne dadurch ganz regelmäßig sein Eigentum schon zu verlieren; denn sonst würde die Frage, ob und wie lange eine Vindikation zulässig sei, überhaupt gar nicht aufgeworfen. Die Übergabe von Geld durch den Eigentümer ohne die Absicht der Eigentumsübertragung ist eben keine Konsumtion.[4]) Übrigens hat der ganze Streit über die Behandlung des Geldes im römischen Recht, insbesondere die Frage, ob[5]) und aus welchen Gründen die soviel umstrittene l. 78 Dig. 46,3 eine Sonderbehandlung des Geldes festgestellt hat, heute jede praktische Bedeutung verloren und das moderne Zivilrecht kennt keine besondere

---

[1]) Goldschmidt, den Finger auch anführt, Unger a. a. O. S. 403; Rießer, Die rechtliche Natur des Geldwechslergeschäftes, Jahrbücher für Dogmatik Bd. 20, S. 201 ff., Comte, Der Erwerb des Eigentums an Geldstücken durch Vermengung, Berliner Diss. 1887 S. 8 ff. und 15 ff. Hohenemser, Die Konsumtion des Geldes durch Vermischung und Verausgabung. Marburger Diss. 1893, S. 62 ff. Albrecht, Die Sonderstellung des Geldes in der Eigentumslehre n. gem. Recht, Greifswalder Diss. 1894 S. 36.

[2]) Besonders von Niemeyer, Über den Eigentumserwerb an Geldstücken Zeitschrift für das ges. Handelsrecht, Bd. 27 (n. F.,—1894) S. 20 ff. — Vgl. auch v. Schey a. a. O. S. 76.

[3]) Nur nebenbei sei bemerkt, daß nicht einmal das Ausgeben seitens des Nichteigentümers schlechthin das Recht des Eigentümers an den Geldstücken erlöschen läßt: l. 78 Dig. 46,3 (erster Satz).

[4]) Diese irrige Meinung wird von Finger zwar nicht ausgesprochen, scheint ihn aber doch beeinflußt zu haben.

[5]) Dagegen besonders Niemeyer a. a. O., dessen Ausführungen mir überzeugend scheinen.

Behandlung des Geldes in der Eigentumslehre. Jene Rechtssätze, welche die allgemeinen Bestimmungen über Erwerb und Verlust des Eigentums an beweglichen Sachen durchbrechen,[1]) gelten nicht für das Geld allein und sie stellen sich meist nur als besondere Begünstigung des gutgläubigen Erwerbes dar. Daß diese Bestimmungen die Behauptung Fingers nicht stützen können, ist ohne weiteres klar, ja sie sprechen entschieden dagegen, denn wenn davon auszugehen wäre, daß der Übernehmer von Geld ganz regelmäßig Eigentümer des Geldes wird, wozu dann die besonderen Bestimmungen, daß die Eigentumsklage gegen den gutgläubigen Erwerber von Geld und Inhaberpapieren oder von vertretbaren Sachen überhaupt ausgeschlossen ist? — Finger legt das Hauptgewicht auf die tatsächliche Unmöglichkeit, Geld mit der Eigentumsklage zu verfolgen und beruft sich darauf, daß das Recht eine für das Leben angepaßte Institution sei und zum großen Teil durch faktische Verhältnisse beeinflußt werde. Das ist gewiß richtig, nur vermögen eben die Tatsachen nur dann rechtliche Wirkungen zu erzeugen, wenn das Recht mit ihnen bestimmte Rechtsfolgen verknüpft. Daß dies hier geschehen sei, ist nicht nachgewiesen. Wenn Finger die Frage aufwirft, welche praktische Bedeutung denn der nur durch faktische Verhältnisse behinderten, juristisch aber nicht tangierten Vindikationsmöglichkeit zukomme, so ist die ganze Fragestellung verfehlt.[2]) Dieser Vindikationsmöglichkeit kommt freilich eine praktische Bedeutung nicht zu, aber daß das Eigentum an einer Sache fortbesteht, kann für den Eigentümer die größte praktische Bedeutung haben, auch wenn er vielleicht die rei vindicatio nicht erfolgreich anstellen und durchführen kann. Angenommen, der Eigentümer verliert sofort mit der Übergabe des Geldes die Möglichkeit, es so zu bezeichnen, daß er die Eigentumsklage anstellen kann, so liegen darum die Verhältnisse ja nicht ebenso auf Seite des Treuhänders. Dieser kann und wird regelmäßig das übernommene Geld als fremdes kennen, er ist vollkommen in der Lage, das fremde Eigentum zu achten. Warum sollte ihm da die Rechtsordnung nicht die Verpflichtung dazu auferlegen, wenn der Eigentümer sein Recht nicht aufgeben will? Sie schafft dadurch keineswegs ein Verhältnis, das mit den tatsächlichen Um-

[1]) Vgl. § 935 (und § 1006) BGB., Art. 306 und 307 HGB., Art. 208 schweiz. Obligationenrecht, Art. 974 schweiz. Zivilgesetz-Entwurf.

[2]) Übrigens auch die Ausdrucksweise; ist die Klage tatsächlich unmöglich, so kann sie nicht „juristisch“ möglich sein.

ständen deshalb unvereinbar wäre, weil der Eigentümer sein Geld von anderem nicht mehr unterscheiden kann.[1])

Ebenso, wie bestritten werden muß, daß mit der Übergabe von Geld der Verlust des Eigentums an diesem verbunden sei, ebenso unhaltbar ist auch die darauf aufgebaute Folgerung, daß diese angebliche Folge der Eigenschaft des Geldes durch eine einfache Vereinbarung nicht ausgeschlossen werden könne;[2]) sie fällt in der von Finger ausgesprochenen Form mit dem ersten Satz von selbst dahin. Nur so viel ist richtig, daß bei dem Mangel einer ausdrücklichen Willenserklärung des Übergebers von barem Geld aus der Natur des Geldes unter Umständen der Schluß gezogen werden kann, der Übergeber habe das Geld dem Anderen zu Eigentum übertragen wollen. Dabei handelt es sich lediglich darum, daß die Natur des Geldes oder überhaupt die Vertretbarkeit des übergebenen Gegenstandes als Mittel zur Interpretation des Parteiwillens gebraucht wird, nicht aber um eine besondere Wirkung der Vertretbarkeit. Daß eine ausdrückliche Willenserklärung des Übergebers oder eine einfache Vereinbarung zwischen Übergeber und Übernehmer die Anwendung des gedachten Interpretationsmittels ohne weiteres ausschließt, ergibt sich demnach ganz von selbst. Es handelt sich hier eben gar nicht darum, eine besondere aus der Eigenschaft des Geldes fließende Rechtsfolge auszuschließen, wie Finger freilich annehmen muß. Er meint aber, der Eigentumsverlust kann durch eine einfache Vereinbarung mittelbar ausgeschlossen werden, wenn mit Rücksicht auf sie Verhältnisse geschaffen werden, welche die regelmäßige Eigenschaft des Geldes, seine Vertretbarkeit, im einzelnen Fall ausschließen. Dazu ist vor allem zu bemerken, daß die Vertretbarkeit einer Sache überhaupt nicht „ausgeschlossen" werden kann, weder unmittelbar, noch mittelbar durch irgendwelche Veranstaltungen, die auf Grund einer Vereinbarung getroffen werden.[3]) Gemeint ist wohl, daß der Eigentumsverlust nicht eintrete, wenn der Mangel der individuellen Erkennbarkeit beseitigt werde; dazu bedarf es aber keiner Vereinbarung, sondern es genügt dann jedwede Vorkehrung, die es dem Eigentümer

[1]) Mit diesen Bemerkungen soll zur Eigentumsfrage nicht Stellung genommen, sondern nur der Nachweis erbracht werden, daß die Behauptungen Fingers von seinem Standpunkt aus unbegründet sind.

[2]) Gegen diese Behauptung Fingers auch v. Schey a. a. O. S. 369 N. 10.

[3]) Vgl. oben S. 99.

ermöglicht, seine Sachen von anderen derselben Gattung zu unterscheiden. Folgerichtig müßte nämlich Finger stets verlangen, daß solche Veranstaltungen getroffen werden, die nicht bloß die Ununterscheidbarkeit des Geldes an sich beheben, sondern den Eigentümer in die Lage versetzen, das Geld mit der Eigentumsklage von dem Übernehmer vindizieren zu können. Der Eigentümer müßte also die Verhältnisse, welche „die Vertretbarkeit ausschließen" sollen, entweder selbst treffen oder der Übernehmer müßte ihm von den getroffenen Veranstaltungen genaue Mitteilung machen. Denn auch die sorgfältigsten Vorkehrungen zur besonderen Bezeichnung des übernommenen Geldes von seiten des Übernehmers helfen dem Eigentümer nichts, wenn er davon nichts weiß. Er kann das Geld, das er übergeben hat, nicht genau nach seinen Merkmalen beschreiben, er kann also die Eigentumsklage nicht erheben und hat folglich das Eigentum am Geld verloren, der Übernehmer begeht keine Unterschlagung, wenn er sich das Geld zueignet. Finger scheint die Sache so zu denken, daß der Eigentümer selbst die „Verhältnisse" schaffen müsse, welche „die Fungibilität des Geldes ausschließen".[1]) Doch hält er an seinem Standpunkt keineswegs fest. Schwarze[2]) hat die Behauptung aufgestellt, wir könnten uns selbst bei dem Dienstboten der Konsequenz nicht entziehen, daß die ihm zur Besorgung eines Einkaufs usw. übergebenen Geldstücke mit der Übergabe aufhören, Eigentum des Dienstherrn zu sein. Denn die rechtliche Natur der Geldstücke und ihrer Verausgabung ist nicht verschieden je nach der Stellung des Übergebers zu dem Empfänger. Dagegen nun hat Stemann[3]) eingewendet, daß wir in dem angeführten Fall den Dienstboten doch gewiß nicht zum

[1]) Die früher angeführte und bei Finger stets wiederkehrende Formel ist freilich recht unbestimmt. Doch glaube ich, auf die Meinung Fingers aus folgenden Sätzen schließen zu können (a. a. O. S. 77 N. 1 unten): „Wir glauben nämlich, daß die Fungibilität des Geldes durch Vereinbarungen, welche die Schaffung gewisser tatsächlicher Verhältnisse zur Folge hat, ausgeschlossen werden kann. Geschieht dies, dann erwächst für den Übernehmer des Geldes die Verpflichtung, diese tatsächlichen Verhältnisse zu erhalten . . ." Ferner S. 90: „Geld kann Objekt der Veruntreuung nur dort sein, wo der Übernehmer verpflichtet ist, dasselbe besonders zu verwahren, als ein fremdes kenntlich zu erhalten."

[2]) a. a. O. S. 294.

[3]) a. a. O. S. 18. Vgl. auch Lammasch, Das Werk des Strafgesetzausschusses, S. 20, und Lindenau a. a. O. S. 42 und 43.

Eigentümer des Geldes machen wollen, und hierzu bemerkt Finger, hier zeige es sich, daß es Verhältnisse gibt, unter denen die besondere Beziehung des Übergebers des Geldes zum Übernehmer letzteren verpflichtet, das übernommene Geld besonders zu verwahren, durch die Art der Verwahrung dessen Vertretbarkeit auszuschließen. Während in den anderen Fällen die Unmöglichkeit der Vindikation die Unterschlagung unmöglich mache, so sei hier die Unmöglichkeit der Vindikation eine Folge der Unterschlagung. Hier also hat Finger seine Formel schon aufgegeben. Aber davon abgesehen, was hat man sich darunter vorzustellen, wenn gesagt wird, der Übernehmer des Geldes müsse durch die Art der Verwahrung dessen Vertretbarkeit ausschließen? Nehmen wir ein Beispiel: Ich übergebe meiner Köchin ein Fünffrankenstück, damit sie auf dem Markt verschiedene Einkäufe für mich besorge. Nun ist sie verpflichtet, dieses Geldstück so zu verwahren, daß mir die Vindikation möglich ist — denn das soll ja der Ausdruck „Ausschließung der Vertretbarkeit" besagen —, die Unmöglichkeit der Vindikation soll ja hier erst durch die Unterschlagung herbeigeführt werden. Die Köchin müßte nun etwa das Geldstück in einen Briefumschlag oder ein anderes Behältnis geben, dieses mit einer entsprechenden Aufschrift versehen, mir von diesen Vorkehrungen Mitteilung machen und dann erst den Gang zum Markt antreten. Denn, genau genommen, ist mir nur bei solchen oder ähnlichen Veranstaltungen die Möglichkeit der Vindikation gewahrt. Wie aber dann, wenn sie das Geldstück einfach einsteckt, etwa in eine leere Tasche, oder wenn sie sonst überhaupt kein Geld bei sich hat? Vindizieren kann ich das Fünffrankenstück nicht, denn ich kann es nicht durch bestimmte Merkmale genau so beschreiben, daß es dadurch von anderen Sachen derselben Gattung unterschieden wird. Ich habe also das Eigentum an dem Geldstück verloren und die Köchin hat es erworben. Sie hat mir die Vindikation unmöglich gemacht, also — wenn sie mit Unterschlagungsvorsatz gehandelt hat — ein Verbrechen begangen. Hat sie auch ohne diesen Vorsatz gehandelt, so ist sie doch jetzt jedenfalls Eigentümerin des Geldes. Sie kann also das Geldstück für sich verwenden, ohne Strafe befürchten zu müssen. Gewiß wird sich nicht leicht ein Dienstbote seiner angeblichen Verpflichtung bewußt sein, die Vertretbarkeit ihm anvertrauten Geldes auszuschließen, und noch weniger dürfte er wissen, auf welche Weise er seinem Dienstgeber die Vindikationsmöglichkeit offen halten könne.

Im Ergebnis kommt also diese Konstruktion doch auf dasselbe hinaus, wie die Ansicht Schwarzes, und sie steht in so offenbarem Widerspruch zu den tatsächlichen Verhältnissen, daß man sich versucht fühlt, hier auch auf den Satz hinzuweisen, das Recht sei eine für das Leben angepaßte Institution, und noch hinzufügen könnte, auch die Rechtswissenschaft müsse dieser Bestimmung des Rechtes stets eingedenk bleiben.

Wenn im vorhergehenden darauf hingewiesen wurde, daß die Ergebnisse der Auffassungen von Schwarze und Finger in dem eben besprochenen Fall im wesentlichen die gleichen sind, so ist nun hier noch darauf zurückzukommen, was Schwarze von den sogenannten Fällen der Individualisierung sagt.[1]) Er bestreitet nicht, daß das Geld auch als individuell bestimmte species in Betracht kommen kann; aber diese Individualisierung der Geldstücke verlange eine besondere, darauf abzweckende Vorrichtung, wie z. B. den Verschluß derselben in Rollen, Kisten oder ähnlichen, den unmittelbaren Zugang zu ihnen verhindernden Aufbewahrungsweisen, vorausgesetzt, daß der Verschluß nicht bloß in der Absicht geschah, die Gesamtheit der einzelnen Geldstücke zu einer einzigen Zahlengröße zu erheben, wie dies häufig bei Geldpaketen geschehe.[2]) Geschehe aber der Verschluß auch in der Absicht der Individualisierung, so trete der Charakter der Geldstücke wenigstens mit der Wegnahme des Verschlusses wieder ein, so daß dieselben nur noch als Quantitäten in Betracht kommen. Der Individualisierung durch den Empfänger legt Schwarze gar keine Bedeutung bei. Der Übergeber erlangt durch diese einseitige

---

[1]) a. a. O. S. 292 fg. und S. 307.

[2]) Hier, meint Schwarze, werde „zwar bei Vindikationen die Individualisierung nach Befinden gute Dienste leisten, in den übrigen Fällen aber das verschlossene Geld durch den Verschluß seine Eigenschaft als Quantität nicht verlieren". Dieser Satz ist vom Standpunkt Schwarzes ganz verkehrt. Denn er nimmt an, daß nur eine Individualisierung, die eben zu diesem Zweck erfolgt, durch die also die Behandlung des Geldes als species bewirkt werden soll, die regelmäßige Folge der Übergabe des Geldes, den Eigentumsübergang, ausschließen könne. Wird die Individualisierung nun nicht in dieser Absicht vorgenommen, dann verliert der Übergeber das Eigentum an dem übergebenen Gelde, — dann kann also die Individualisierung unmöglich „bei Vindikationen gute Dienste leisten". Hält man sich aber an dieses, dann ist es unverständlich, was unter den „übrigen Fällen" zu verstehen sei, in denen die Eigenschaft des Geldes als Quantität bestehen bleiben soll. Dann ist das Geld für den Übernehmer eine fremde Sache und dieser kann dann auch nach Schwarze eine Unterschlagung begehen, wenn er sich das Geld vorsätzlich zueignet.

Handlung keinen Anspruch auf die individualisierten Geldstücke; sein Verhältnis zu diesen ist durch ihre einfache Ausgabe völlig erledigt. Wir sehen nun, daß der Unterschied zwischen den Ausführungen Schwarzes und Fingers kein bedeutender ist. Wenn Finger also meint, er könne sich den Ausführungen Schwarzes nicht ganz anschließen, so übersieht er an dieser Stelle,[1]) daß diese Ausführungen im allgemeinen und auch bezüglich des Dienstbotenbeispieles im besonderen von den Fällen der Individualisierung stets absehen. Der Unterschied liegt nur darin, daß Finger Eigentumsübergang dann nicht annimmt, wenn eine Vereinbarung getroffen wurde, welche die Schaffung gewisser tatsächlicher Verhältnisse zur Folge hat, während nach Schwarze der Eigentumsverlust durch besondere Vorkehrungen seitens des Übergebers verhütet werden muß.[2]) Schwarze freilich betont noch besonders,[3]) daß die Beseitigung etwa des die Geldstücke individualisierenden Verschlusses noch keine Unterschlagung sei. Ist dies aber einmal geschehen, dann seien die Geldstücke „wieder eine res fungibilis" (!) und ihre nachfolgende Aneignung könne keine Unterschlagung mehr sein. Finger hingegen legt das Hauptgewicht auf die Verpflichtung des Übernehmers, das Geld als ein fremdes kenntlich

---

[1]) a. a. O. S. 77, N. 1.

[2]) Im Fall des Dienstboten, wo Finger von seiner Formel abgeht, während nach Schwarze auch hier der Eigentumsübergang nur durch Individualisierung seitens des Übergebers ausgeschlossen werden kann, ist der Unterschied etwas verändert, im Ergebnis führen aber beide Auffassungen auf dasselbe hinaus, — nämlich daß der Dienstbote Eigentümer wird und keine Unterschlagung begeht, wenn er sich das Geld zueignet. Denn in dem angenommenen Beispiel wird es wohl ebensowenig jemals dem Dienstgeber einfallen, das Geld besonders zu individualisieren, als der Dienstbote darauf bedacht sein wird, seinem Dienstgeber stets die Möglichkeit der Vindikation offen zu halten. In dem Unterlassen einer solchen Verwahrung, durch welche „die Vertretbarkeit des Geldes ausgeschlossen wird", liegt schon deshalb keine Unterschlagung, weil der Dienstbote von seiner angeblichen Verpflichtung keine Kenntnis hat und die Unterlassung nicht mit dem erforderlichen Vorsatz begeht. Deshalb ist auch der Gegensatz, den Finger hier aufgestellt — sonst mache die Unmöglichkeit der Vindikation die Unterschlagung unmöglich, hier sei die Unmöglichkeit der Vindikation eine Folge der Unterschlagung — bloß ein scheinbarer. Tatsächlich wird auch hier die Unmöglichkeit der Vindikation dasjenige sein, was ganz regelmäßig zuerst eintritt, und diese Unmöglichkeit macht dann — nach Finger — auch die Unterschlagung unmöglich.

[3]) a. a. O. S. 307 fg.

zu erhalten. Sobald der Übernehmer das übernommene Geld nicht mehr mit irgendeiner Bezeichnung als fremdes verwahrt, also der Übergeber seines Eigentums verlustig geht, hat der Übernehmer die Veruntreuung begangen, sofern er nur mit Vorsatz gehandelt hat. Der Gegensatz, der hier hervortritt, beruht wesentlich auf dem verschiedenen Standpunkt der Betrachtung, von dem die beiden Schriftsteller ausgehen. Denn einerseits würde wohl auch Schwarze den Übernehmer verschlossenen Geldes einer Unterschlagung schuldig finden, wenn er sein Beispiel so gewählt hätte, daß der Übernehmer die Individualisierung des Geldes dolos beseitigt und sofort das Geld für sich verwendet.[1]) Anderseits begeht auch nach Finger der Übernehmer des Geldes keine Veruntreuung, wenn er seiner Verpflichtung, das Geld mit einer bestimmten Bezeichnung als fremdes zu verwahren, ohne böse Absicht nicht nachkommt und erst nachher das — nun in sein Eigentum übergegangene — Geld für sich verbraucht.

Der zweite Fall, in dem Finger an seiner zuerst ganz allgemein aufgestellten Formel nicht festhält, ist der, daß der Treuhänder die Geldsumme an Stelle eines anderen von einem Dritten übernimmt.[2]) Finger sagt zwar, dieser Fall sei rücksichtlich der möglichen Veruntreuung ganz gleich zu behandeln, wie der andere, wo jemand einem anderen Geld zu irgendeinem Zweck übergibt, aber die folgenden Ausführungen zeigen, daß doch von dem Satz abgegangen wird, wonach die Übergabe von Geld den Übernehmer zum Eigentümer macht, sofern nicht mittelbar durch Vereinbarungen, welche die Schaffung gewisser tatsächlicher Verhältnisse zur Folge haben, die Vertretbarkeit des Geldes ausgeschlossen wird. Finger führt folgendes aus: In dem früher behandelten Fall behält unter den schon erwähnten Voraussetzungen der Übergeber a das Eigentum an dem Übergebenen trotz der Übergabe an b, hier aber erwirbt er es durch die Übergabe an b. Der b hat hier die Verpflichtung, die dem a gehörigen Geldstücke zu verwahren und seinerzeit an ihn herauszugeben. Die verschiedenen möglichen zivilrechtlichen Verhältnisse zwischen a und b werden hier die sorgfältigste Beachtung finden müssen; es wird insbesondere großes Gewicht auf die Beantwortung der Frage im einzelnen Fall zu legen

[1]) Dabei ist freilich auch noch zu beachten, daß Schwarze annimmt, der dolus der Unterschlagung werde durch die Ersatzabsicht ausgeschlossen.

[2]) a. a. O. S. 85.

sein, ob der Empfänger der Geldsumme diese im Namen seines Vollmachtgebers und für ihn übernimmt, oder ob er sie im eigenen Namen und lediglich mit Rücksicht auf das zwischen ihm und seinem Vollmachtgeber bestehende Verhältnis mit der Verpflichtung übernimmt, sie an den Vollmachtgeber abzuführen. Es ist hier Finger beizupflichten, wenn er die zivilrechtlichen Verhältnisse zwischen a und b der sorgfältigsten Beachtung empfiehlt. Nur drängt sich die Frage auf, weshalb bei dem ersten Fall — a übergibt dem b eine Geldsumme — die zivilrechtlichen Verhältnisse zwischen a und b ganz außer acht gelassen werden. Folgerichtig müßte hier angenommen werden, daß die zivilrechtlichen Verhältnisse zwischen a und b nur eine Vorfrage bilden. Die zivilrechtlichen Verhältnisse entscheiden hier nur darüber, ob a Eigentümer des Geldes werden kann, und es wird dies zu bejahen sein, wenn er unter sonst gleichen Umständen Eigentümer geworden wäre, falls wir uns als übergebene Sache nicht Geld, sondern eine nicht vertretbare Sache denken. Die Lösung der Eigentumsfrage und damit der Frage nach der Möglichkeit einer Unterschlagung soll aber bei Geld in letzter Reihe davon abhängen, ob die bewußte Vereinbarung getroffen und ihr zufolge Verhältnisse geschaffen worden sind, welche den a in die Lage versetzen, das Geld vindizieren zu können. Wenn man annimmt, diese Vereinbarung sei in dem — der Kürze wegen so bezeichneten — zivilrechtlichen Verhältnis schon enthalten oder die Verpflichtung, die Vertretbarkeit des Geldes auszuschließen, folge schon aus diesem Verhältnis, so ist das eben ein Abgehen von den von Finger eingangs der hierher gehörigen Ausführungen ganz bestimmt und allgemein aufgestellten Sätzen. Hält man an diesen aber fest, dann muß man auch hier vereinbarungsgemäß getroffene Veranstaltungen fordern, die dem a die Vindikation des bei b befindlichen Geldes ermöglichen. Denn sonst kann er nicht Eigentümer des Geldes werden, oder — wenn man schon etwa unbedingten Übergang des Eigentums auf a annehmen wollte — müßte a doch sein Eigentum sofort wieder verlieren. Man muß ferner hier, wo die Veranstaltungen vom Übernehmer des Geldes getroffen werden, fordern, daß dieser dem a sofort mitteilt, in welcher Weise er das Geld als fremdes besonders kenntlich gemacht habe, oder daß sich die Vereinbarung schon von vornherein auch auf die Einzelheiten der besonderen Verwahrung erstreckt. Mit der Aufstellung aller dieser Forderungen ist dann freilich wieder die Möglichkeit einer Unterschlagung nahezu ausnahmslos verneint und eine Konstruktion gegeben, die ebensowenig rechtlich begründet als mit den tatsächlichen Verhältnissen vereinbar ist.

Der bei Schwarze und Finger in gleicher Weise verfehlte Ausgangspunkt muß notwendig zu unhaltbaren Ergebnissen führen.[1]) Die Bedeutung der Vertretbarkeit für Zivil- und Strafrecht wird hier übertrieben, dem Geld eine Sonderstellung eingeräumt, die ihm nicht zukommt und ein Zusammenhang damit auf die sogenannte Individualisierung oder gar die „Ausschließung der Vertretbarkeit" des Geldes ein viel zu großes Gewicht gelegt.

Es sei, weil dieser Irrtum immer und immer wiederkehrt, hier nochmals ausdrücklich festgestellt, daß es eine Ausschließung oder Entziehung[2]) der Vertretbarkeit nicht gibt. Auch die individualisierte vertretbare Sache bleibt gleichwohl vertretbar. Sind doch die Staatsnoten und Banknoten ohne Ausnahme schon von ihrer Herstellung an durch die ihnen aufgedruckten Nummern individualisiert. Mangel individueller Erkennbarkeit und Vertretbarkeit sind also nicht notwendig miteinander verbunden. Ebenso kann dann auch dieser Mangel behoben werden, ohne die Vertretbarkeit zu berühren. Die Individualisierung — das ist irgendwelche Vorkehrung, die bezweckt, eine einzelne Sache oder eine bestimmte Menge von Sachen von anderen gleicher Gattung unterscheidbar zu machen — hat meist einen relativen Charakter. Es handelt sich oft nicht um Behebung absoluter Unkenntlichkeit und nicht um Herstellung absoluter Erkennbarkeit. Ersteres ersieht man daraus, daß auch Sachen individualisiert werden, die schon Erkennungszeichen an sich tragen, wenn diese im Verkehr häufig nicht beachtet werden. Letzteres zeigt sich, wenn man erwägt, daß das Anbringen von Erkennungszeichen genügt, die vielleicht nur für einen beschränkten Kreis von Personen Bedeutung haben. Individualisierung liegt vor, wenn die Erkennungszeichen an der Sache

[2]) So weitgehende Ansichten, wie die eben bekämpften, werden sonst in der Literatur nicht vertreten. Wenn Finger a. a. O. S. 78, N. 1 auf die Ausführungen von Schütze, Hälschner u. a. Bezug nimmt, so darf dies nicht so verstanden werden, als ob diese seinen Standpunkt teilen würden. Daß dies nicht der Fall ist, wird sich noch im folgenden ergeben. Auf die Ausführungen Fingers wird übrigens bei der Besprechung des österreichischen Rechtszustandes noch zurückzukommen sein.

[1]) So u. a. Olshausen, Kommentar, Bd. 2, S. 927 in N. 14 a. E. Lindenau a. a. O. S. 30.

selbst sich befinden, oder auch dann, wenn die Sache in eine bestimmte enge räumliche Beziehung zu einer zweiten individualisierten Sache gebracht wird, die an sich die Erkennungszeichen trägt.[2]) Im zweiten Fall kann die Individualisierung besonders leicht beseitigt werden, schon dadurch, daß die Beziehung zwischen den zwei Sachen aufgehoben wird. Denkt man sich unter Individualisierung eine Zweckhandlung, also nicht jede Vorkehrung, die vielleicht auch die individuelle Erkennbarkeit einer Sache herstellt oder fördert, sondern nur solche Handlungen, die mit dieser Zweckbestimmung vorgenommen werden, dann fallen Veranstaltungen nicht in Betracht, die nur zu dem Zweck getroffen werden, um etwa den Transport von Sachen zu erleichtern oder die Übergabe von Hand zu Hand zu beschleunigen; diesem kommt auch in der Tat keine Bedeutung zu. Die Bedeutung der Individualisierung mit Bezug auf die Vertretbarkeit einer Sache liegt eben darin, daß sie eine stillschweigende Willenserklärung sein kann, also als Mittel, den Parteiwillen festzustellen, in Betracht kommt. Wird eine vertretbare Sache nach vorausgegangener Individualisierung übergeben, so wirkt die durch die Individualisierung unberührte Vertretbarkeit der Sache als ein Zeichen für die wahrscheinliche Willensrichtung des Übergebers nach der einen Seite hin, die Tatsache der Individualisierung ebenso nach der entgegengesetzten Seite.[3]) Beiden Umständen kann diese ihre Bedeutung genommen werden durch eine ausdrückliche Willenserklärung des Übergebers, aber auch durch andere Umstände, die einen sicheren Schluß auf den nicht ausdrücklich erklärten Willen des Übergebers zulassen. Beide Umstände kommen nicht bloß für eine spätere objektive Beurteilung der Absichten des Übergebers in Betracht, sondern sie sind auch vom Übernehmer zu beachten und sind auch von Wert für die Feststellung, welche Bedeutung der Übernehmer ihnen beigelegt hat.

[2]) Man könnte hier — zur Unterscheidung vom ersten Fall einer unmittelbaren Individualisierung — von bloß mittelbarer Individualisierung sprechen. Beispiel: einerseits das Anhacken von Baumstämmen, das Anbringen von Zeichen oder Zahlen an der Sache — andererseits das Verwahren von Geldstücken in einem Umschlag mit bestimmter Aufschrift.

[3]) Vgl. Lindenau a. a. O. S. 30 fg., der Fingers Ausführungen bekämpft, sie aber wohl mißverstanden hat.

# Zweiter Abschnitt.

# Die Unterschlagung an vertretbaren Sachen nach § 246 RStGB.

## § 1. Das Erfordernis der fremden Sache.

Im folgenden soll die Bedeutung untersucht werden, die der Vertretbarkeit einer Sache im Hinblick auf die Unterschlagung anvertrauter Sachen zukommt. Dabei ist vorauszuschicken, daß es sich nicht darum handeln kann, einen unmittelbaren Einfluß der Vertretbarkeit auf den gesetzlichen Tatbestand festzustellen. Da das Strafgesetz die Vertretbarkeit der Sache nicht berücksichtigt, sie nicht als Tatbestandsmerkmal aufstellt, kann sie den gesetzlichen Tatbestand nicht unmittelbar beeinflussen. Der Tatbestand ist eine Abstraktion, die der Gesetzgeber auf Grund der Beobachtung realer Vorgänge vornimmt oder doch auf dieser Grundlage vornehmen soll. Wenn er nun einen tatsächlich oft auftretenden Tatumstand keine Beachtung schenkt, so muß er von der Annahme ausgehen, daß das Auftreten dieses Tatumstandes für die strafrechtliche Beurteilung der Handlung, die mit Strafe bedroht wird, bedeutungslos sei oder aber, daß der Tatbestand in seiner Allgemeinheit doch den besonderen Anforderungen gerecht zu werden vermöge, die sich aus dem Auftreten dieses Tatumstandes ergeben. Hier hat die Kritik einzusetzen mit dem Nachweis, daß diese Annahme irrig ist. Das Hinzutreten der Vertretbarkeit der Sache zu dem realen Vorgang, der im Tatbestand beschrieben wird, kann das Wegfallen eines oder mehrerer Tatbestandsmerkmale bewirken, ohne daß die strafrechtliche Bedeutung des Vorganges materiell eine Änderung erleiden würde. Umgekehrt kann es sein, daß zwar die Subsumption nicht ausgeschlossen wird, aber die strafrechtliche Bedeutung mehr oder minder verändert. Nach diesen beiden Richtungen hin wird der Einfluß der Vertretbarkeit zunächst festzustellen und dann zu würdigen sein. Soweit das Strafgesetz die mit Strafe bedrohte Handlung nicht durch tatsächliche Merkmale beschreibt, sondern durch solche rechtlicher Natur, kommt es auch zunächst auf die rechtliche Bedeutung der Vertretbarkeit an. Dies gilt vor allem von der hier zu erörternden Eigentumsfrage.[1])

[1]) Theorie und Praxis des Strafrechts werden dadurch veranlaßt, sich

Das Erfordernis der fremden Sache gibt aber allgemein zu Schwierigkeiten Anlaß, nicht bloß dann, wenn die Unterschlagung vertretbarer Sachen in Frage steht. Die früher angedeutete Methode der Kritik stellt die Fehler einer strafgesetzlichen Bestimmung nur dann ganz klar, wenn vorausgesetzt werden kann, daß der Tatbestand im allgemeinen die strafwürdige Handlung richtig würdigt und nur gerade einer Gruppe von besonderen Fällen nicht gerecht zu werden vermag. Dies ist nun bei der Unterschlagung nicht der Fall und dadurch wird es unvermeidlich, jeweils auch die Schwierigkeiten kurz zu berühren, zu denen die einzelnen Tatbestandserfordernisse allgemein Anlaß geben, um erst dann die Bedeutung der Vertretbarkeit der Sache im besonderen festzustellen.

Wie oft die Eigentumsfrage zu Zweifeln und Kontroversen Anlaß gibt, und welche Schwierigkeiten ihre Entscheidung bereitet, das zeigt sich ebenso in der einschlagenden Literatur, als es aus der großen Zahl von Entscheidungen der obersten Gerichtshöfe hervorgeht, die sich nur oder doch auch mit dieser Frage befassen.[1]) Diese Tatsache[2]) wird besonders bezeichnend im Zusammenhalt mit dem

---

mit zivilrechtlichen Fragen zu beschäftigen. Auch die erstere ist vor dieser „Grenzüberschreitung" nicht zurückgeschreckt, findet aber in der zivilistischen Literatur nicht allzuviel Unterstützung. Es wäre wohl kein unbilliges Verlangen, daß in den großen Lehrbüchern und Systemen des bürgerlichen Rechtes und in den der Eigentumslehre gewidmeten Monographien auch die Konsequenzen berücksichtigt und hervorgehoben würden, die sich aus der Entscheidung einzelner schwieriger und strittiger Fragen für die Anwendung des Strafgesetzes, besonders des § 246, ergeben. Würde dieser Gesichtspunkt mehr beachtet, so könnte das Übersehen mancher Punkte vermieden werden, die zunächst nur für das Strafrecht von Wichtigkeit scheinen, dann aber immer auch zivilrechtlich bedeutsam sind. Nur zum Schaden von Strafrecht und Privatrecht wird das Trennende, die Abgrenzung beider Gebiete vielfach in den Vordergrund geschoben und darüber das Gemeinsame vernachlässigt oder übersehen. Demselben Fehler verfällt dann die Gesetzgebung. So konnte nicht ohne Grund dem BGB. „souveräne Verachtung" des Strafrechts vorgeworfen werden und es sind ähnliche schlechte Erfahrungen bei den bevorstehenden großen Kodifikationen in der Schweiz zu befürchten, wenn nicht noch vor Abschluß der Arbeiten an den beiden Entwürfen die gegenseitigen Anforderungen genau geprüft und miteinander in Einklang gebracht werden.

[1]) Siehe nur die Aufzählung der Fälle, in denen das Erfordernis der fremden Sache Schwierigkeiten bereitet, bei H. Meyer, Lehrbuch S. 543fg. und ferner Olshausen zu § 246 N. 3—7 und Oppenhoff zu § 246 N. 6—23.

[2]) Ihrer Erkenntnis kann man sich nicht verschließen, wenn man Literatur

Umstand, daß Zivilprozesse über das Eigentum an beweglichen Sachen in unsrem Rechtsleben fast schon als eine Seltenheit bezeichnet werden können. Ungleich bedeutsamer noch ist das häufige Versagen des Strafschutzes im Gefolge der Feststellung, daß das Erfordernis der fremden Sache fehle.[1])

Der wichtigste Fall ist hier der Eigentumserwerb durch Stellvertreter oder Bevollmächtigte.[2]) Sobald das Eigentum an der zu

---

und Praxis unbefangen prüft. Vgl. Lammasch, Werk des Strafgesetzausschusses, S. 20ff.

[1]) Für die Feststellung des Erf. genügt auch der Nachweis, daß der Täter Eigentum an der Sache nicht erworben habe. Im allgemeinen wird bei Diebstahl und Unterschlagung mit vollem Recht alles Gewicht auf den positiven Nachweis gelegt, daß eine vom Täter verschiedene Person Eigentümer der Sache sei. Für die Unterschlagung anvertrauter Sachen aber ist es nicht ganz richtig, daß für die Feststellung des Begriffes der fremden Sache als entscheidendes Merkmal das Vorhandensein von Eigentumsrechten eines anderen, nicht aber der Mangel des Eigentumsrechtes desjenigen aufzufassen sei, mit Rücksicht auf den der Fall zu entscheiden ist, (so Rubo Kommentar, § 242 Nr. 3, zustimmend Finger, V. v. Barkautionen, S. 89 Nr. 1); denn hier sind Mangel des Eigentums beim Täter und fortbestehendes Eigentum eines anderen ganz regelmäßig miteinander verbunden. Es empfiehlt sich aber, auch der Frage Beobachtung zu schenken, ob der Treuhänder Eigentum erworben habe. Dadurch wird der Fehler vermieden, auf Grund eines unzureichenden Tatbestandes das Erfordernis der fremden Sache zu verneinen und dem, der seine Sache einem anderen anvertraut, allzu rasch das Eigentum abzusprechen. Soll Eigentumsübergang vorliegen, so müssen die Umstände, aus denen der Mangel des Rechtes beim Übergeber hergeleitet wird, auch hinreichen, um den Erwerb des Eigentums durch den Täter zu begründen, oder es müssen noch weitere Umstände vorhanden sein. Mit der Annahme des Verlustes eines Eigentumsrechtes es leicht zu nehmen, entspricht gewiß nicht der Tendenz der Gesetzgebung, aber die erwähnte Methode verleitet dazu. — Vgl. Art. 719 schweiz. Zivilgesetz-B.: „Das Eigentum geht, trotz Verlust des Besitzes, erst dadurch unter, daß der Eigentümer sein Recht aufgibt oder daß in der Folge ein anderer das Eigentum erwirbt“ und dazu Huber a. a. O. S. 121.

[2]) Besonders für diesen Fall hält v. Schwarze (Kommentar S. 707) noch immer an der als „Theorie vom strafrechtlichen Eigentum“ bekannten, heute sonst allgemein aufgegebenen Auffassung fest: Der „faktische (?) Eigentumserwerb“ seitens des Täters soll nicht hinreichen, die Unterschlagung auszuschließen. — Beim Erwerb durch Stellvertreter „soll die Frage des Eigentumsüberganges nur zunächst (?) nach zivilrechtlichen Grundsätzen entschieden werden, da diese nicht hinreichen, um das kriminalistische Bedürfnis vollständig zu decken.“ Vgl. übrigens auch Hold von Ferneck a. a. O. S. 334fg.: Wenn Jemand mit dem Auftrag, eine Sache zu kaufen, Bargeld offen zugezählt

erwerbenden Sache nicht unmittelbar auf den Vertretenen übergeht, sondern zunächst auf den Vertreter, ist eine Unterschlagung der Sache solange ausgeschlossen, bis der letztere das Eigentum auf den Vertretenen überträgt. Dazu kommt, daß die Handlung, durch die der Vertreter das Eigentum an der Sache erlangt, niemals eine Unterschlagung dieser Sache darstellen kann.[6]) Besonderer Hervorhebung

erhält, so erwirbt er nach justinianischem, österr. und deutschem Recht Allein- bezw. Miteigentum an dem Geld. Verwendet er die Summe für sich, so begeht er gleichwohl eine Unterschlagung bezw. Veruntreuung. Denn: „Wenn der Mandatar im angeführten Beispiel Miteigentum am anvertrauten Gut erwirbt, so liegt rein formales Eigentumsrecht vor. Keineswegs erwirbt der Beauftragte vom wirtschaftlichen Standpunkte Eigentum, sein Vermögen wird durch den Zuwachs nicht vermehrt, denn zugleich mit dem Eigentumsrecht spricht ihm das Gesetz die Verpflichtung zu, tantundem eiusdem generis zu leisten. Das Strafgesetz dagegen hat, indem es Vermögensdelikte aufstellt, gerade den Schutz des wirtschaftlichen Eigentums im Auge und kümmert sich um das formale Recht nicht im mindesten." Das ist nun gegenüber dem deutschem Recht, auf das hier allein eingegangen wird, eine völlig unhaltbare Behauptung. Überdies begegnen da noch andere Irrtümer und unrichtige Aufstellungen: Wenn Jemand bares Geld offen zugezählt erhält, so ist das noch nicht der im § 948 BGB. vorgesehene Fall der Vermengung. Wenn ferner der Mandatar Miteigentümer des Gemenges wird, so ist dadurch nach der durchaus herrschenden Lehre, die das Erfordernis der fremden Sache strenge nach zivilrechtlichen Grundsätzen beurteilt, die Unterschlagung keineswegs ausgeschlossen. Weiter spricht das Gesetz dem Mandatar gerade in diesem Fall nicht die Verpflichtung zu, tantundem eiusdem generis zu leisten. Er ist durch die Vermengung nicht bereichert, aber bloß deshalb nicht, weil er eben bloß Miteigentum nach dem Verhältnis des Wertes der vermengten Sachen erwirbt und zugleich das Alleineigentum an seinen Geldstücken verliert. Endlich muß man fragen: Worin besteht das „wirtschaftliche" Eigentum, wenn doch nur durch den Hinweis auf eine (angebliche) rechtliche Verpflichtung der Mangel einer Vermögensvermehrung und das Vorliegen „rein formalen" Eigentumsrechtes dargetan zu werden vermag? Und soll etwa der Darlehnsnehmer auch nur formales Eigentum erwerben und sein Vermögen nicht vermehrt werden, weil doch auch ihm das Gesetz zugleich mit dem Eigentumsrecht die Verpflichtung zuspricht, tantundem eiusdem generis zu leisten?

[6]) Wenn dem Treuhänder eine Sache unmittelbar anvertraut ist behufs Erwerbung einer anderen Sache und er erwirbt diese für sich schon in der Absicht, sie nicht auf den Geschäftsherrn zu übertragen, sondern für sich zu behalten, so wird diese Handlungsweise regelmäßig Unterschlagung der ersten unmittelbar anvertrauten Sache darstellen. Aber in vielen Fällen liegt das hier vorausgesetzte Verhältnis nicht vor; und dann ist die Bestrafung abhängig von dem schwierigen und oft nicht zu erbringenden Nachweis, daß der Treuhänder schon bei der Veräußerung dolos gehandelt habe.

bedarf auch der Eigentumserwerb des Kommissionärs an den von ihm eingekauften Sachen.

Ferner fehlt das Erfordernis der fremden Sache und ist demnach Unterschlagung ausgeschlossen bei den sogenannten fiduziarischen Geschäften im engeren Sinn des Wortes. Hieher gehört als der praktisch wichtigste Fall die Begebung eines Ordrepapieres, besonders eines Wechsels, mit Vollindossament, aber nur zu dem beschränkten Zweck der Einziehung oder der Sicherung.[1])

Nimmt man es mit dem Erfordernis der fremden Sache genau, so muß in allen diesen Fällen die Anwendbarkeit des § 246 RStGB. verneint werden trotz des lebhaftesten Bedürfnisses nach seiner Anwendung. Dieses drängt denn auch immer wieder zu Versuchen, über die Schwierigkeiten hinwegzukommen, die sich aus der Gestaltung des Tatbestandes der Unterschlagung einerseits und aus der Regelung der Eigentumsverhältnisse andrerseits ergeben. Gegenüber einer älteren und für überwunden gehaltenen Zeit zeigt sich hier bei genauer Beobachtung nur ein Unterschied in dem Mittel, das man anwendet, um zu den durch die praktischen Bedürfnisse geforderten Ergebnissen zu gelangen. Während man früher die zivilrechtlichen Grundsätze über den Eigentumserwerb für nicht maßgebend erklärte und sich damit über das Tatbestandserfordernis der fremden Sache hinwegsetzte, betont man jetzt zwar die unbedingte Herrschaft der zivilrechtlichen Vorschriften, sucht aber gerade durch gezwungene Auslegung dieser oder durch mehr minder gewagte zivilrechtliche Konstruktionen das Erfordernis der fremden Sache zu retten und die Anwendung des Unterschlagungsbegriffes zu ermöglichen. Zweifellos liegt darin ein Fortschritt. Aber das Gesamtergebnis ist doch ein nicht minder unbefriedigendes. Man hat unsre Fälle dahin gekennzeichnet, daß sich bei ihnen der Eigentumsübergang unter Umständen vollziehe, welche die ihm sonst für die strafrechtliche Beurteilung der Tat zukommende Bedeutung wesentlich verringern.[2]) Das ist aber nach zwei Richtungen noch zu wenig gesagt, denn einmal ist die Bedeutung des Eigentumsüberganges für die strafrechtliche Beurteilung der Tat nicht bloß verringert, sondern es kommt ihm in diesem

---

[1]) Die Aufzählung könnte noch fortgesetzt werden, doch kommt es hier auf Vollständigkeit nicht an.

[2]) Merkel in H. H. Bd. 3 S. 783, auf den später oft Bezug genommen wurde.

Belang eine Bedeutung überhaupt nicht zu. Und dann äußert sich die verminderte oder besser mangelnde Bedeutung des Eigentumsüberganges nicht nur im Strafrecht, sondern auch in durchaus analoger Weise im Zivilrecht selbst, am schärfsten bei der Aussonderung im Konkurs. Die Anwendung des § 43 KO. stößt auf ganz dieselben Schwierigkeiten, wie die des § 246 RStGB. Der zu ihrer Überwindung jetzt eingeschlagene Weg läßt den vorhandenen Zusammenhang deutlich erkennen. Besonders zwei Konstruktionen sind es, mit deren Hilfe man auf beiden Gebieten den praktischen Bedürfnissen gerecht zu werden sucht.

Einmal durch die Ausgestaltung der Lehre von den fiduziarischen Geschäften und eine scharfe Unterscheidung des Verhältnisses nach außen von dem inneren Verhältnis zwischen Fiduzianten und Fiduziar. Nach außen zwar soll der Fiduziar die Stellung des Eigentümers haben, nach innen aber, im Verhältnis zum Fiduzianten, soll die Sache eine für den Fiduziar „fremde" sein.[1] Das praktische Ergebnis, daß einerseits der Fiduziant die Sache im Konkurs des Fiduziars aussondern kann, daß andrerseits dieser eine Unterschlagung begeht, wenn er sich die Sache zueignet, wäre ein durchaus befriedigendes, aber es läßt sich doch nicht verkennen, daß gewichtige Bedenken gegen die Konstruktion selbst vorliegen. Zwar wirft man ihr mit Unrecht ein Zurückfallen auf den Standpunkt der Theorie vom geteilten Eigentum vor,[2] aber es fehlt der Nachweis und jeder gesetzliche Anhaltspunkt dafür, daß der Anspruch des Fiduzianten und die Verpflichtung des Fiduziars dinglicher Natur seien und gerade dieser Punkt ist doch entscheidend sowohl für das Bestehen eines Aussonderungsrechtes in unsern Fällen, als auch für die Möglichkeit einer Unterschlagung. Und in der Tat ist denn auch diese Lehre weit davon entfernt, einschließlich ihrer praktischen Konsequenzen in der Literatur zur Anerkennung zu gelangen; ebensowenig hat sich ihr die Rechtsprechung auf den beiden praktisch bedeutsamsten Gebieten gleichmäßig angeschlossen. Daß dem Fiduzianten im Konkurs des Fiduziars ein Aussonderungsrecht zustehe, ist allerdings die weitaus

---

[1] Dernburg, Pandekten § 100, vgl. auch Dernburg, Bürgerl. Recht Bd. 1 § 172, besonders aber Jäger, Kommentar zur Konkursordnung, 2. Aufl. Anm. 3 und 17 ff. zu § 43, S. 356 fg. und 364 ff. mit reichen Literaturangaben.

[2] Schultze, Treuhänder im geltenden Bürgerl. Recht, S. 28 fg.

überwiegende Meinung[1]), die aber im einzelnen wieder vielfach verschieden begründet wird.[2]) Die Ansicht aber, es sei an der fiduziarisch übertragenen Sache Unterschlagung möglich, wird nur vereinzelt vertreten.[3]) Ein ähnliches Bild ergibt die Rechtsprechung. In zahlreichen Entscheidungen hat das RG. das Aussonderungsrecht des Fiduzianten anerkannt,[4]) niemals aber auf Grund einer auch nur verwandten Konstruktion und ungeachtet des wenn auch nur nach außen hin bestehenden, „formalen" Eigentums des Handelnden Unterschlagung angenommen; um die Anwendung des § 43 KO. zu begründen, berief sich das RG. darauf, daß die Sache, deren Aussonderung in Frage stand, „materiell und wirtschaftlich" dem Gemeinschuldner nicht gehöre,[5]) hat aber das RG. in Strafsachen das Erfordernis der fremden Sache festzustellen, so hält es sich nur an das formale Recht und schenkt der wirtschaftlichen Sachlage keine Beachtung. Dort warnt es vor formalistischer Gesetzesauslegung[6]) und huldigt doch auf dem ganzen Gebiet der Zueignungsverbrechen und darüber hinaus einem übertriebenen Formalismus.[7])

[1]) Dernburg a. a. O., Kohler, Lehrbuch des Konkursrechtes, § 35 und Leitfaden S. 117 fg., R. Schmidt, Z. f. Zivilprozeß Bd. 29 S. 547 fg. Jäger a. a. O. Anm. 17 ff.

[2]) Nicht alle Schriftsteller sprechen dem Fiduzianten Eigentum zu, indem sie, wie z. B. Jäger, das äußere Verhältnis von dem inneren unterscheiden oder auf dem Unterschied von formellem und materiellem Eigentum aufbauen. Der Aussonderungsanspruch wird auch damit begründet, daß die Sache nicht dem Fiduziar, nicht zu seinem Vermögen gehöre, wenn er auch ihr Eigentümer sei (R. Schmidt a. a. O.). Übrigens findet auch Jäger, unter Umständen können auch solche Sachen der Aussonderung unterliegen, die Eigentum des Gemeinschuldners sind (S. 357).

[3]) Dernburg, Pandekten, Kapff a. a. O. S. 51 für den Fall des Vollindossamentes zum Zweck der Einziehung, der aber zur Begründung auch die verunglückte Behauptung heranzieht, bezüglich des Verhältnisses zwischen Fiduzianten und Fiduziar sei das Indossament „nur simuliert, nicht ernstlich gewollt". Vgl. dazu Lammasch, Werk des St.G.-Ausschusses, S. 23 fg.

[4]) Siehe den Nachweis bei Jäger a. a. O.

[5]) RG. in Zivilsachen vom 23. 12. 1899 Bd. 45 S. 85.

[6]) RG. in Zivilsachen vom 2. 2. 1889 Bd. 24 S. 45.

[7]) Einen stichhaltigen Grund für diese Verschiedenheit des Standpunktes gibt es nicht. Daß § 43 KO. von einem „dem Gemeinschuldner nicht gehörigen Gegenstand", § 246 RStGB. aber von einer „fremden Sache" spricht, kann ernstlich nicht in Betracht kommen. (Vgl. § 872 BGB. „Wer eine Sache als ihm gehörend besitzt, ist Eigenbesitzer" und dazu § 958 Absatz 1 BGB).

Die zweite Ansicht geht von dem deutschrechtlichen Begriff der Treuhänderschaft aus. Sie spricht dem Treuhänder Eigentum an der ihm anvertrauten Sache, z. B. an dem mit Vollgiro begebenen Wechsel zu, aber ein resolutiv bedingtes Eigentum. Der Resolutivbedingung kommt dingliche Wirkung zu, ihr Eintritt bewirkt ohne weiteres das Erlöschen des Eigentums des Treuhänders.[1] Als einer der Tatbestände nun, an die sich diese Wirkung knüpft, wird auch der Fall angeführt, daß der Treuhänder das in ihn gesetzte Vertrauen täuscht, die Sache gebraucht oder überhaupt zu anderen als dem gesetzten Zweck über sie verfügt. Da die Sache dadurch eine für den Treuhänder fremde wird, so könne sein treuloses Verhalten als Unterschlagung bestraft werden.[2] Gerade diese letzte Konsequenz aber kann richtigerweise aus der Konstruktion nicht abgeleitet werden und es erübrigt daher, weiter auf sie einzugehen.[3] Der § 246 setzt voraus, daß die Sache bereits im Augenblick der Handlung eine für den Täter fremde sei, gerade aber das Umgekehrte ist hier der Fall. Die Sache **wird** durch die Handlung des Treuhänders zu einer ihm fremden Sache, ist es aber eben noch nicht und kann es offenbar bei den übrigen Annahmen dieser Konstruktion noch nicht sein im Zeitpunkt der Handlung.[4] An sich wäre es gewiß denkbar, daß das Eigentum des Treuhänders nur **bis** zur Handlung besteht, so daß

---

[1]) **Schultze**, Treuhänder im geltenden bürgerl. Recht.

[2]) **Schultze** a. a. O. S. 24.

[3]) Es kann unerörtert bleiben, ob die Konstruktion wirklich im positiven Recht begründet sei, wie **Schultze** darzutun bemüht ist. Auch wenn dies der Fall wäre und wenn ferner die angestrebte strafrechtliche Konsequenz sich aus ihr ergeben würde, wäre doch ihr Anwendungsgebiet ein zu beschränktes, von dem namentlich der Eigentumserwerb des mittelbaren Vertreters ausgeschlossen ist. Der von **Schultze** versuchte Nachweis, „daß Literatur und Rechtsprechung bei der **isolierten** Behandlung der hier unter dem **einheitlichen** Gesichtspunkt der Treuhänderschaft gestellten Erscheinungen in mannigfach voneinander abweichenden angreifbaren und gekünstelten Begründungen Ergebnissen zustreben, die sich aus dem deutschen Treuhandgedanken leicht und ungezwungen ableiten lassen" (S. 28) — dieser Nachweis scheint mir nicht gelungen. Doch ist in dem angeführten Satz der unbefriedigende Zustand in Theorie und Praxis treffend gekennzeichnet und es sei deshalb hier nochmals auf die näheren Ausführungen darüber bei **Schultze** verwiesen.

[4]) **Schultze** sagt, die Sache sei im Augenblick der Veräußerung selbst für den Treuhänder eine fremde geworden. (S. 24, vgl. S. 42 u. 57). Doch ist dies nicht scharf genug, es gibt hier nur ein entweder oder.

diese in der Tat bereits eine fremde Sache betrifft, aber wenn das Erlöschen des Eigentums die Wirkung der Handlung sein soll, kann es nicht zugleich die Grundlage für eine solche rechtliche Qualifikation der Handlung abgeben, die den Mangel des Eigentums voraussetzt.

Wo immer das Erfordernis der fremden Sache im Tatbestand der Unterschlagung Schwierigkeiten bereitet, wird dies zumindest in gleicher Weise auch dann der Fall sein, wenn der Sache die Eigenschaft der Vertretbarkeit zukommt. Es fragt sich aber, ob diese Schwierigkeiten durch die Vertretbarkeit noch gesteigert werden und ob auf sie noch weitere Fälle zurückzuführen seien, auf die mangels des Erfordernisses der fremden Sache der § 246 keine Anwendung finden kann.

Wir gehen von dem einfachsten Fall aus. a übergibt dem b vertretbare Sachen (etwa Münzen, Banknoten, fünf Kilo Kaffe) zur Verwahrung und erklärt ausdrücklich, daß er nach Ablauf von einem Monat die hinterlegten Sachen zurückfordern werde. Der Wille des Übergebers, Eigentümer der anvertrauten Sache zu bleiben, steht außer jedem Zweifel und ist ein unbedingter, das Eigentum an den Sachen geht nicht auf den Treuhänder über. Der Treuhänder ist verpflichtet, die übernommenen Sachen zu verwahren und eben dieselben zurückzustellen. Fassen wir nun die zwischen a und b geschaffenen rechtlichen Beziehungen ins Auge, so können wir zwei Rechtsverhältnisse unterscheiden: einmal das sachenrechtliche Verhältnis, welches darin besteht, daß die im Gewahrsam des b befindliche Sache Eigentum des a ist. Der dem Eigentümer kraft seines Rechtes jedermann gegenüber zustehende Anspruch auf Unterlassung alles dessen, was seinem Recht widerspricht, tritt hier besonders in der Richtung gegen b hervor. Neben dem sachenrechtlichen Verhältnis steht das obligatorische, kraft dessen der b verpflichtet ist, die Sache zu verwahren und nach Ablauf der bestimmten Zeit herauszugeben. Zwischen dem sachenrechtlichen und dem obligatorischen Verhältnis besteht nun die Beziehung, daß der Wille des Eigentümers bezüglich des Fortbestehens oder Aufgebens seines Rechtes an der Sache zum Ausdruck kommt in der Gestaltung des obligatorischen Verhältnisses. Weil der Eigentümer sein Recht an der Sache nicht aufgeben, vielmehr aufrechterhalten will, deshalb verpflichtet er den Treuhänder, gerade die ihm übergebenen Sachen zu verwahren und seinerzeit herauszugeben. Die Verpflichtung des Treuhänders bezieht sich auf eine individuell bestimmte Sache, sie ist eine *spezielle*. So ergibt sich die Berechtigung des Satzes, daß vertretbare Sachen geeignetes Objekt einer Unterschlagung sind, wenn die Verpflichtung des Treuhänders zur Rückstellung eine spezielle ist, wenn er gerade die ihm anvertrauten Sachen zu verwahren und zurückzustellen verpflichtet ist.

Das Vorhandensein der speziellen Verpflichtung steht außer Zweifel und ihre Feststellung begegnet keinen Schwierigkeiten, sobald eine ausdrückliche Willenserklärung des Übergebers erfolgt. Sie allein genügt auch bei vertretbaren Sachen und sind darüber hinausgehende Voraussetzungen nicht aufzustellen. Insbesondere ist eine Individualisierung der Sache nicht notwendig. Die individuelle Bestimmung erfolgt eben durch die Übergabe. Wenn a dem b etwa eine Banknote übergibt mit der ausdrücklichen Erklärung, b solle ihm *diese* Banknote verwahren und nach 10 Tagen zurückstellen, so ist der Gegenstand der Verpflichtung des b vollkommen ausreichend und speziell bestimmt. a verliert sein Eigentum an der Banknote nicht, weil er es dem b nicht übertragen will und b erwirbt es nicht, weil jeder Erwerbsgrund auf seiner Seite fehlt. Daran vermag der Umstand nichts zu ändern, daß der a nach den 10 Tagen seine Banknote vielleicht nicht wiedererkennen kann.[1]) Mengesachen sind tatsächlich wohl ohne Ausnahme insofern leichter erkennbar, als sie schon zwecks der Übergabe in irgendwelche Behältnisse gegeben werden. Auch auf Seite des Treuhänders ist eine Individualisierung der Sache nicht unbedingt notwendig, er kann die Sache, ohne sie geradezu zu individualisieren, in eine Lage bringen, daß sie ihm als die Sache des a erkennbar bleibt. Über Art und Umfang dessen, was der Treuhänder in dieser Richtung vorzukehren hat, entscheidet zunächst eine darüber zwischen ihm und a getroffene Verabredung. Hat eine solche nicht stattgefunden, so kann wohl gesagt werden, der Treuhänder muß das-

---

[1]) Notwendig ist das auch hier nicht; a kann sich die Nummer seiner Banknote merken, oder er kann, wenn es sich etwa um eine stark abgenutzte Münze handelt, diese an ihrem besonderen Aussehen und der Jahreszahl erkennen. Dem a kann auch an der übergebenen Banknote oder Münze gar nichts gelegen sein, aber er kennt den b vielleicht als einen charakterschwachen Menschen, den wohl die ausdrücklich eingegangene Verpflichtung wegen Rückstellung eben dieser Sache, nicht aber eine andere Art der Vereinbarung von einem Vertrauensmißbrauch abhalten werde. Auch hier ist der erklärte Wille des a für die Gestaltung des Rechtsverhältnisses maßgebend, seine Motive und seine nicht erklärten Gedanken ohne Einfluß.

jenige vorkehren, was unter den obwaltenden Verhältnissen notwendig erscheint, damit er die eingegangene Verpflichtung zur Verwahrung und Rückgabe eben der übernommenen Sache erfüllen kann. Dazu kann unter Umständen das Unterlassen der Vermengung vollkommen ausreichen. — Nehmen wir nun an, a habe seine Sache nach vorausgegangener Individualisierung übergeben, etwa das Geld in einem mit seiner Namensunterschrift versehenen Briefumschlag oder den Kaffee in einem besonders bezeichneten Sack. b hat diese von a getroffenen Veranstaltungen zu achten; beseitigt er sie, so wird er in der Regel gegen seine Vertragsverpflichtung handeln, aber die Sache bleibt — von dem Fall der Vermengung immer abgesehen — geeignetes Objekt einer Unterschlagung. Handelt der b aber mit Zueignungsvorsatz, dann kann darin eine Unterschlagung gelegen sein, denn der Treuhänder kann die Sache dadurch dem Eigentümer entfremden und für sich gewinnen, daß er sie für den Eigentümer und vielleicht auch jeden Dritten unkenntlich macht, mag sie auch für ihn noch immer als die Sache des a erkennbar bleiben.

Die Vermengung anlangend muß unterschieden werden, ob sie etwa zufällig, durch einen Dritten, durch den Treuhänder selbst, aber ohne Zueignungsabsicht erfolgt, oder aber ob sie der Treuhänder mit Zueignungsabsicht vornimmt. In den zuerst genannten Fällen aber kommt nur die untrennbare Vermengung in Betracht, da nur sie eine Veränderung der Eigentumsverhältnisse bewirkt; ferner nur die Vermengung der anvertrauten Sachen mit eigenen Sachen des Treuhänders. Denn werden etwa die Sachen, die $a_1$, $a_2$ uff. dem b anvertraut haben, miteinander vermengt, so bleibt doch das Gemenge eine dem b fremde Sache.[1]) — Im ersten Fall nun tritt nach BGB. § 948 Miteigentum der bisherigen Eigentümer an dem Gemenge ein und zwar bestimmen sich die Anteile nach dem Verhältnis des Wertes, den die Sachen zur Zeit der Vermengung haben.[2]) Diese Vorschrift,

---

[1]) Nimmt b selbst diese Vermengung vor, so kann darin unter Umständen immerhin eine Unterschlagung gefunden werden, doch wird in solchen Fällen der Treuhänder meist nicht mit Zueignungsvorsatz handeln. Die Vermengung kann sich auch als Sachbeschädigung darstellen, ebenso aber auch als reine, wenn auch — wegen des an die Stelle des Alleineigentums an den Stücken tretenden Miteigentums am Gemenge — minderbedeutsame „Enteignung" straflos bleiben.

[2]) Vgl. Endemann, Lehrbuch des bürgerlichen Rechts, 9. Auflage (1903) S. 682; Plank, Bürgerl. Gesetzbuch, (1902) Bd. 3 S. 204; Windscheid-

die für alle beweglichen Sachen ohne Unterschied gilt, wird gerade bei vertretbaren Sachen häufig zur Anwendung kommen. Sie setzt aber voraus, daß die Größe der einzelnen Mengen bekannt sei. Es kann nicht angenommen werden, daß diese Voraussetzung regelmäßig oder doch häufig zutreffen wird.[1]) Ist eine der vermengten Sachen als die Hauptsache anzusehen, so erwirbt ihr Eigentümer das Alleineigentum an dem Gemenge. (§§ 948, 947 Absatz 2.) Der Begriff der Hauptsache ist nicht durch besondere Klarheit ausgezeichnet und seine Feststellung dürfte besondere Schwierigkeiten bereiten, wenn das Verhältnis mehrerer Einzelmengen vertretbarer Sachen zu einander in Frage steht. Gewiß kann aber bezüglich dieser Sonderbestimmung angenommen werden, daß sie bei vertretbaren Sachen nur ganz ausnahmsweise zur Anwendung kommen wird.[2]) Ist aber auf Grund dieser Bestimmung der Treuhänder Alleineigentümer geworden, dann kann er sich einer Unterschlagung nicht mehr schuldig machen. Ist der Treuhänder Miteigentümer geworden, so bleibt dadurch die Anwendbarkeit der Unterschlagungsbestimmungen unberührt. Dies gilt insbesondere auch für den Fall der Vermengung von anvertrauten

---

Kipp, Lehrbuch des Pandektenrechts, 8. Auflage S. 871. Auch § 419 HGB. ist zu beachten.

[1]) Das Gesetzbuch sagt nicht, was Rechtens sei, wenn die Größe einer oder einiger der vermengten Einzelmengen nicht bekannt ist, und die Meinungen darüber sind geteilt. (Siehe Plank a. a. O. zu § 948.) Eine Unterschlagung des Treuhänders an dem Gemenge wird aber, wenn überhaupt, nur in den allerseltensten Fällen möglich sein. Vgl. Draheim a. a. O. S. 36 N. 1.

[2]) Das Übergewicht des Wertes der einen Einzelmenge wird mit Plank nicht als genügend zu erachten sein, um ihr die Eigenschaft einer Hauptsache zuzusprechen. Selbst wenn man aber dies annehmen wollte oder wenn zu dem Übergewicht des Wertes andere Momente hinzutreten sollten, die tatsächlich die größere Menge zur Hauptsache machen, so wird wohl die regelmäßige Folge Entstehung von Alleineigentum auf Seite desjenigen sein, der seine Sachen dem anderen anvertraut hat, und nicht auf Seite des Treuhänders, so daß also die Möglichkeit einer nachfolgenden Unterschlagung bestehen bleibt. Freilich ist es nicht möglich, in dieser Richtung bestimmte Behauptungen aufzustellen. — Übrigens ist es interessant, zu beobachten, wie auch hier wieder die Gesetzgebung dazu neigt, den wirtschaftlich stärkeren Teil zu bevorzugen. Der Eigentümer der größeren wertvolleren Teilmenge wird jedenfalls leichter Alleineigentümer des Gemenges, als der schwächere Teil, und dieser ist dann auf eine persönliche Forderung beschränkt. Der verschwommene Begriff der „Hauptsache" enthält gewiß keine Begründung für diese Regelung.

mit dem eigenen Geld des Treuhänders.[1]) So sind durch die Vorschrift des § 948 die Schwierigkeiten erfreulicherweise etwas vermindert, die sich früher auf Grund des gemeinen Rechtes der Annahme einer Unterschlagung entgegenstellten, wenn der Treuhänder zunächst ohne Zueignungsvorsatz anvertrautes Geld mit eigenem vermengte, sodann aber den ganzen Betrag für sich verwendete.[2])

Die im Miteigentum des Treuhänders und einer oder mehrerer anderer Personen stehende Sache ist taugliches Objekt einer Unterschlagung.[3]) Der Treuhänder ist allerdings berechtigt, über seinen Anteil zu verfügen[4]); er darf jedoch diese Grenze nicht überschreiten und ist insbesondere nicht befugt, eigenmächtig eine Teilung vorzunehmen. Eine Verfügung über einen körperlichen Teil der im Miteigentum stehenden Sache, z. B. der Verbrauch eines Teiles, kann daher eine Unterschlagung begründen, selbst wenn dieser Teil seiner räumlichen Ausdehnung und seinem Wert nach geringer ist, als der Anteil des Täters.[5]) Die uneingeschränkte Anwendung dieser Sätze

---

[1]) Dernburg (Das bürgerliche Recht, Bd. 3 S. 298) scheint anzunehmen, daß die Vorschrift des § 948 auf Geld keine Anwendung finde, denn nach Ausführung des bekannten römischrechtlichen Satzes sagt er: „Das BGB. hat eine derartige Vorschrift nicht. — Sie ist hier kein Bedürfnis mehr ... Im übrigen aber steht der Vindikation von Geld, welches mit dem Geld eines Anderen vermengt ist, sei es in diebischer, sei es in zufälliger Weise, ein rechtliches Hindernis nicht entgegen. Ist es in Rollen, so kann es leicht erkennbar, trennbar und vindizierbar sein. War es offen und vermischt, so wird die Frage, ob gerade das Geld des Klägers in der Kasse des Beklagten sich findet, tatsächlich die Vindikation erschweren.“ — Eine Begründung für diese Auffassung gibt Dernburg nicht und er steht mit ihr, soweit ich sehen kann, allein.

[2]) Vgl. RG. vom 11. 12. 1896, Bd. 29 S. 251 ff. in der sehr deutlich das Bestreben hervortritt, im Interesse der Strafrechtspflege die Geltung des Rechtssatzes der l 78 Dig. de solut. 46, 3 möglichst einzuschränken, vielleicht wohl über das zulässige Maß hinaus. — Vgl. auch RG. v. 12. 1. 1891 Bd. 21 S. 270 fg. und Entsch. des RG. in Zivilsachen, Bd. 24 S. 315—317.

[3]) So die gem. Meinung. Vgl. auch RG. Bd. 4 S. 83, Bd. 7 S. 18 und die in Note 2 angeführten Entsch.

[4]) § 747 BGB.; § 829 ABGB., Art. 640 schweiz. Z. G. Entw.

[5]) Vgl. Binding a. a. O. S. 263: „Eignet er (der Täter) sich die ganze Sache zu, so ist nur an der fremden ideellen Quote die widerrechtliche Aneignung vollzogen.“ Damit ist offenbar das Erfordernis der körperlichen, individuell bestimmten Sache in dem strengen Sinne, in dem es sonst genommen wird, aufgegeben. Die Handlung als sinnfälliges Ereignis wird zwar an oder mit Bezug auf eine körperliche Sache

auf den Fall, daß ein aus vertretbaren Sachen bestehendes Gemenge Gegenstand des Miteigentums ist, führt zu unbilligen Entscheidungen. So müßte z. B. der Treuhänder wegen Unterschlagung verurteilt werden, der 50 ihm anvertraute Geldstücke mit 20 eigenen desselben Wertes zufällig vermengt und von dem Gemenge dann 20 für sich verbraucht. Dieses Ergebnis kann offenbar vom Standpunkt des geltenden Strafrechtes aus nicht vermieden werden, denn der Tatbestand der Unterschlagung erfährt keine Veränderung durch die Vertretbarkeit des Objektes. Hingegen entsteht die Frage, ob die zivilrechtlichen Grundsätze durch die Vertretbarkeit nicht berührt werden. Das RG. hat sie bejahend beantwortet. Seiner Ansicht nach „kann auch die eigenmächtige Teilung, sofern sie nur den Anteilen entspricht, nicht als rechtsverletzend gelten, wenn Geld oder andere fungible Sachen den Gegenstand des Miteigentums bilden, da in diesem Fall nach der Natur dieser Sachen das einzelne Stück durch das andere vertreten werden kann.“[1]) Kommen aber nicht vertretbare Sachen in Betracht, so soll die eigenmächtige Teilung rechtswidrige Zueignung und Unterschlagung begründen, da sie die Rechte der übrigen Miteigentümer verletzt. Diese Unterscheidung ist nun jedenfalls unrichtig. In der körperlichen Teilung einer einzelnen im Miteigentum stehenden Sache kann unter Umständen eine Zueignung gefunden werden, niemals aber bloß in der Teilung eines aus vertretbaren Sachen bestehenden Gemenges, in dem Ausscheiden einer bestimmten Quantität aus dem Gemenge. Dadurch gewinnt der Täter die Quantität noch nicht und schließt die übrigen Miteigentümer nicht aus. Die entscheidende Frage ist demnach die, ob sich die nach erfolgter Teilung vollzogene Zueignung der ausgeschiedenen Teilmengen als rechtswidrige Zueignung einer fremden Sache und demnach als Unterschlagung darstelle. Für die Annahme eines Zueignungsrechtes fehlt jeder Anhaltspunkt. Also muß, wenn anders die aufgeworfene Frage verneint werden soll, angenommen werden, daß die Teilung schon das Miteigentumsverhältnis aufhebt, bei bloß zwei Miteigentümern überhaupt, bei mehreren für den, der die seiner ideellen Quote entsprechende Teilmenge ausscheidet. Dann bildet die nachfolgende Verfügung über die Teilmenge keine Unterschlagung, weil sie nicht für den Handelnden fremde

begangen, aber Objekt der Unterschlagung ist doch die ideelle Quote. Theorie und Praxis des Strafrechts nehmen daran nicht den geringsten Anstoß.

[1]) Entsch. v. 12. 1. 1891, Bd. 21, S. 270 fg.

Sachen betrifft. Das RG. hat seine Ansicht nicht näher ausgeführt, es begnügt sich mit dem Satz, daß in unserem Fall die eigenmächtige Teilung nicht rechtsverletzend sei.

Damit ist in Wahrheit nicht die Rechtswidrigkeit einer Zueignung verneint, sondern vielmehr ausgesprochen, daß die Teilung des Miteigentumsverhältnis aufhebt und demnach die nachfolgenden Verfügungen über den ausgeschiedenen Teil Ausübung des Alleineigentums sind. Offenbar kann ja von einer „Teilung" durch den einen Miteigentümer nur dann gesprochen werden, wenn man ihr eben die Wirkung zuerkennt, das Miteigentum aufzuheben. Jeder Miteigentümer erscheint demnach befugt, die seinem Anteil entsprechende Teilmenge auszuscheiden und dadurch das Miteigentumsverhältnis jedenfalls für seine Person zum Erlöschen zu bringen; bestand es überhaupt nur zwischen ihm und einer zweiten Person, so ist es gänzlich aufgehoben. Von diesem Standpunkt aus könnten einerseits die oben erwähnten Verurteilungen vermieden und andererseits die Rechte der Miteigentümer in vollkommen ausreichender Weise geschützt werden. Nur kann es zweifelhaft erscheinen, ob diese Konstruktion noch auf dem Boden des geltenden Rechtes stehe und ob das Rechtsverhältnis dann noch als Miteigentum aufgefaßt werden könne, wenn man diese Modifikationen anerkennt, die bereits an die Quantitätsvindikation anklingen.[1]) Unverkennbar drängt die Vertretbarkeit zu einer Konstruktion der letzteren Art und es erweist sich die des Miteigentums als wenig zweckentsprechend. Das zeigt sich auch in der eben besprochenen Entscheidung.

Das RG. scheint jedoch die eben dargelegten Folgerungen aus dem einmal eingenommenen Standpunkt nicht abzuleiten; in einer späteren Entscheidung[2]) hat es sie vielmehr ausdrücklich abgelehnt. Der Angeklagte hatte von den Teilnehmern einer festlichen Veranstaltung auftraggemäß die festgesetzten Beiträge eingezogen, von diesem Geld ca. 130 Mark mit 20—30 Mark von seinem eigenen Geld ununterscheidbar vermengt und von diesem Gemenge zunächst wieder 20—30 Mark und erst später weitere Beträge entnommen und für sich verwendet. Die Annahme des ersten Richters, daß die Festteilnehmer und der Angeklagte infolge der Vermischung Mit-

---

[1]) Vgl. § 28 I. de rerum divisione 2, 1 und § 419 HGB.

[2]) vom 11. 12. 1896, Bd. 29, S. 251 ff.

eigentümer des Gemenges geworden seien, hat das RG. ausdrücklich gebilligt,[1]) die weitere Annahme jedoch, wonach die aus den Beiträgen der Festteilnehmer herrührenden 130 Mark von selbst in das ausschließliche Eigentum der letzteren zurückgefallen seien, als der Angeklagte von der Gesamtsumme seinen Anteil von 20—30 Mark entnommen und für sich verwendet hatte, bezeichnet es als unbegründet. Denn es sei in der Tat nicht ersichtlich, weshalb das vermöge des Miteigentums an allen Teilen der ganzen Geldmenge begründete dingliche Recht des Angeklagten bezüglich der Quote, welche der Summe der darin enthaltenen Beiträge entsprach, ohne weiteres durch die Verwendung der bezeichneten Anteilssumme von 20—30 Mark im eigenen Nutzen untergegangen sein sollte. Eine solche Disposition über einen Teil des gemeinschaftliches Eigentum gewordenen Geldes erscheine vielmehr zunächst nur hinsichtlich des obligatorischen Verhältnisses zwischen dem Angeklagten und den als Miteigentümer in Betracht kommenden Festteilnehmern von Bedeutung, während das Miteigentum des Angeklagten bezüglich desjenigen Teiles der Gesamtmenge, welcher nach der Verausgabung der erwähnten 20—30 Mark übrig blieb, in seiner dinglichen Wirkung fortbestehe. Diese Ausführungen des RG. sind ganz verfehlt und mit dem früher eingenommenen Standpunkt unvereinbar. Offenbar hat die 1. Instanz und das RG. in der Verwendung der 20—30 Mark durch den Angeklagten keine Unterschlagung erblickt; sonst wäre ja auch ein offener Widerspruch mit der erstangeführten Entscheidung gegeben. Wie aber schon früher gezeigt wurde, kann die Unterschlagung nur auf Grund der Annahme ausgeschlossen werden, daß auch die eigenmächtige Teilung den sie Vornehmenden zum Alleineigentümer des ausgeschiedenen Teilbetrages mache. In dieser Richtung müßte also auch das RG. der Handlung des Angeklagten dingliche Wirkung zuerkennen. Die dinglichen Rechte der anderen Miteigentümer an der Quote, die der Angeklagte für sich verbrauchte, müssen schon vor dem Verbrauch erloschen sein, sonst kann die Annahme einer Unterschlagung nicht vermieden werden. Kommt aber der Handlung des Angeklagten nach dieser Richtung hin dingliche Wirkung zu, so ist es ebenso inkonsequent wie unbillig, ihr diese Wirkung nicht auch

---

[1]) Und zwar auf Grund der gemeinen Rechtes mit Berufung auf den Willen der Beteiligten.

nach der anderen Richtung zuzuerkennen. Die übrigen Miteigentümer sind benachteiligt, wenn derjenige, der seinen Anteil eigenmächtig ausscheidet und für sich verbraucht, hinsichtlich des Restes noch weiter dingliche Rechte besitzen soll. [1])

Nach österreichischem bürgerlichen Recht sind die Folgen der Vermengung zweifelhaft wegen des unklaren Verhältnisses zwischen den Normen der §§ 371 und 415 ABGB. Von dem Fall der Vermischung durch einen Dritten oder ein zufälliges Ereignis kann hier abgesehen werden, weil er für die strafrechtliche Frage von verschwindender Bedeutung ist. Vermengt der Treuhänder selbst fremdes Geld oder fremde Inhaberpapiere mit eigenen und können die vermengten Sachen nicht mehr voneinander unterschieden werden, dann wird er Alleineigentümer der vermengten Sachen [2]) und kann daher an diesen eine Unterschlagung nicht mehr begehen. Natürlich erweitert sich das Gebiet der Fälle, in denen Unterschlagung ausgeschlossen ist, je weiter man die Annahme der Entstehung von Alleineigentum ausdehnt. Doch ist es auch bei jenen Fällen, die man den Vorschriften des § 415 unterstellen will, die Möglichkeit einer Unterschlagung nicht über jeden Zweifel erhaben, und jedenfalls engt das österreichische bürgerliche Recht das Anwendungsgebiet des Unterschlagungsbegriffs im Fall der Vermengung noch mehr ein, als das deutsche. [3])

Der schweizerische Zivilgesetzentwurf regelt in seinem Art. 717 die Rechtsverhältnisse bei der Verbindung und Vermischung und läßt, so wie das deutsche Gesetz, lediglich auf Grund der objektiven Voraussetzung der Vermischung „ein Miteigentum der Beteiligten" entstehen. [4]) Huber führt dazu folgendes aus: „... Bei der

---

[1]) Diese Annahme führt zu ganz unhaltbaren Ergebnissen. Der Standpunkt des RG. ist eben eine Halbheit: auf der einen Seite läßt es sich zu einer Berücksichtigung der wirtschaftlichen Sachlage und der praktischen Bedürfnisse herbei, auf der anderen huldigt es doch wieder starrem Doktrinarismus.

[2]) Nach § 371. Freilich ist auch dies nicht unstreitbar, indes dürfte der Satz im Text, auf Geld und Inhaberpapiere beschränkt, immerhin als die herrschende Meinung bezeichnet werden können. Einzelne Schriftsteller gehen aber in der Annahme von Alleineigentum viel weiter. Vgl. oben S. 121 Anm. 4.

[3]) Zu beachten ist auch, daß das HGB. vom 17. 12. 1862 eine dem § 419 HGB. vom 10. 5. 1897 entsprechende Vorschrift nicht enthält.

[4]) Art. 717: „Werden bewegliche Sachen verschiedener Eigentümer so miteinander vermischt oder verbunden, daß sie ohne wesentliche Beschädigung oder unverhältnismäßige Arbeit und Auslagen nicht mehr getrennt werden

Vermischung von Geld ist das Verhältnis ein ganz anderes. Die Summe gemischten Geldes ist keine neue Sache, die Ausscheidung ist, wo die einzelnen Bestandteile oder Beiträge bekannt sind, niemals unmöglich, da es doch nicht auf die Identität der Münzstücke, sondern nur auf den Geldbetrag ankommt. Also wird man sich mit einer Rückforderungsklage von hüben und drüben hinreichend behelfen können. Ebenso verhält es sich, wenn zwei Massen fungibler Dinge gleicher Art zusammengeworfen werden. Vermischung oder Verbindung im wirklichen Sinn kann nur vorliegen, wenn Gegenstände gemengt worden sind, die in ihrer Vereinigung etwas anderes ausmachen, als jeder Gegenstand für sich genommen. Indem der Entwurf sich nur auf solche Fälle bezieht, überläßt er die Ordnung betreffend die Vermengung gleichartiger Sachen stillschweigend den allgemeinen Rechtsgrundsätzen."[1]) Durch die Motive werden wir also belehrt, daß die Bestimmungen des Art. 717 auf den einen Hauptfall, der praktisch sogar der wichtigere sein dürfte, keine Anwendung finden sollen. Freilich enthält der Entwurf keinerlei Anhaltspunkte dafür, daß er in so einschränkender Weise auszulegen sei. Zunächst könnte man einen solchen darin vermuten, daß der Entwurf nur von einer Vermischung spricht, die ohne wesentliche Beschädigung oder unverhältnismäßige Arbeit und Auslagen nicht mehr behoben werden kann, also die überhaupt untrennbare Vermischung nicht erwähnt. Nun wird allerdings gerade bei der Vermengung gleichartiger, vertretbarer Sachen die absolute Untrennbarkeit sehr häufig sein, es kann aber doch auch hier der vom Entwurf ausdrücklich vorgesehene Fall eintreten. Umgekehrt ist dieser bei der Vermengung von Sachen verschiedener Art wohl die Regel, es kann aber doch auch hier absolute Untrennbarkeit vorliegen und diese Fälle wird der Entwurf von seinen Bestimmungen gewiß nicht ausgenommen wissen wollen.

---

können, so entsteht an der neuen Sache nach dem Werte, den die Beiträge zur Zeit der Verbindung haben, ein Miteigentum der Beteiligten. — Wird eine bewegliche Sache mit einer anderen derart vermischt oder verbunden, daß sie als deren nebensächlicher Bestandteil erscheint, so gehört die ganze Sache dem Eigentümer des Hauptbestandteiles. — Vorbehalten bleiben die Ansprüche auf Schadenersatz und aus der Bereicherung." — Gegenwärtig ist noch das kantonale Recht maßgebend, da das Obl. R. den originären Eigentumserwerb nicht geregelt hat. Siehe Hafner, Das schweizerische Obligationenrecht, (2. Aufl.) Bem. zu Art. 199 und Anm. 2 zu Art. 206.

[1]) Erläuternde Bemerkungen, S. 119.

Man wird daher aus Art. 717 schließen müssen, daß die dort festgesetzte Rechtsfolge bei gänzlich untrennbarer Vermischung um so mehr eintritt, als sie schon für den Fall einer solchen Vermischung ausdrücklich bestimmt ist, die nur mit unverhältnismäßigem Aufwand getrennt werden könnte. Übrigens ist die Auffassung Hubers hier eine andere; er meint, ein Gemenge etwa von Geldstücken könne stets getrennt werden, weil es nicht auf die Geldstücke, sondern nur auf die Beträge ankomme. Letzteres ist nun gewiß richtig, nur kann dann nicht von Trennung gesprochen werden. Ebensowenig kann für die Auslegung die Behauptung Hubers maßgebend sein, daß Vermischung „im wirklichen Sinn" nur bei Sachen verschiedener Art vorliege. Weder der juristische noch der allgemeine Sprachgebrauch schränkt den Ausdruck auf diesen einen Fall ein. Bei dieser Sachlage hat m. E. die Auslegung den Ausführungen Hubers keine Beachtung zu schenken, denn die Meinung des Verfassers eines Entwurfes darf nicht über den Wortlaut und Sinn eines Gesetzes gestellt werden. Hält man sich daran, dann wird sich in den hier wesentlichen Richtungen die Rechtslage in der Schweiz ebenso gestalten, wie sie bereits heute in Deutschland besteht und die oben gemachten Ausführungen können ohne weiteres auch hierher übertragen werden.

Wollte man sich bei der Auslegung des Art. 717 der Meinung Hubers anschließen, dann würde das eben Gesagte nur für die Vermengung vertretbarer Sachen verschiedener Art gelten. In dem Fall der Vermengung gleichartiger vertretbarer Sachen bleibt das Rechtsverhältnis ganz unklar; daran vermag offenbar die Verweisung Hubers auf die allgemeinen Rechtsgrundsätze ebensowenig zu ändern, als seine Bemerkung, man werde sich mit einer Rückforderungsklage von hüben und drüben „behelfen" können. Immerhin scheint dabei wieder an Entstehung von Alleineigentum einerseits und persönliche Klage andererseits gedacht zu werden und dann ist die Möglichkeit einer Unterschlagung an dem Gemenge wieder ausgeschlossen.

Unter den bisher angenommenen Voraussetzungen fehlt es auch dann nicht an dem Erfordernis der fremden Sache, und der Treuhänder begeht durch Zueignung der ihm anvertrauten vertretbaren Sache eine Unterschlagung, wenn er die Sache nicht an den Übergeber zurückzustellen, sondern an einem Dritten abzuliefern oder in bestimmter Weise im Interesse des Eigentümers zu verwenden hat. Der Treuhänder wird nicht Eigentümer der Sache, wenn ihm der

Übergeber das Eigentum nicht übertragen will, und dieser Wille äußert sich darin, daß die Verpflichtung des Treuhänders eine spezielle ist.

Endlich kann auch bei den Fällen des mittelbaren Anvertrauens trotz Vertretbarkeit der Sache das Erfordernis der fremden Sache gegeben sein. Auch hier muß der Treuhänder in den Besitz der Sache gelangen, ohne Eigentum an ihr zu erwerben, es muß also unmittelbarer Eigentumsübergang auf den Auftraggeber stattfinden. Die hierfür maßgebenden Grundsätze des Zivilrechts erleiden keine Abänderung durch die Vertretbarkeit der Sache, aber sie sind schon an sich geeignet, dem Anwendungsgebiet des § 246 in weitem Umfang Eintrag zu tun. Die Voraussetzungen für den Eigentumserwerb des Auftraggebers waren nach dem älteren Recht bestritten [1]) und damit auch die Grundlage für die Anwendung des Strafgesetzes. [2]) Das BGB. hat diesen Streitfragen kein Ende bereitet, trotz des § 164. Vielleicht darf davon abgesehen werden, daß schon die Anwendbarkeit der Grundsätze über die Stellvertretung auf den Eigentumserwerb nicht ganz unbestritten ist. [3]) Viel mehr noch herrscht Streit über die Tragweite des so wichtigen Absatzes 2 des § 164. [4]) Je mehr aber die Auslegung dem Wortlaut und Sinn dieser Gesetzesstelle sich anschließt, desto ungünstiger wird das Ergebnis, wenn man es vom Standpunkt des Strafrechts aus betrachtet. Damit der Vertretene das Eigentum erwerbe, wird man fordern müssen: auf der Seite des Übergebers die ausdrückliche Erklärung, dem Vertretenen das Eigentum übertragen zu wollen oder Umstände, aus denen sich dieser Wille ergibt; auf Seite des Vertreters gleichfalls eine ausdrückliche Erklärung, im Namen des Auftraggebers zu handeln oder Umstände, aus denen der Vertreterwille hervorgeht.

---

1) Siehe Randa, Eigentum, § 11, S. 259 ff. und die dort Angeführten.

2) Auch in der älteren strafrechtlichen Literatur wird bald alles Gewicht auf den Willen des Empfängers (Treuhänders) gelegt, bald dem Willen des Übergebers eine größere oder geringere Bedeutung zugeschrieben.

3) Siehe Lenel, Stellvertretung und Vollmacht in Jherings Jahrbüchern Bd. 36, S. 1 ff.

4) Siehe Plank, Kommentar, (3. Aufl.) Bd. 1 Vorbem. zum 5. Titel und zu § 164 und die dort Angeführten. — Bezüglich des österreichischen Rechtes vgl. hier nur § 1017 ABGB. und dazu Krainz a. a. O. § 126, Randa a. a. O. § 11; ferner Art. 36, 37 OblR.

Sind diese letzteren Erfordernisse erfüllt, so wird auch dann direkter Eigentumserwerb des Vertretenen anzunehmen sein, wenn dem Übergeber die Person des Erwerbers gleichgiltig ist und er seine Erklärung so abgibt, daß sie als einem Vertreter oder einer im eigenen Namen auftretenden Person gegenüber erfolgt betrachtet werden könne. Hingegen erwirbt der Vertreter das Eigentum, wenn zwar dem Übergeber die Person des Erwerbers gleichgültig ist, der Vertreter aber nicht erklärt, daß er für den Auftraggeber erwerben wolle und sich dies auch nicht aus den Umständen ergibt.[1]) Wie nun ersichtlich, spielt der Wille des Auftraggebers bei der Frage des Eigentumsüberganges nur eine untergeordnete Rolle. Er geht in den für uns wesentlichen Fällen dahin, durch die Vermittlung des Vertreters eine Sache in sein Vermögen übertragen zu bekommen, der Vertreter soll die Sache nicht genießen dürfen. Sehen wir von dem Fall ab, daß der Vertreter von vorneherein unredliche Absichten hat, so wird sich sein Wille dem des Auftraggebers anpassen. So scheint es, als ob der unmittelbare Erwerb für den Vertretenen die dem Parteiwillen allein entsprechende rechtliche Gestaltung wäre. Aber einmal hat die Rechtsordnung nicht nur auf den Willen des Auftraggebers und des Vertreters Rücksicht zu nehmen, sondern muß auch den Interessen Dritter und namentlich des Übergebers Rechnung tragen. Darum legt sie den Grundsatz der „Offenheit" bei der Stellvertretung zugrunde. Andererseits bildet der Eigentumserwerb des Vertreters kein Hindernis dafür, daß der vom Auftraggeber und dessen Vertreter angestrebte Erfolg erreicht werde. Der Vertreter kann jederzeit und auch sofort, nachdem er Eigentümer geworden, das Eigentum auf den Auftraggeber übertragen. Ob nun dieser Umweg oder der direkte Weg eingeschlagen wird, das wird dem Auftraggeber häufig gleichgiltig sein, er wird darum in der Regel seinem Vertreter über diesen Punkt keine Weisungen erteilen, ja er wird nicht selten dem Vertreter bezüglich der Art seines Auftretens besondere Verhaltungsmaßregeln geben, die den unmittelbaren Eigen-

---

[1]) Die Annahme, daß auch in diesem Fall das Eigentum auf den Vertretenen übergehe, verstößt gegen § 164 Absatz 1 und läßt Absatz 2 desselben Paragraphen außer acht. Tatsächlich unrichtig ist die Behauptung, daß dem Übergeber die Person des Erwerbers immer gleichgültig sei. Derselben Ansicht Draheim a. a. O. S. 35 fg.

tumsübergang geradezu ausschließen. Dies kann er mit oder ohne Kenntnis von der juristischen Tragweite des gewünschten Auftretens des Vertreters tun, jedenfalls will er darum dem Vertreter tatsächlich nicht mehr Verfügungsmacht einräumen, als ein anderer Auftraggeber, der seinem Vertreter ausdrücklich offenes Auftreten und direkten Erwerb für ihn zur Pflicht macht. Übrigens kann der Vertreter auch in diesem Fall für sich erwerben, selbst die ausdrückliche Willenserklärung des Auftraggebers vermag dies nicht zu hindern, sofern sie nur dem Vertreter gegenüber erfolgt. Demnach kann auf die Frage nach dem Vorhandensein des Erfordernisses der fremden Sache hier nur mit dem Hinweis auf die Vorschriften des BGB. geantwortet werden. Der Versuch, von diesen auf das zwischen dem Auftraggeber und dem Vertreter begründete wirtschaftliche Verhältnis und den Willen des Auftraggebers zurückzugehen und so zu allgemeinen tatsächlichen Voraussetzungen zu gelangen für den unmittelbaren Eigentumserwerb des Vertretenen und damit die Möglichkeit einer Unterschlagung durch den Vertreter, dieser Versuch muß scheitern.

Für die früher betrachteten Fälle ist der Satz gewonnen worden, daß es auch beim Anvertrauen vertretbarer Sachen an dem Erfordernis der fremden Sache nicht fehle, wenn die Verpflichtung des Treuhänders eine spezielle sei. Auf die jetzt in Betracht gezogene Gruppe von Fällen übertragen, würde dieser Satz dahin lauten, daß der Auftraggeber unmittelbar Eigentümer werde und die vertretbaren Sachen für den Vertreter fremde seien, wenn sich die Verpflichtung des Vertreters zum Erwerb für den Auftraggeber ungeachtet der Vertretbarkeit auf speziell bestimmte Sachen beziehe. Es folgt aber schon aus dem bisher Gesagten, daß jede solche Aufstellung unrichtig wäre. In der speziellen Verpflichtung des Vertreters muß keineswegs der Wille des Auftraggebers zum Ausdruck kommen, sofort das Eigentum an der Sache zu erwerben. Der Auftraggeber kann auch hier aus irgendwelchen Gründen wünschen, daß der Vertreter geradezu als im eigenen Namen handelnd auftrete, wobei er dann eben für sich das Eigentum erwirbt. Ein auf eine speziell bestimmte Sache gerichteter Erwerbswille des Auftraggebers, spezielle Verpflichtung des Vertreters und Eigentumserwerb des Vertreters sind also sehr wohl miteinander vereinbar.

Der Einkaufskommissionär erwirbt der richtigen Ansicht nach immer das Eigentum an der Ware für sich und hat es erst in der

Folge auf den Kommittenten zu übertragen.[1]) Zur Begründung dieser Ansicht genügt ein Hinweis auf den Begriff des Kommissionärs einerseits, dem Handeln im eigenen Namen wesentlich ist,[2]) und auf die eben besprochene Regelung der unmittelbaren Stellvertretung im BGB. andererseits. Den alten Streit über das Eigentum am Kommissionsgut[3]) haben freilich auch die Bestimmungen des BGB. kein Ende gesetzt; ebenso alt sind auch die Bestrebungen, den Konsequenzen zu entgehen, die sich aus dem Eigentumserwerb des Kommissionärs und ebenso des mittelbaren Vertreters ergeben.[4]) Sie finden eine Art besonderer Rechtfertigung im geltenden Handelsrecht, das einem ganz ähnlichen Bedürfnis Rechnung trägt, wenn es Forderungen aus einem Geschäft, das der Kommissionär abgeschlossen hat, im Verhältnis zwischen dem Kommittenten und dem Kommissionär oder dessen Gläubigern als Forderungen des Kommittenten gelten läßt, auch wenn sie diesem nicht abgetreten sind.[5]) Die engen Grenzen, inner-

---

[1]) Staub, Kommentar, § 11 zu Art. 360, Cosak, Lehrbuch des Handelsrechts, 4. Aufl. § 43 III S. 229. — Ebenso das ROHG. und das RG.

[2]) HGB. § 383, alt Art. 340, Art. 430 schweiz. Obl. R, vgl. dazu die Kommentare, Grünhut, Das Recht des Kommissionshandels, § 3 ff. Lepa, Die Lehre vom Selbsteintritt des Kommissionärs, S. 8; Hafner a. a. O. zu Art. 430 Obl. R.

[3]) S. darüber Grünhut a. a. O. § 42 mit reichen Literaturangaben.

[4]) Vgl. nur die äußerst interessanten und bezeichnenden Verhandlungen der Nürnberger Kommission (angef. bei Grünhut a. a. O. S. 442 ff.), dann die durch die „Bankdepotfrage" veranlaßten Erörterungen (besonders die Gutachten und Verhandlungen des 22. deutschen Juristentages) und die Beratungen über den Entwurf des BGB. (Siehe die folg. Anm.)

[5]) HGB. § 392 Absatz 2, alt Art. 368. Vgl. Art. 442 Absatz 2 und 399 Obl. R. (inhaltlich gleich Art. 1495 Absatz 2 und 1455 des Entwurfes). Diese Vorschrift gilt aber nach deutschem Recht nur für die Kommission und nur für Forderungen, die der Kommissionär auf Rechnung des Kommittenten begründet hat. Selbst der Kommittent hat daher kein Aussonderungsrecht im Konkurs bezüglich der vom Kommissionär eingekauften und zu Eigentum erworbenen Sachen, s. Jäger a. a. O. Anm. 27a) zu § 43, a. A. d. RG. Für das Verhältnis des Geschäftsherrn zum mittelbaren Vertreter gilt die Vorschrift des § 392 Abs. 2 HGB. überhaupt nicht. Die gemeinrechtliche Theorie hat allerdings dennoch ein Aussonderungsrecht angenommen, siehe dagegen Staub Kommentar, Anm. 3 zu § 392, Jäger a. a. O. Anm. 28 zu § 43 und das RG.; dafür Strohal in seinem Referat auf dem 22. deutschen Juristentag (auch abgedruckt in der Z. f. Aktienrecht und Bankwesen, 1893, Nr. 21 und 22 S. 343 ff. und 359 ff.), der besonders die „widersinnigen" Ergebnisse beleuchtet,

halb deren hier ein richtiger Gedanke zur Anerkennung gelangt ist, könnten nur im Wege der Gesetzgebung erweitert werden. Solange dies nicht geschehen ist, bleibt auch das Ergebnis unvermeidlich, daß der Kommissionär erst dann einer Unterschlagung sich schuldig machen kann, wenn er das Eigentum an den eingekauften Waren auf den Kommittenten übertragen hat.[1]) Der Vertretbarkeit der Sachen kommt hier keine besondere Bedeutung zu, da der Eigentumserwerb des Kommissionärs selbst dann anzunehmen ist, wenn er nichtvertretbare und speziell bestimmte Sachen einkauft.[2])

Schon aus den eben berührten Grundsätzen ergibt sich, daß der Verkaufskommissionär Eigentümer des Geldes wird, das er als Erlös beim Verkauf des Kommissionsgutes erhält. Auch hier fehlt es also an dem Erfordernis der fremden Sache.[3])

Das Reichsgericht hat sich bezüglich der Eigentumsfrage beim Kommissionsgeschäft zu dem in den vorstehenden Ausführungen ver-

---

zu denen die strikte Auslegung des Art. 368 (§ 392) HGB. gelangt (a. a. O. S. 361 fg.). Der bei der Beratung des BGB. gestellte Antrag, diese Vorschrift zu verallgemeinern und auch die Beschränkung auf Forderungen fallen zu lassen („Sachen, Forderungen und andere Rechte"), ist nicht durchgedrungen. (Protokolle II Bd. 2 S. 360 ff.) Um so weniger wird daher jetzt der § 392 im Wege der Auslegung verallgemeinert werden dürfen. — Nach schweiz. Recht hingegen (Art. 399 Obl. R.) gehen die für Rechnung des Auftraggebers begründeten Forderungsrechte des Beauftragten auf den Auftraggeber über, sobald der letztere seinerseits allen Verbindlichkeiten aus dem Auftragsverhältnis nachgekommen ist und diese Vorschrift gilt auch für die Kommission. Ferner kann der Auftraggeber im Konkurs des Beauftragten die beweglichen Sachen herausverlangen, die der letztere im eigenen Namen, aber für Rechnung des Auftraggebers zu Eigentum erworben hat. Doch gilt diese Vorschrift nicht für das Verhältnis zwischen Kommittenten und Kommissionär. Übrigens ist es klar, daß eine derartige Vorschrift zwar die Aussonderung im Konkurs, nicht aber die Anwendung des Unterschlagungsbegriffes ermöglicht.

[1]) So die durchaus herrschende Lehre und das RG. (Bd. 13 S. 178 ff.).

[2]) Dagegen besonders Grünhut a. a. O. S. 431 ff. Doch sprechen er und andere, die u. U. unmittelbaren Eigentumserwerb des Kommittenten annehmen, das Eigentum am Kommissionsgut doch dem Kommissionär zu, wenn dieser eine Quantität vertretbarer Sachen oder eine bloß generell bestimmte Sache einzukaufen hat. Dieser Fall bildet aber im Handelsverkehr durchaus die Regel.

[3]) Vgl. RG. vom 28. 12. 1880 Bd. 3 S. 150 ff. — Wegen der freilich nur unter besonderen Voraussetzungen zugelassenen Aussonderung im Konkurs vgl. § 46 KO. und dazu Jäger a. a. O. S. 393.

tretenen Standpunkt bekannt,[1]) bezüglich des Eigentumserwerbes bei Vertretungsverhältnissen des bürgerlichen Rechtes[2]) aber Entscheidungen gefällt, die Bedenken hervorrufen müssen und jedenfalls unter der Herrschaft des BGB. nicht gebilligt werden könnten. Zwar ist dem RG. darin zuzustimmen, daß ein auf eine individuell bestimmte Person als Erwerber gerichteter Wille des Übergebers nicht unbedingtes Erfordernis des Eigentumserwerbes durch Übergabe ist. Dem Übergeber kann es gleichgültig sein, ob der Empfänger für sich oder einen anderen erwerben will, nnd es mag dieses Verhalten des Übergebers immerhin dahin gekennzeichnet werden, daß der Übergeber dem Empfänger die Bestimmung darüber überlasse, für wen das Eigentum erworben werden solle.[3]) Auch in diesem Fall aber hängt die Entscheidung über die Person des Erwerbers nicht von dem Willen des Empfängers als einem internen psychologischen Vorgang ab, sondern es muß für den Eigentumserwerb des Vertretenen eine ausdrückliche Erklärung des Vertreterwillens oder Umstände gefordert werden, aus denen sich dieser ergibt, während das RG. erklärt hat, es sei nicht notwendig, daß der mit Stellvertreterwillen Handelnde ausdrücklich oder konkludent als im fremden Namen handelnd auftritt.[4]) Das RG. hat ferner mit Recht angenommen,[5]) daß der Wille des Übergebers auch dahin gehen könne, dem „Berechtigten“ das Eigentum zu übertragen, demjenigen, dem der Übergeber auf Grund eines früher abgeschlossenen Vertrages etwas schuldig geworden, ohne daß er wüßte, ob sein Gegenkontrahent für sich oder für einen anderen abschließen wollte. Aber auch hier ist es nicht lediglich Sache der Willensentschließung des Übernehmers, die

---

[1]) Siehe namentlich die trefflichen Ausführungen der in der vorigen Anm. angeführten Entsch., ferner RG. vom 13. 11. 1883, Bd. 9 S. 179ff.; v. 17. 12. 1885, Bd. 13 S. 178ff.; v. 25. 2. 1891, Bd. 34, S. 181ff.

[2]) Der Kürze halber dürfte dieser Ausdruck gestattet sein, der die mittelbare Vertretung einschließen soll. Der Kommissionär tritt zwar nach außen immer im eigenen Namen auf, im Verhältnis zum Kommittenten aber erscheint er doch als Vertreter (Grünhut a. a. O. S. 435.)

[3]) RG. v. 7. 10. 1889, Bd. 19 S. 429ff.; vom 10. 6. 1890 Bd. 20, S. 436ff. Vgl. zu diesen Fällen Plank a. a. O. zu § 164, S. 286fg.

[4]) So die erste der in der vorigen Anm. angeführten Entsch.

[5]) Vgl. namentlich RG. vom 10. 12. 1900, Bd. 34 S. 39ff. und dazu Binding, Lehrbuch S. 279 N. 2, Frank, Kommentar zu § 246 I 3a S. 330.

Person des Berechtigten zu bestimmen. Wollte zwar der Vertreter schon den ersten Vertrag, das Kausalgeschäft, nicht in eigenem Namen schließen, ist aber dieser sein Wille nicht erkennbar hervorgetreten, so ist der Berechtigte doch er selbst und er erwirbt auch das Eigentum an der ihm übergebenen Sache.

Die schärfste Kritik der Rechtsprechung des RG. liegt aber wohl darin, daß es von seinem Standpunkt aus, wonach die zivilrechtlichen Grundsätze für die Beurteilung der Eigentumsfrage allein maßgebend sind, zur Feststellung des Erfordernisses der fremden Sache und zur Verurteilung wegen Unterschlagung gelangen konnte in Fällen, in denen das Obertribunal auf Grund der sogenannten Theorie vom strafrechtlichen Eigentum mehrmals wegen Unterschlagung verurteilt, aber eben wegen der darin gelegenen Verletzung des Strafgesetzes und der zivilrechtlichen Normen über den Eigentumserwerb mit Recht die heftigsten Angriffe erfahren hatte. Als Beispiel diene folgender Fall[1]): Der Angeklagte hatte mit anderen in der Lotterie gespielt und war „soweit Geschäftsführer, daß er Beschaffung und Erneuerung des Loses besorgte." Das Los kommt nun mit Gewinn heraus, der Angekl. wird von einem Mitspieler zur Behebung seines Gewinnanteiles angewiesen, behebt ihn und verwendet ihn für sich. Die erste Instanz nimmt an, der Angeklagte wollte das Geld für sich erwerben und spricht ihn mangels des Erfordernisses der fremden Sache frei. Das RG. hebt den Freispruch als rechtsirrtümlich auf mit folgender Begründung: Der zahlende Lottokollekteur wußte nicht, für wen der Angeklagte erwerben wollte, er überließ die Bestimmung darüber dem Zahlungsempfänger. Dessen Wille allein kommt dann in Betracht. War nun auch das Los nicht Eigentum sämtlicher Spielgenossen geworden, so war dem Angeklagten doch aus der Abrede gemeinschaftlichen Erwerbes die Verpflichtung erwachsen, das Los und folgeweise den Gewinn als einen von den Spielgenossen gemeinschaftlich gemachten Erwerb zu betrachten.[2]) In seinen äußerlich erkennbaren Handlungen ist An-

---

[1]) RG. v. 2. 5. 1893, Bd. 24 S. 146ff. Vgl. die Entscheidungen des Obertribunals in GA. Bd. 10 S. 8, 9; Bd. 11 S. 637; Bd. 13 S. 299 (mit abweichender Begründung) und dazu v. Stemann a. a. O. S. 15fg.

[2]) Was mit diesem Satz gesagt werden soll, bleibt völlig unklar, namentlich bezüglich des Loses, das nach des RG. eigener Annahme im

geklagter auch so verfahren. Er hat von der Ziehung Mitteilung gemacht und den Auftrag zur Einziehung und Ablieferung des Gewinnanteiles ohne Vorbehalt angenommen. Es ist nirgends zu tage getreten, daß der Angeklagte den Gewinn für sich haben wollte. Zu beachten ist aber nur der der Außenwelt gegenüber kundgegebene Wille. Den internen Gedanken kommt keine Bedeutung zu, weil sonst die Feststellung des Eigentums jeder festen Grundlage entbehren würde. Den zwei letzten Sätzen dieser Begründung ist zuzustimmen; aber gerade ihre Anwendung auf den vorliegenden Fall führt zur Feststellung, daß der Angeklagte Eigentümer des Geldes geworden. Wenn die bloße Tatsache, daß der Angeklagte den Auftrag zur Einziehung und Ablieferung des Gewinnanteiles erhalten hat, schon hinreichen würde, um die Annahme unmittelbaren Eigentumserwerbes des Auftraggebers zu rechtfertigen, dann bliebe offenbar überhaupt kaum mehr ein Raum für den Eigentumserwerb desjenigen, der nicht offen als Vertreter auftritt. [1])

Bisher ist davon ausgegangen worden, daß der Eigentümer bei der Übergabe der Sache an den Treuhänder eine ausdrückliche Willenserklärung abgibt, die den Eigentumsübergang auf den Treuhänder ausschließt. Dieselbe Wirkung kommt einer stillschweigenden Willenserklärung zu. [2]) Während aber die ausdrückliche Willenserklärung Zweifel nicht aufkommen läßt, können sich mangels einer solchen immerhin Schwierigkeiten ergeben. Was als stillschweigende Willenserklärung anzusehen ist, die den Eigentumsübergang ausschließen und die Verpflichtung des Treuhänders zu einer speziellen gestalten soll, läßt sich nicht allgemein bestimmen. Man pflegt besonders die Übergabe der vertretbaren Sachen in Behältnissen, unter Verschluß, das Anbringen besonderer Erkennungszeichen und dergleichen hierher zu zählen. Gewiß kann auf diese Weise der Wille des Übergebers und sein

---

Alleineigentum des Angeklagten stand. Nur ein Anklingen an das „strafrechtliche Eigentum" scheint mir hier unverkennbar.

[1]) Noch eine Reihe weiterer Einwendungen läßt sich geltend machen. So bedürfte die Annahme, daß dem Kollekteur die Person des Erwerbers völlig gleichgiltig sei, zumindest einer Begründung; der wichtige Umstand, daß der Angeklagte Eigentümer des Loses war, spricht auch entschieden gegen den Eigentumsübergang auf den Auftraggeber.

[2]) Das BGB. stellt keine Vorschriften über stillschweigende Willenserklärungen auf. Siehe darüber Windscheid-Kipp, Pandekten, § 72.

besonderes Interesse an den übergebenen Sachen zum Ausdruck gebracht werden, ebenso kann aber auch z. B. der Umstand, daß Geld verschlossen übergeben wird, mit Rücksicht auf andere begleitende Umstände bedeutungslos erscheinen. Das Fortbestehen des Eigentums des Anvertrauenden kann ferner auf einer ausdrücklichen gesetzlichen Vorschrift beruhen, sei es, daß sie die Eigentumsfrage unmittelbar regelt, sei es, daß sie die Verpflichtung des Treuhänders als spezielle gestaltet. Die Schwierigkeiten bei der Entscheidung der Eigentumsfrage würden nur dann ganz vermieden, wenn eine derartige Vorschrift allgemein gültig wäre und an objektive Voraussetzungen anknüpfen würde. Das geltende Recht hat eine solche allgemeine Norm nicht aufgestellt.[1]) Schließlich kann der Treuhänder selbst von vorneherein und allgemein oder für besondere Fälle erklären, daß er seine durch die Übernahme vertretbarer Sachen entstehende Verpflichtung als eine spezielle auffassen werde. Auch dann unterliegt es keinem Zweifel, daß die Sachen nicht in sein Eigentum übergehen.

Von diesen immerhin seltenen Fällen abgesehen, fehlt es an einem Moment, auf Grund dessen die Eigentumsfrage unmittelbar und mit Sicherheit entschieden werden könnte — bis auf jene Fälle, in denen es, den früher betrachteten gerade entgegengesetzt, zweifellos ist, daß der Übernehmer Eigentümer wird, weil entweder eine ausdrückliche Willenserklärung vorliegt oder die Verwirklichung des von den Parteien angestrebten wirtschaftlichen Erfolges den Eigentumsübergang ganz offenbar fordert, wie beim Darlehen. Die ganze große Gruppe der inmitten liegenden Fälle kann immerhin einer einheitlichen Betrachtung unterzogen werden, wenn sich auch die Übergabe der vertretbaren Sachen im Rahmen verschiedener Rechtsgeschäfte vollzieht. Denn auch aus dem Bestehen dieses oder jenes Rechtsgeschäftes kann nicht ohne weiteres auf das Fortbestehen oder den Übergang des Eigentums geschlossen werden. Wenn z. B. die behufs des Ankaufs einer Sache jemandem übergebenen Geldstücke in dessen Eigentum übergehen, so würde das vorliegende Rechtsgeschäft doch als Auftrag beurteilt werden. Gewiß aber bildet der Fortbestand des Eigentums des Übergebers bei allen hier im Betracht

[1]) Sonderbestimmungen dieser Art mit eng umgrenztem Anwendungsgebiet werden im vierten Abschnitt zu besprechen sein.

kommenden Rechtsgeschäften die Regel, wenn nichtvertretbare Sachen in Betracht kommen. Ergeben sich nun Zweifel in der Eigentumsfrage dann, wenn es sich um vertretbare Sachen handelt, so muß auch eine einheitliche Lösung versucht werden. Man strebt ihr auf verschiedenen Wegen zu. Während nämlich von einer Seite alles Gewicht auf die Eigenschaft der Vertretbarkeit gelegt und versucht wird, die Frage von diesem Gesichtspunkt aus zu lösen, schlagen Andere den richtigeren Weg ein und gehen von der Feststellung des tatsächlich Gegebenen aus. Zur ersteren Gruppe sind besonders Schwarze und auch Finger zu zählen, deren Ansichten bereits gewürdigt worden sind; der zweite Weg ist erst in neuerer Zeit betreten worden. In der älteren Literatur begegnet man stets nur dem einfachen Gegensatz von spezieller und genereller Verpflichtung des Treuhänders; liegt letztere vor, dann ist eine Unterschlagung ausgeschlossen, weil der Treuhänder sofort durch die Übergabe der Sachen Eigentum an ihnen erlange oder doch berechtigt sei, sie sich anzueignen. So führt z. B. Hälschner aus, die Vertretbarkeit sei eine juristische, durch den Willen des Berechtigten bedingte Qualität. Eine Sache, die in irgendeinem Rechtsverhältnis nach dem Willen des Berechtigten nur als vertretbare behandelt, also nur in genere erstattet oder abgeliefert werden soll, könne ohne Zweifel nicht Gegenstand der Unterschlagung sein. Von einer Unterschlagung vertretbarer Sachen könne überhaupt nur die Rede sein, insoferne es Sachen sind, denen diese Qualität nicht in Rücksicht auf den Willen des Berechtigten, sondern in Rücksicht auf ihre objektive Beschaffenheit beigelegt wird. Im konkreten Fall muß entweder eine ausdrückliche Erklärung vorliegen, die der Sache die Eigenschaft der Vertretbarkeit entzieht, oder es muß sich aus der Natur des besonderen unter den Parteien obwaltenden Rechtsverhältnisses ergeben, daß die Sache als solche und individuell bestimmte anvertraut war.[1])

Mit dem Satz aber, daß nur bei streng spezieller Verpflichtung des Treuhänders eine Unterschlagung möglich sei, kann schließlich das Auslangen nicht gefunden werden, wenn man daran festhält, daß nur unter den bisher erörterten Voraussetzungen eine solche Verpflichtung des Treuhänders entsteht. Sehr häufig kann dann

[1]) G. A. Bd. 15 S. 3 ff.; vgl. Hälschner. Das gem. deutsche Strafrecht, Bd. 2 S. 358.

füglich nicht angenommen werden, daß der Treuhänder zur Rückgabe oder Ablieferung gerade der ihm übergebenen Stücke und nur dieser verpflichtet sein soll und doch scheint die Anwendung des § 246 unter Umständen geboten. Man sucht also zwischen den beiden Extremen eine Zwischenstufe einzuschieben. Erweist sich aber das Kriterium der speziellen Verpflichtung als unbrauchbar zur Abgrenzung der Fälle, in denen das Erfordernis der fremden Sache gegeben ist, so muß die Eigentumsfrage unmittelbar gelöst werden. Ganz offenbar gibt es nun hier immer nur zwei Antworten, ein Ja oder ein Nein. Der Eigenart jener Fälle, die zwischen den beiden Extremen liegen, kann auf unserem Gebiet keinesfalls Rechnung getragen werden, denn auf die Frage, wie sie gestellt werden muß: Ist der Anvertrauende Eigentümer der Sachen geblieben oder hat der Treuhänder Eigentum erworben, gibt es keine vermittelnde Antwort. Wer also das Anwendungsgebiet des Unterschlagungsbegriffes nicht auf die Fälle der speziellen Verpflichtung beschränken will, muß vor allem auch über diese Grenze hinaus das Fortbestehen des Eigentums beim Übergeber annehmen; und er muß ferner die Konsequenz mit in Kauf nehmen, daß jede rechtswidrige Zueignung der Sachen als Unterschlagung erscheint, die der Treuhänder empfangen hat, wenn auch nicht mit der Verpflichtung, gerade sie zurückzugeben oder abzuliefern usf. Die Berücksichtigung der Eigenart unserer Fälle wäre nur möglich, wenn andere Tatbestandsmerkmale — namentlich die Rechtswidrigkeit der Zueignung, — fehlen oder vorhanden sind im Einklang mit dem durch die besondere Sachlage gegebenen Bedürfnis nach Bestrafung. Ob die verschiedenen Konstruktionen und Aufstellungen haltbar und befriedigend sind, die eine Versöhnung des Tatbestandes der Unterschlagung mit der Eigenart unserer Fälle bezwecken, wird erst später zu untersuchen sein. Hier kommt es nur darauf an, zu betonen, daß sie alle von der Annahme ausgehen müssen, der Treuhänder werde nicht Eigentümer der ihm anvertrauten Sachen. Kann diese Annahme gebilligt werden? Der Sachverhalt ist folgender: Vertretbare Sachen werden einem anderen übergeben zur Erreichung eines Zweckes, der Eigentum des Treuhänders im Sinne vollster Verfügungsfreiheit nicht zur Voraussetzung hat.[1]) Eine Willenserklärung des Übergebers darüber, ob er Eigen-

---

[1]) Werden zu demselben Zweck nichtvertretbare Sachen übergeben, so

tümer bleiben oder das Eigentum übertragen wolle, liegt nicht vor. Ebensowenig gibt der Übergeber eine Erklärung ab oder beobachtet ein Verhalten, aus dem sich als sein Wille ergeben würde, daß der Treuhänder gerade die ihm übergebenen Stücke zurückgeben, abliefern oder in bestimmter Weise verwenden solle. Derselbe Mangel einer Erklärung oder eines solchen Verhaltens auf Seite des Übernehmers, aus dem sich sein Wille betreffs der Art seiner Verpflichtung ergeben würde.[1]) Aus diesem Sachverhalt darf jedenfalls so viel abgeleitet werden, daß eine spezielle Verpflichtung des Treuhänders — in dem strengen Sinn verstanden, der bisher stets zugrunde gelegt wurde — nicht entsteht. Es kann nicht angenommen werden, daß der Übergeber dies wolle. Es fehlt an jeder Grundlage für die weitere Annahme, die aber als Stütze der ersteren unerläßlich ist, daß der Übergeber an den einzelnen Stücken, an der Verwahrung, Rückgabe, Verwendung gerade der hingegebenen Sachen ein Interesse habe. Denn es handelt sich eben um vertretbare Sachen. Würde die Gleichgiltigkeit gegenüber dem Individuum im Verkehr nicht durchaus die Regel bilden, so wären wir gar nicht berechtigt, von vertretbaren Sachen zu sprechen. Das Verhalten des Übergebers entspricht nun durchaus diesem Mangel individuellen Interesses und im Verkehr wird und muß jedermann auf Grund seines Verhaltens beurteilt werden. Wenn der Übergeber ein von der Regel des Verkehrs abweichendes Interesse hat, so muß er es bekunden, wenn es irgend welche Beachtung finden soll. Die Beobachtung des täglichen Lebens lehrt, daß dieser Satz in den tatsächlichen Verhältnissen begründet ist. Unter tausend Fällen ist es vielleicht einer, in dem wirklich ein Interesse an den einzelnen Stücken besteht und dieses kommt dann auch zum Ausdruck.

Die gegnerische Ansicht geht dahin, daß so lange angenommen werden müsse, der Berechtigte erwarte Ablieferung gerade der dem

---

steht fest, daß der Wille des Übergebers ganz regelmäßig nicht auf Eigentumsübergang gerichtet ist. Vgl. Dernburg, Das bürgerliche Recht, Bd. 3 S. 276 fg.

[1]) Erklärt der Treuhänder ausdrücklich oder ergibt sich aus seinem Verhalten bei der Übernahme, daß er seine Verpflichtung als eine streng spezielle auffasse und nur eine solche eingehen wolle, dann kommt das Rechtsgeschäft in dieser Form zustande, der Eigentumsübergang ist ausgeschlossen, das Erfordernis der fremden Sache gegeben.

Treuhänder übergebenen Stücke, als der Wille des Berechtigten zweifelhaft ist.[1]) Diese Annahme bildet offenbar eine kräftige Stütze für die Entscheidung der Eigentumsfrage in dem Sinn, daß das Eigentum des Übergebers fortbestehe, während der Mangel einer speziellen Verpflichtung des Treuhänders gegen sie spricht. Noch bedeutsamer ist in dieser Richtung der Mangel eines Interesses an den Stücken als solchen; er ist das gewichtigste Argument für die Ansicht, daß der Treuhänder Eigentümer werde. Ein weiteres Moment ist demjenigen verwandt, auf das allein Finger alles Gewicht legt und das er für geeignet hält, als einzige Grundlage der Entscheidung zu dienen. Es ist dies der Umstand, daß die vertretbaren Sachen ohne vorausgegangene Individualisierung übergeben werden, der Berechtigte also darauf verzichtet, feststellen zu können, ob der Treuhänder gerade die ihm übergebenen Stücke abliefert oder in bestimmter Weise verwendet. Auch daraus ergibt sich der völlige Mangel eines Interesses an den einzelnen Stücken, und die weiter daraus folgende Unmöglichkeit, die hingegebenen Stücke zu vindizieren, ist gewiß auch ein Moment, das für die Verneinung des fortdauernden Eigentums des Berechtigten spricht. Doch auch für die Bejahung lassen sich eine Reihe gewichtiger Gründe geltend machen. Die Endigung des Eigentums des Übergebers könnte nur auf eine Eigentumsübertragung zurückgeführt werden, da der vorausgesetzte Sachverhalt ebensowenig den Tatbestand eines anderen Erlöschungsgrundes in sich schließt als den eines Eigentumsentstehungsgrundes auf Seite des Treuhänders. Will aber der Übergeber wirklich den

---

[1]) So ausdrücklich Hälschner, Gem. deutsches Strafrecht, Bd. 2 S. 358. Eine Gruppierung der einzelnen Schriftsteller nach dem im Text betonten Gegensatz ist nicht durchführbar, weil die meisten alles Gewicht auf die Frage legen, ob und unter welchen Voraussetzungen der Treuhänder sich zu Verfügungen über die ihm übergebenen Sachen befugt erachten dürfe. Ganz willkürlich ist die Unterscheidung zweier Parteien, die Lindenau a. a. O. S. 32 ff. aufstellt. Der von ihm behauptete Streit über die Beweislast besteht nicht. Daß die StPO. „zwar eine Freisprechung mangels genügender Schuldbeweise, nicht aber eine Verurteilung, weil der Angeklagte seine Schuldlosigkeit nicht darzutun vermochte, vorgesehen hat", ist freilich richtig, doch hätte sich Lindenau diese Feststellung ersparen können; Weder Hälschner noch Binding, gegen die dieser Satz gerichtet sein soll, ist es je beigefallen, dem der Unterschlagung baren Geldes Angeklagten irgendeine Beweislast auferlegen zu wollen.

Treuhänder zum Eigentümer machen? Man hat öfters betont, der Übergeber „denke nicht daran." Das wird nun in der Tat oft genug der Fall sein, ebensogut könnte aber auch gesagt werden, der Übergeber denke nicht daran, Eigentümer zu bleiben und den Treuhänder nicht zum Eigentümer zu machen. Rechtlich bedeutsame Handlungen werden nicht selten vorgenommen, ohne daß die handelnden Personen die Vorstellung der Rechtsfolgen besäßen. Damit der Parteiwille wirksam sei, ist es keineswegs notwendig, daß er auf die Herbeiführung einer bestimmten Rechtsfolge gerichtet ist. Das muß auch von der Übertragung des Eigentums durch Einigung gelten, trotz des Wortlautes des § 929 BGB. Dieser verleitet freilich zu falschen Vorstellungen und dazu, eine abgekürzte und bildliche Ausdrucksweise für bare Münze zu nehmen. Die Aufgabe des Gesetzgebers kann aber offenbar auch hier nur darin bestehen, einem bestimmten wirtschaftlichen Tatbestand die rechtliche Form zu geben, die rechtlichen Beziehungen festzusetzen, die sich mit den von den Parteien gewollten wirtschaftlichen verbinden sollen. Auf diese letzteren kommt es daher an, wenn die Anwendung des positiven Rechtes in Frage steht. Eigentum geht auch dann über, wenn der Übergeber „nicht daran denkt", den Erwerber zum Eigentümer zu machen, wenn er aber dem vollen Genuß seiner Sache für die Zukunft entsagen und diesen dem Erwerber einräumen will. Nun wird freilich dieser oder ein ähnlicher Fall nicht leicht eintreten, weil der Eigentumsbegriff so wie kein zweiter Rechtsbegriff Gemeingut aller Schichten der Gesellschaft ist. Wo aber das von den Parteien Erstrebte von dem Typischen abweicht, dort kann es leicht geschehen, daß die Parteien über die rechtliche Bedeutung ihrer Handlungen und Vereinbarungen im unklaren sind. Aufgabe der Rechtsanwendung ist es dann nicht, den Parteien gewaltsam einen auf diese oder jene Rechtsfolge gerichteten Willen zu imputieren oder mit Präsumtionen zu arbeiten; sie hat unter den Gebilden des positiven Rechtes jenes herauszufinden, das dem tatsächlich Gegebenen, dem von den Parteien angestrebten wirtschaftlichen Zweck entspricht.[1])

---

[1]) Darum ist der in der Praxis manchmal beliebte Ausweg entschieden zu verwerfen, in zweifelhaften Fällen die Eigentumsfrage auf Grund einer Befragung des Beschädigten darüber, ob er habe Eigentümer bleiben wollen, zu entscheiden. Kann der Partei selbst überhaupt nicht die Subsumtion ihrer Absichten unter die gesetzlichen Begriffe überlassen bleiben, so darf diese Auf-

Stellt die Rechtsordnung nur zwei Alternativen zur Wahl, wie in unserm Fall, und erweist sich keine als voll entsprechend, so muß von zwei Übeln das kleinere gewählt werden. Als das kleinere Übel stellt sich die Lösung dar, dem Übergeber fortdauerndes Eigentum an den dem Treuhänder übergebenen Stücken zuzusprechen. Sie ist keine befriedigende aus allen den Gründen, die bereits als gegen sie sprechend angeführt wurden. Während das Interesse des Berechtigten auf die Quantität gerichtet ist, schützt die Rechtsordnung ein Interesse an den Stücken, wenn sie das Eigentum des Berechtigten fortbestehen läßt. Von den Schwierigkeiten, die sich aus diesem Zwiespalt ergeben müssen, wird noch zu sprechen sein. Der Zwiespalt zwischen dem wirtschaftlichen Tatbestand und der rechtlichen Ordnung ist aber noch bedeutender, wenn das Eigentum an den Stücken dem Treuhänder zugesprochen wird. Dies dürfte ohne weiteres einleuchten und es ist sehr bezeichnend, daß gerade Finger, der in der Annahme des Eigentumserwerbes des Treuhänders heute

gabe am allerwenigsten von dem Beschädigten gelöst werden, der weiß, daß die Bestrafung des Schädigers von der Art seiner Antwort abhängt. Von einer mala fide gegebenen Antwort sei ganz abgesehen; auch die im guten Glauben gegebene verdient keine Beachtung, denn die suggestive Wirkung der Fragestellung nimmt ihr jede Bedeutung. Wer einen Schaden erlitten hat, will regelmäßig die Bestrafung des Schädigers; der Berechtigte wollte überdies dem Treuhänder nicht die Möglichkeit schaffen, straflos „veruntreuen" zu können. Weiß nun der Berechtigte, daß zu einer Verurteilung wegen Unterschlagung die Feststellung gehöre, er habe Eigentümer der anvertrauten Sachen bleiben wollen, so wird er aus seiner Überzeugung von der Strafwürdigkeit des Treuhänders heraus eine diesbezügliche Antwort bejahen. Er tut dies in der auf Grund der Frage gefaßten Meinung, jene Gestaltung wirtschaftlicher Beziehungen, wie sie ihm bei der Übergabe der Sachen vorschwebte, heiße in der Sprache des Rechtes „Eigentum an den Stücken". Ob dies aber der Fall ist, soll ja eben festgestellt werden. Überdies wird manchem nach erlittenem Schaden alles in anderem Licht erscheinen, und der Berechtigte kann leicht seine jetzt gehegten Wünsche über die Art des Geschäftsabschlusses verwechseln mit dem Willen, den er tatsächlich zur Zeit des Abschlusses hatte. Maßgebend für die rechtliche Beurteilung kann aber nur dieser Wille der Partei sein und er gestaltet sich nicht von dem Gesichtspunkt aus, solche rechtliche Wirkungen zu erzeugen, die zur Anwendung dieses oder jenes Paragraphen des Strafgesetzes erfordert werden müssen. Rechtsgeschäfte werden nicht im Hinblick auf etwa mögliche verbrecherische Handlungen der Gegenpartei abgeschlossen und offenbar muß ihre rechtliche Beurteilung ganz dieselbe sein, ob nun die Gegenpartei ihre Verpflichtungen erfüllt oder nicht.

am weitesten geht, sie nicht auf einen wirtschaftlichen Grund stützt. Auch für die Unklarheit, die in der Eigentumsfrage herrscht, sind die einschlagenden Ausführungen Fingers äußerst bezeichnend. Er sagt: Der Übergeber (a) von vertretbaren Sachen wird häufig die „Fungibilität" dieser Sachen nicht durch eine besondere Verabredung ausschließen, weil es ihm eben gleichgiltig ist, ob er seinerzeit vom Empfänger (b) dieselben Sachen oder tantundem erhält. Gleichwohl will er den b nicht zum Eigentümer der vertretbaren Sachen machen und zwar deshalb nicht, „weil er hinsichtlich der dem b übergebenen Sachen von dessen wirtschaftlichen Schicksalen unberührt bleiben will. Es handelt sich in solchem Fall dem a nicht so sehr darum, das Eigentum an den dem b übergebenen Stücken zu erhalten, als darum, den b nicht lediglich zum Schuldner zu machen; b soll mehr sein als ein solcher."[1]) In unmittelbarer Folge wird hier von a gesagt, er wolle den b nicht zum Eigentümer der übergebenen Sachen machen, und es komme ihm nicht darauf an, das Eigentum an diesen Sachen zu erhalten. Und in der Tat ist beides nicht unrichtig. Nur muß schließlich doch eine Entscheidung in dem einen oder anderen Sinn getroffen werden. Finger entscheidet sich für Eigentum des Treuhänders nur aus dem besonderen Grund, daß der Übergeber regelmäßig die Eigentumsklage nicht anstellen oder doch nicht erfolgreich durchführen könne.[2]) Davon abgesehen dürfte auch Finger dem Eigentum des Übergebers den Vorzug geben, da er betont, dieser wolle den Treuhänder nicht zum Eigentümer machen und dies vom wirtschaftlichen Gesichtspunkt aus zu begründen versucht. Der Eigentumserwerb des Treuhänders läßt sich nur durch die Annahme begründen, daß der Tatbestand des § 929 BGB. gegeben sei. Trotz aller Gleichgiltigkeit gegenüber den Stücken will aber der Übergeber dem Treuhänder doch nicht volle Verfügungsfreiheit einräumen, er hat doch an einem bestimmten Verhalten des Treuhänders gegenüber den Stücken, namentlich an dem Unterbleiben

---

[1]) V. v. Barkautionen, S. 80ff. und dann im „Strafrecht" Bd. 2 S. 216.

[2]) Vgl. darüber oben unter III. a. E. Der Treuhänder kann aber verpflichtet werden, sich jeder Einwirkung auf die ihm übergebenen Sachen zu enthalten und ebenso natürlich jeder Dritte. Damit wird dem Treuhänder nichts Unmögliches auferlegt, auch wenn der Berechtigte seine Sachen nicht ausreichend bezeichnen kann. Wo aber die Pflicht bestehen kann, kann auch das Recht bestehen.

von Einwirkungen auf sie in bestimmtem Umfang ein Interesse. Dies dürfte der ausschlaggebende Gesichtspunkt sein.

Das RG. nimmt das Erfordernis der fremden Sache zunächst dann immer als gegeben an, wenn der Übergeber den Sachen ihre Vertretbarkeit durch ausdrückliche Willenserklärung oder konkludente Handlungen „entzogen" hat; wenn also eine streng spezielle Verpflichtung des Treuhänders begründet ist. Doch geht es gleichfalls über diese enge Grenze hinaus und hat dies besonders in einer Entscheidung ausführlich begründet. Der Angeklagte hatte Geldbeträge mit dem Auftrag erhalten, dafür Einkäufe zu besorgen, diese kamen nicht zustande und der Angeklagte, der das empfangene Geld für sich verwendet hatte, ersetzte den Betrag erst nach mehrfacher Mahnung aus seinem Vermögen.[1] Das RG. führte aus: Die Natur des Auftrages würde es an sich mit sich bringen, daß das, was behufs bestimmter Verwendung dem Mandatar hingeben wird, im Eigentum des Mandanten verbleibt. Indessen können durch Nebenverträge — ausdrücklich oder durch konkludenten Handlungen abgeschlossen — die einzelnen Merkmale des Mandates modifiziert werden. Namentlich ist die Abrede zulässig, daß der Mandatar sofort Eigentümer der zur Verwendung bestimmten Sache werden, die notwendige Aufwendung daher aus dem eigenen Vermögen des Beauftragten bestritten werden und das Hingegebene also nur der im voraus geleistete Ersatz für die gehabten Auslagen sein solle. Der Mandant vertraut dann der Gesamtvermögenslage oder der Redlichkeit des Mandatars. Aber ein derartiger Vertrag ist nicht identisch mit demjenigen, wonach die Zurückerstattung in anderen als den hingegebenen Münzen erfolgen dürfe. Zwischen beiden Verträgen liegt noch die Möglichkeit in der Mitte, daß es — was im Leben vielleicht die Regel bilden mag — dem Mandanten völlig gleichgiltig ist, in welchen Münzen, denselben oder anderen, die Rückerstattung erfolgt, wenn es dazu kommen sollte, nichtsdestoweniger aber er das Eigentum an den hingegebenen Stücken nicht aufgeben, sondern behalten will. Eine derartige Willensmeinung wird sogar in der Regel seinem Interesse mehr entsprechen, zumal bei Verträgen welche die Möglichkeit offen lassen, daß es zur Erfüllung des Auftrages, mithin zur Verwendung des Hingegebenen nicht kommt,

[1]) RG. vom 7. 10. 1881, Bd. 5 S. 52 ff.

indem alsdann neben der höheren Gewähr für die Auftragserfüllung durch Intakthaltung der dafür bestimmten Mittel zugleich die Rückerstattung im höheren Maß gesichert erscheint. Die Nebenberedung der Rückgabe in gleichwertigen Münzen entscheidet daher keineswegs die Frage der Eigentumsübertragung und wenn sich dieselbe für den Beweis der letzteren auch nicht als völlig bedeutungslos bezeichnen läßt, so müssen doch noch andere Umstände hinzutreten, welche über die in dieser Richtung herrschende Absicht des Auftraggebers bestimmten Aufschluß erteilen. Trotzdem diesen Ausführungen im wesentlichen zugestimmt werden kann, ist das Gesamtbild der Rechtsprechung des RG. in unsrer Frage kein befriedigendes, weil der eben dargelegte Standpunkt nicht festgehalten wird. In einer späteren Entscheidung[1]) hat sich das RG. geradezu auf den entgegengesetzten Standpunkt gestellt. Der angeklagte Direktor einer Versicherungsgesellschaft hatte Dienstkautionen zweier Kassierer zur Organisation der Gesellschaft verwendet, die in barem Geld bestanden und ihm nicht verschlossen oder irgendwie individualisiert übergeben worden waren. Die Kautionsleister hatten ihren Willen nicht in unzweifelhafter Weise erklärt, daß das Geld als species zu verwahren sei. Das RG. behob den Schuldspruch der 1. Instanz als rechtsirrtümlich und führte aus: Ist Geld als Pfandgegenstand offen zugezählt, so ist im Zweifel anzunehmen, daß der Pfandbesteller kein Interesse daran hat und nicht beanspruchen will, dieselben Geldstücke wieder zu empfangen, vielmehr sein rechtliches Interesse allein dahin geht, den in der hingegebenen Geldsumme enthaltenen Vermögenswert nach Beendigung des Pfandverhältnisses zurückzuempfangen. Ebendeshalb ist im Zweifel als beiderseitiger Wille anzunehmen, daß die Geldstücke als vertretbare Sachen in das freie Eigentum des Pfandnehmers übergehen, dieser über die Geldstücke nach Belieben für sich verfügen und nur verpflichtet sein soll, schließlich eine gleich große Summe zurückzuzahlen.[2])

---

[1]) RG. vom 21. 9. 1891, Bd. 22 S. 354.

[2]) Gegen den in dieser Entsch. eingenommenen Standpunkt siehe besonders Schloßmann: „Unter welchen Voraussetzungen erwirbt der Mandatar Eigentum an dem ihm vom Mandanten zur Ausführung des Auftrages übergebenen Gelde?“ in der ZHR. Bd. 43 (1895) S. 516ff.

## § 2. Die Zueignung.

Die Zueignung als deliktische Handlung wird durch die Vertretbarkeit der Sache nicht berührt. Sie nimmt keine andere Gestalt an, und keine ihrer Formen wird durch die Vertretbarkeit ausgeschlossen. Im Gegenteil ist die vertretbare Sache, weil häufig von anderen Sachen derselben Gattung schwer oder gar nicht zu unterscheiden, vielfach leichter zu gewinnen, als die nicht vertretbare, und die Vermischung spielt als Zueignungshandlung tatsächlich fast nur bei vertretbaren Sachen eine Rolle. Die weitaus am häufigsten auftretende Zueignungshandlung ist der Verbrauch.[1]) Gerade von diesem ist behauptet worden, daß er, juristisch betrachtet, als bloßer Gebrauch erscheine und darum eine Unterschlagung nicht begründen könne. Besonders Köstlin[2]) hat die Ansicht vertreten, „daß unter der durch die Umstände bewahrheiteten ernstlichen Absicht der rechtzeitigen Wiedererstattung in gleicher Quantität und Qualität selbst der wirkliche Verbrauch vertretbarer Sachen als bloßer Gebrauch, sohin nicht als Unterschlagung erscheint, selbst wenn die Ausführung der Absicht wider den Willen des Täters vereitelt wurde". Dies insbesondere auch in dem Fall, daß die vertretbaren Sachen versiegelt und verschlossen übergeben waren. Die Begründung dieser besonderen Beurteilung des Verbrauches soll wieder im Wesen der vertretbaren Sachen gelegen sein. Vermöge dieses besonderen Wesens erscheine hier nicht die Sache als solche anvertraut, sondern nur ihr Wert übergeben. In dieser Allgemeinheit ausgesprochen ist das jedenfalls unrichtig. Das Wesen der vertretbaren Sachen vermag dem Übergeber nicht einen Willen aufzunötigen, den er nicht hat. Sobald wir also einen Fall vor uns haben, in dem die Sache „als solche" anvertraut, der Treuhänder zur Rückstellung derselben Sache verpflichtet ist, trifft die Voraussetzung nicht zu, von der Köstlin ausgeht. Obwohl ferner Köstlin zur Begründung seines

---

[1]) Vor allem der „Verbrauch" von Geld, das Ausgeben. Für die Qualifikation dieser Handlung als Zueignung kommt es nicht in Betracht, daß die Sache in ihrem Bestehen dadurch nicht berührt wird. Dies ist auch bei der Veräußerung nicht der Fall.

[2]) G. A. Bd. 4 S. 59. Abhandlungen S. 343 mit Angaben über die ältere Literatur. Köstlin hat sich besonders an Dollmann angeschlossen. (Blätter für Rechtsanwendung Bd. 10 S. 197 ff.)

Satzes auf das besondere Wesen der vertretbaren Sachen verweist, bindet er ihn doch an die schon erwähnte Voraussetzung der Wiedererstattungsabsicht. Mit Unrecht; denn nach geltendem Recht sind diese Absicht und Zueignungsvorsatz scharf zu trennen, und eine gegenseitige unmittelbare Beeinflussung findet nicht statt. Wenn also der Verbrauch Zueignung ist, so bleibt er es ungeachtet dieser Absicht, wäre er aber nicht Zueignung, so könnte ihn auch der Mangel dieser Absicht nicht dazu stempeln.[1])

Trotzdem enthalten aber die Ausführungen Köstlins etwas Wahres. Sie deuten den Punkt an, in dem die Vertretbarkeit der Sache auch hier ihren Einfluß äußert. Dies ist zwar nicht in der Weise der Fall, daß wegen der Vertretbarkeit eine sonst als Zueignung erscheinende Handlung nicht Zueignung wäre; aber der Zueignung kommt eine wesentlich veränderte Bedeutung zu, wenn sie vertretbare Sachen zum Gegenstand hat. Dies gilt schon dann, wenn die Verpflichtung des Treuhänders eine spezielle ist, der Berechtigte also immerhin ein besonderes Interesse an den hingegebenen Stücken hat, ungeachtet ihrer Vertretbarkeit; und in gesteigertem Maß dann, wenn die Verpflichtung des Treuhänders keine spezielle ist. Ein Beispiel diene zur Erläuterung: a gibt dem b die Summe von 100 Franken zur Verwahrung für ein Monat; b gibt die von a in Empfang genommene Note dem c als Darlehen für 14 Tage, erhält die Summe pünktlich zurückgezahlt und gibt sie dem a nach Ablauf der Verwahrungszeit zurück. b hat sich die ihm übergebene Sache zugeeignet, trotzdem aber ist er in der Lage, dem a das zurückzugeben, was er von ihm erhalten hat. Er leistet nicht Ersatz, sondern erfüllt vollkommen eine der Verpflichtungen, die er bei der Übernahme der 100 Franken eingegangen ist. Betrachtet man den ganzen Sachverhalt vom wirtschaftlichen Standpunkt, so hat b die Summe von 100 Franken gebraucht, nicht verbraucht. Dadurch, daß er sich die ihm übergebene Note zueignet, schließt er den a nicht endgiltig von dem Genuß der Summe aus; nach dieser Richtung hin liegt unser Fall gleich dem der Verpfändung einer fremden, nicht vertretbaren Sache, die allgemein nicht als Zueignung auf-

[1]) Gegen Köstlin die gem. Meinung, vgl. Merkel in H. H. Bd. 3 S. 704 N. 3, Huber a. a. O. S. 100, Binding, Normen, Bd. 2 S. 557 und Lehrbuch S. 256 N. 6, Kapff a. a. O. S. 88 und 98 fg., Olshausen zu § 246 N. 14.

gefaßt wird, wenn sie in der Absicht der Wiedereinlösung erfolgt. Wie der Verpfänder nach erfolgter Einlösung dieselbe Sache zurückgeben kann, zurückgibt und die ihm anvertraut wurde, so auch der Treuhänder in unserem Fall. Beide setzen aber den Berechtigten in der Regel der Gefahr aus, einen Vermögensschaden zu erleiden. Der Gebrauch, der in der Verpfändung liegt und ebenso der Gebrauch der Summe kann, ohne daß die Treuhänder es wollen, in einen Verbrauch übergehen. Anders bei den übrigen Fällen des Gebrauches einer fremden Sache, die regelmäßig mit der Gefahr des Verlustes der Sache für den Berechtigten nicht verbunden sind. Vergleicht man endlich unseren Fall mit der Zueignung einer individuell anvertrauten nichtvertretbaren Sache, so ergibt sich ein bedeutender Unterschied. Denn dort bedeutet die Zueignung immer den Verlust der Sache für den Berechtigten, seinen völligen Ausschluß von ihrem Genuß, die Unmöglichkeit, das zurückzugeben, was zurückgegeben werden soll, und es bleibt nur die Möglichkeit, „Ersatz" zu leisten; hier aber trifft alles dies nicht zu. Der Verbrauch der dem Treuhänder übergebenen vertretbaren Sache ist also Zueignung, die Bedeutung dieser Handlung ist aber im Vergleich mit der Zueignung einer nicht vertretbaren Sache wesentlich abgeschwächt, sie steht der einer mit Wiedereinlösungsabsicht vorgenommenen Verpfändung am allernächsten, die das Gesetz als bloßen Gebrauch der Sache in der Regel straflos läßt.

Die Fassung des gesetzlichen Tatbestandes zwingt dazu, bei der Anwendung des Gesetzes die Handlung des Treuhänders in ihrer Bedeutung für die einzelnen körperlichen Sachen zu würdigen, während wirtschaftlich gerade nicht diese, sondern die Quantitäten, beim Geld überhaupt der Wert das Maßgebende ist. Eine weitere Schwierigkeit ergibt sich daraus beim Geld, vermöge seiner Vertretbarkeit in Verbindung mit seiner besonderen schon früher betonten Teilbarkeit. Wenn a dem b eine Tausend-Franken-Note individuell anvertraut, der b kauft mittels dieser Note eine Sache im Wert von 1 Franken und verwahrt die vom Verkäufer ihm herausgegebenen 999 Franken, so hat sich b die Note zugeeignet und erscheint der Unterschlagung von 1000 Franken schuldig.[1]) Dasselbe Ergebnis läßt

---

[1]) Vgl. zu diesem Fall Fuchs in G. A. Bd. 32 S. 174 ff. Er bestreitet das im Text ausgesprochene Ergebnis mit dem Hinweis darauf, daß das

sich aber auch dann kaum vermeiden, wenn die Note dem b nur als Wertträger anvertraut wird. Rein körperlich betrachtet ist die Note eine ungeteilte Sache, und als solche verfügt der b über sie im eigenen Interesse, weil er sie eben körperlich nicht teilen kann. An Wert aber eignet sich b nur 1 Franken zu, die restlichen 999 nicht. Daß er diese für den a weiter verwahrt, ist juristisch Ersatzleistung, wirtschaftlich aber erfüllt er hinsichtlich der Summe von 999 Franken vollkommen den Willen des a und handelt dessen Interessen gemäß, und nur bezüglich 1 Franken verletzt er sie. Daß aber b über die 1000 Franken verfügt, hat seinen Grund in dem rein zufälligen Umstand, daß ihm diese in der Gestalt einer Tausend-Franken-Note übergeben wurden.

## § 3. Die Rechtswidrigkeit der Zueignung.

In der Rechtswidrigkeit der Zueignung haben wir wieder ein Tatbestandsmerkmal rechtlicher Natur vor uns. Hier fragt es sich also, ob die in der Vertretbarkeit der anvertrauten Sachen begründete besondere Gestaltung der tatsächlichen, wirtschaftlichen Sachlage die rechtlichen Beziehungen zwischen dem Übergeber der Sachen und dem Treuhänder derart beeinflusse, daß der gesetzliche Tatbestand der Unterschlagung gegeben sei oder fehle, im Einklang mit dem Vorhandensein oder Fehlen des Bedürfnisses nach Bestrafung. Man darf eine solche Selbstkorrektur des Gesetzes gegenüber den Besonderheiten unserer Fälle um so mehr gerade hier erwarten, als auf dieses Tatbestandsmerkmal auch die obligationenrechtlichen Beziehungen zwischen dem Anvertrauenden und dem Treuhänder Einfluß gewinnen können, und als ferner die Motive der Ansicht Ausdruck geben, das Tatbestandsmoment „rechtswidrig sich aneignet" biete eine ausreichende Grundlage zur Beurteilung der hierher gerechneten Fälle dar. Die Dogmatik hat diesen Hinweis nicht unbeachtet gelassen, aber die erzielten Ergebnisse befriedigen auch hier nicht.

---

Geld keine Ware, sondern Wertrepräsentant sei. Wenn Geld Gegenstand eines Rechtsgeschäftes ist, so komme nicht das einzelne Stück, sondern der durch das Stück repräsentierte Wert in Betracht. Das gilt aber nur für die Regel, nicht ohne Ausnahme. Ferner kennt das bürgerliche Recht nur ein Eigentum an einzelnen Stücken, es drängt schon das Erfordernis der fremden Sache im Tatbestand der Unterschlagung dazu, das körperliche Substrat in den Vordergrund zu schieben.

Die Vertretbarkeit der anvertrauten Sache an und für sich begründet keinerlei Zueignungsbefugnis. Das generelle Verbot der Zueignung fremder Sachen gilt für vertretbare Sachen genau so wie für nicht vertretbare.[1]) Ist die Verpflichtung des Treuhänders eine streng spezielle, so gilt betreffs der Rechtswidrigkeit der Zueignung nichts von den allgemeinen Regeln Abweichendes. Die Zueignung ist dann immer rechtswidrig, es sei denn eine Zueignungsbefugnis begründet, die aber unabhängig ist von der Vertretbarkeit der Sache, oder es liege Einwilligung des Eigentümers vor. Diese behebt dann die Verpflichtung des Treuhänders überhaupt oder es wird eine generelle Schuld an Stelle der früheren speziellen begründet. Ist hingegen die Verpflichtung zur Rückstellung oder Ablieferung vertretbarer Sachen lediglich eine generelle, so taucht in der Regel die Frage nach der Rechtswidrigkeit der Zueignung gar nicht auf, da es schon an dem Erfordernis der fremden Sache fehlt. Die Sachen werden dem Verpflichteten zu Eigentum übergeben, darüber liegt eine ausdrückliche Erklärung des Übergebers vor oder läßt der Zweck der Übergabe keinen Zweifel aufkommen. Diesem Fall steht der weitere gleich, daß zunächst vertretbare Sachen einem Treuhänder anvertraut, dann aber durch traditio brevi manu in sein Eigentum übertragen werden und an Stelle der speziellen eine generelle Verpflichtung tritt. Endlich fehlt es an der Rechtswidrigkeit der Zueignung immer dann, wenn vertretbare Sachen übergeben worden sind, aber gleichzeitig mit der Übergabe oder später dem Übernehmer eine unbeschränkte und bedingungslose Zueignungsbefugnis eingeräumt worden ist. Mit diesen Einschränkungen ist der Satz unbestritten, daß bei lediglich genereller Verpflichtung zur Rückgabe oder Ablieferung vertretbarer Sachen der Unterschlagungsbegriff unanwendbar ist.[2]) Meinungs-

---

[1]) Hier ist **Binding** a. a. O. S. 256 fg. vollkommen beizustimmen. Nicht konsequent ist es aber, wenn **Binding** annimmt, der Beamte dürfe regelmäßig eine Auswechslung der Münzen vornehmen. Auch dazu bedarf es einer besonderen Befugnis, die unbefugte „Auswechslung" ist Zueignung. Das Nähere wird auf diesen auch in der Praxis des RG. kontroversen Fall erst im 4. Abschnitt bei Erörterung der Amtsunterschlagung einzugehen sein.

[2]) Vgl. **Hälschner**, G.A. Bd. 15 S. 9: „Daß von Unterschlagung nicht die Rede sein könne, falls die Pflicht, abzuliefern oder zu restituieren, nur auf ein tantundem ging, weil eben hier das Objekt der Unterschlagung, die fremde Sache mangelt, ist von keiner Seite bestritten." Vgl. auch **Hälschner**, Gem. deutsches StfR. Bd. 2 S. 354, 358; **Huber** a. a. O. S. 96, v. **Steman** a. a. O.

verschiedenheit herrscht aber darüber, wie weit das Gebiet der streng speziellen Verpflichtung zu erstrecken sei und ob es sich unmittelbar, ohne Übergang an das der lediglich generellen Verpflichtung anschließe. Daß es nicht gerechtfertigt ist, eine streng spezielle Verpflichtung in weiterem Umfang anzunehmen, als dies oben bezeichnet wurde, ist schon an dieser Stelle erörtert worden. Stellt man sich aber weiter auf den Standpunkt, daß bei Verneinung der streng speziellen Verpflichtung nur mehr die Annahme einer lediglich generellen Verpflichtung erübrige und dann freilich die Möglichkeit einer Unterschlagung unbedingt ausgeschlossen sei, so leuchtet ohne weiteres ein, daß dieses Ergebnis ein äußerst unbefriedigendes wäre und den bestehenden Rechtszustand als unhaltbaren erscheinen ließe. Es ist demnach nur auf jene Ansichten einzugehen, die der Eigenart der zwischen den beiden Extremen liegenden Fälle durch die Konstruktion einer Zwischenstufe gerecht zu werden suchen.

Dies ist zunächst bei Merkel[1]) der Fall. Nach ihm kann eine Unterschlagung an vertretbaren Sachen begangen werden, wenn nach Lage der Umstände zur Zeit der Handlung diese die Sicherheit des Berechtigten in Frage stellt, vorausgesetzt, daß nicht nach der Natur

---

S. 5, Merkel a. a. O. S. 703, Kapff a. a. O. S. 44fg. und 95fg., Schwarze, Komm. S. 706 (Die Beschränkung der Haftung auf tantundem begründet noch nicht Eigentum beim Empfänger), Schütze, Lehrbuch des deutschen Strafrechts, 2. Aufl. S. 444 (Eine Veruntreuung an vertretbaren Sachen ist möglich, wenn 1. der Überlieferer den Willen kundgegeben hatte, daß der Empfänger die Sache als nichtvertretbar zurückgeben bezw. abliefern sollte, 2. der letztgenannte dieser Willensmeinung sich bewußt war und auch 3. die Genehmigung jener Person zur nachträglichen Behandlung der Sache als einer nur in genere zu restituierenden nicht angenommen hat, als er das Sachindividuum für sich verausgabte, mit seinem Vermögen vermischte oder anderweit verbrauchte). Oppenhoff a. a. O. S. 598, Olshausen zu § 246 N. 14, Meyer, Lehrbuch S. 543, Lindenau a. a. O. S. 29ff., Binding a. a. O. S. 279 (Geht die Verpflichtung des Besitzers entweder auf Herausgabe derselben Sache oder die ihres Wertes oder einer gleichen Quantität und jede Aushändigung unterbleibt, so fehlt regelmäßig die Unterschlagung.) — Trotz aller Verschiedenheit im einzelnen herrscht demnach Übereinstimmung über die Unmöglichkeit einer Unterschlagung bei lediglich genereller Verpflichtung. Selbst Schwarze ist dieser Ansicht, da er dem obenangeführten Satz sofort beifügt, die Befugnis zur Zueignung der übergebenen Sachen könne von der Bereitschaft gleicher Werte abhängig gemacht sein. Dann besteht eben keine unbedingte Zueignungsbefugnis.

[1]) a. a. O. S. 703ff.

des Geschäftes oder ausdrücklicher Verabredung die Verpflichtung bloß auf Erstattung in genere geht. Ein Aneignungsakt, der irgendeine Gefährdung der Interessen des Berechtigten nicht begründet, soll als eine Unterschlagung dann nicht erscheinen, wenn eine entgegenstehende Willensmeinung bei der Übergabe des Geldes einen Ausdruck nicht gefunden hat. Diese Verhältnisse begründen nämlich die Annahme, daß der Berechtigte mit der Erstattung in genere einverstanden sein werde und dadurch wird die Rechtswidrigkeit der Zueignung ausgeschlossen. Der Zueignungsakt ist hier objektiv indifferent, und eine der Handlungsweise des Treuhänders etwa entgegenstehende Willensmeinung, die eben nicht geäußert wurde, kann deshalb nicht beachtet werden. Das Ergebnis dieser Ausführungen, das übrigens von Merkel nicht besonders hervorgehoben wird, wäre also folgendes: Ist die Verpflichtung des Treuhänders nicht lediglich eine generelle, ist aber andererseits eine auf streng spezielle Verpflichtung des Treuhänders gerichtete Willensmeinung des Übergebers nicht zum Ausdruck gekommen, weder ausdrücklich, noch durch eine keinem Zweifel Raum lassende „Entziehung der Vertretbarkeit", dann begründet die Zueignung der anvertrauten Sachen eine Unterschlagung, sofern sie die Sicherheit des Berechtigten in Frage stellt. Merkel findet so gerade für jene Fälle, deren Beurteilung die größten Schwierigkeiten verursacht, eine scheinbar befriedigende Lösung. Bei näherem Zusehen aber erweist sie sich als unhaltbar vom Standpunkt des geltenden Rechtes und als bedenklich in ihren Ergebnissen. Die Ausführungen Merkels zeigen schon an dieser Stelle deutlich das Bestreben, den starren Unterschlagungsbegriff etwas zu modifizieren, um den Anforderungen gerecht zu werden, die sich aus der Natur der hier behandelten Fälle ergeben. Eine Zwischenstufe zwischen streng spezieller und lediglich genereller Verpflichtung wird zwar noch nicht ausdrücklich aufgestellt. Vielmehr drängt das Bedürfnis nach Bestrafung dazu, zuerst in sehr weitem Umfang eine spezielle Verpflichtung des Treuhänders anzunehmen, um so dem § 246 ein möglichst weites Anwendungsgebiet zu sichern; dann aber schreckt man doch davor zurück, alle diese Fälle mit gleichem Maß zu messen und versucht eine Abschwächung des starren Eigentumsschutzes, namentlich durch besondere Behandlung des subjektiven Tatbestandes. Doch interessiert diese hier noch nicht, sondern das Gewicht, das der „objektiven Indifferenz" des Zueignungsaktes beigelegt wird. Es könnte vielleicht den Anschein haben, als ob Merkel nur darstellen wolle, welche praktische Bedeutung hier dem Umstand zukomme, daß sich der Treuhänder keiner Unterschlagung schuldig macht, wenn er Einwilligung des Berechtigten in die Zueignung annimmt. Dann wären die angeführten Sätze überhaupt keine Lösung der grundsätzlichen Frage, übrigens in der Allgemeinheit, in der sie ausgesprochen werden, auch nicht ohne Bedenken. Daß aber Merkel seinen Ausführungen eine andere Bedeutung beigelegt wissen will, ergibt sich besonders auch aus der weiter unten[1]) zu besprechenden Behauptung, wonach der Vorsatz des Täters in diesen Fällen eine besondere Gestalt annehme. Er meint, wegen der Natur der hier in Betracht kommenden Geschäfte sei anzunehmen, die Meinung des Berechtigten gehe zunächst auf Ablieferung der gleichen Stücke.[2]) Es wird also „zunächst" doch eine spezielle Verpflichtung des Treuhänders angenommen. Diese soll aber nicht ausschließen, daß der Berechtigte eventuell auch mit der Ablieferung anderer Stücke zufrieden sei und unter Verhältnissen, welche hinsichtlich dieser Erstattung in genere Zweifel nicht begründen, gegen den Gebrauch der hingegebenen Stücke nichts Ernstliches einzuwenden habe. Es läßt sich nun nicht verkennen, daß diese Ausführungen Widersprüche enthalten. Auf der einen Seite soll der Treuhänder trotz des Mangels jeder Willenserklärung des Berechtigten doch verpflichtet sein, gerade die ihm übergebenen Stücke zurückzugeben oder abzuliefern; auf der anderen Seite aber wird gesagt, die der Zueignung durch den Treuhänder etwa entgegenstehende Willensmeinung des Berechtigten, die eben nicht geäußert wurde, kann deshalb nicht beachtet werden. Der Hinweis auf die objektive Indifferenz des Zueignungsaktes vermag diesen Widerspruch nicht zu beheben. Für die Beziehungen zwischen Übergeber und Treuhänder ist der Sachverhalt zur Zeit des Abschlusses des Rechtsgeschäftes maßgebend. Soll nun der Wille des Berechtigten, der auf Rückgabe derselben Stücke gerichtet ist, keine Beachtung beanspruchen dürfen, dann entsteht eben eine spezielle Verpflichtung des Treuhänders nicht. Ferner ist es unrichtig, die zwei Fälle einander gleichzustellen, daß der Berechtigte auch mit der Ablieferung anderer Stücke zufrieden ist, und daß er gegen die Zueignung der hingegebenen Stücke nichts Ernstliches ein-

---

[1]) S. den folg. § 4.

[2]) a. a. O. S. 705 N. 6.

zuwenden hat. Dem Berechtigten kann es völlig gleichgültig sein, welche Stücke er zurückerhält, und gleichwohl kann er sehr weit davon entfernt sein, einer Zueignung der hingegebenen Stücke seitens des Treuhänders zuzustimmen. Die Rechtswidrigkeit der Zueignung ist ferner keineswegs davon abhängig, daß der Berechtigte „Ernstliches“ gegen sie einzuwenden habe. Auch die grundloseste Einwendung hat der Treuhänder zu beachten, sofern er annehmen muß, der Berechtigte erwarte Ablieferung derselben Stücke. Daran vermag auch die objektive Indifferenz der Zueignung nichts zu ändern. Gerade darin besteht ja ein hervorstechender Zug des bestehenden Rechtszustandes, daß die materielle wirtschaftliche Bedeutung des Zueignungsaktes völlig unbeachtet bleibt. Das Strafrecht kümmert sich darum ebensowenig, als das Zivilrecht danach fragt, ob der Eigentümer von seinen Befugnissen Gebrauch macht oder nicht, und aus welchen Gründen er dies tut oder unterläßt.[1]) Gerade wenn man davon ausgeht, der Treuhänder habe sich trotz der Vertretbarkeit der übergebenen Sachen, trotz des Schweigens des Übergebers zunächst für verpflichtet zu halten, dieselben Stücke abzuliefern, gerade dann fehlt es an jedem Grund, bei objektiver Indifferenz des Zueignungsaktes die Rechtswidrigkeit der Zueignung als ausgeschlossen zu betrachten. Die Annahme des Treuhänders, daß der Berechtigte mit der Erstattung in genere einverstanden sein werde, bedeutet noch gar nichts; nur bei der Annahme der Einwilligung zur Zueignung fehlt die Rechtswidrigkeit. In dieser Hinsicht spricht aber Merkel nur davon, daß der Berechtigte gegen die Zueignung nichts Ernstliches einzuwenden haben werde. Das ist nun freilich in der Regel so, daß der Berechtigte keinen Lärm schlagen wird, wenn der Treuhänder nur die entsprechende Quantität abliefert. Aber dieser Um-

---

[1]) Daß vereinzelte Ausnahmen schon in der bestehenden Rechtsordnung vorhanden sind, ist gewiß anzuerkennen, ebenso gewiß dürfte aber nicht bestritten werden können, daß der Satz im Text heute noch als allgemeiner Grundsatz herrscht, wenn er auch mit den sozialisierenden Tendenzen unsrer Zeit in Konflikt geraten muß und von ihnen zurückgedrängt werden wird. Wenn die Gesetzgebung nur allzu langsam und vorsichtig diesen Tendenzen Rechnung trägt, so kann sie sich immerhin darauf berufen, daß vielleicht auf keinem zweiten Gebiet so schwer die jeweils richtige Grenze zu finden ist zwischen dem für den wirtschaftlichen und kulturellen Fortschritt notwendigen Maß individueller Freiheit und ihren ebenso notwendigen Beschränkungen.

stand darf nicht über die Strafbarkeit des Treuhänders entscheiden, und wenn er damit rechnet, der Berechtigte werde sich schon zufrieden geben, so hat er nicht Einwilligung in die Zueignung angenommen, sondern darauf spekuliert, den Berechtigten nachträglich mit der geschaffenen Situation zu versöhnen. Der Meinung des Berechtigten nach der Tat, die so vielfach von Laune, Antipathie und Sympathie und selbst vom Zufall abhängt, kommt leider ohnedies ein Einfluß auf die Frage der Bestrafung zu, der sich nicht ganz beseitigen läßt,[1]) dessen Umfang aber mit den Interessen der Strafrechtspflege im grellsten Widerspruch steht. Ein Einfluß auf die Strafbarkeit darf ihr um so weniger eingeräumt werden. Schließlich noch ein letzter Einwand. Merkel nimmt an, und um die Rechtswidrigkeit der Zueignung verneinen zu können, muß er annehmen, daß der Treuhänder bei Vorhandensein der mehrfach genannten Voraussetzungen zur Zueignung der hingegebenen Stücke befugt sei. Zwar spricht Merkel auch bloß von einem Gebrauch der Stücke, doch kann es keinem Zweifel unterliegen, daß Zueignung gemeint sei. Besteht nun eine Zueignungsbefugnis für den Treuhänder, dann ist, wie Merkel selbst besonders betont hat, die Rechtmäßigkeit der Zueignung unabhängig von der Absicht, die der Treuhänder hinsichtlich der Erfüllung der aus der Zueignung ihm erwachsenden Verpflichtung hegt. Selbst dann also könnte der Treuhänder nicht wegen Unterschlagung gestraft werden, wenn er schon im Augenblick der Zueignung nicht die Absicht hat, dem Berechtigten eine gleiche Menge

[1]) Wie bei allen anderen Verbrechen, die regelmäßig außenstehenden Personen nicht erkennbare Wirkungen hervorbringen, hängt es von der Entschließung des Beschädigten über die Erstattung der Anzeige ab, ob es zur Verfolgung und Bestrafung kommt oder nicht. Eine wesentliche Einschränkung dieses Einflusses könnte aber allerdings erzielt werden dadurch, daß man die an manchen Orten beliebte polizeiliche Vermittlungstätigkeit, das „Ausgleichsverfahren", energisch unterdrückt. Mit dieser Forderung soll gewiß nicht für die Verfolgung von „Strohhalmaffären" plädiert werden. Aber es muß zur Erschütterung des Rechtsgefühles führen, wenn die Polizei nach Empfang der Anzeige „zur Regelung der Angelegenheit" „Fristen" erteilt; und dies um so mehr, als das ganze Verfahren naturgemäß nur bei Tätern aus den bemittelteren Kreisen eingeleitet wird oder doch nur bei ihnen häufiger zu einem positiven Ergebnis, d. h. Nicht-Einleitung der strafrechtlichen Verfolgung, führt. Die Ungleichheit, die hier ohnedies schon zwischen den Angehörigen der besitzlosen und der besitzenden Klasse besteht, sollte doch nicht noch sozusagen von Amts wegen gefördert werden.

von Stücken derselben Gattung zurückzugeben, sofern nur der Zueignungsakt objektiv indifferent erscheint. Aber auch wenn man diese Auffassung als nicht im Sinne der Ausführungen Merkels gelegen erachtet, bleibt doch die Tatsache bestehen, daß der Treuhänder nicht gestraft werden kann, der zunächst bona fide den objektiv indifferenten Zueignungsakt vollzieht, dann aber seine Absicht ändert, den ganzen Bestand von Stücken, aus dem er etwa den Berechtigten hätte befriedigen können, für sich verbraucht und seiner Verpflichtung in keiner Weise genügt.

Dieser Nachteil bleibt auch bei der Auffassung des RG. nicht vermieden. Ihr zufolge ist bei „fungiblen" Sachen, besonders Geld — wenn die Hingabe nicht mit der Absicht der Eigentumsübertragung erfolgt —, allerdings eine Zueignung, welche nicht gegen den deutlich erklärten Willen des Auftraggebers verstößt, denkbar, die nicht rechtswidrig ist. Die Ausnahme beruht auf dem Gedanken, daß der Berechtigte, wenn er keinen Vorbehalt macht, kein Interesse an den individuellen Geldstücken oder sonstigen vertretbaren Sachen besitzt, wenn nur tatsächlich ein Verhältnis hergestellt ist, welches objektiv der Separathaltung der anvertrauten Objekte von dem übrigen Vermögen des Empfängers in Beziehung auf die Möglichkeit der Rückgabe gleichsteht.[1]) Gegen diesen Gedanken nun sind vom wirtschaftlichen Standpunkt gewichtige Bedenken nicht geltend zu machen. Aber der Jurist hat sich auch noch die Frage vorzulegen, ob das auf Grund der Zueignung eintretende rechtliche Verhältnis in gleicher Weise dem Interesse des Berechtigten entspreche, und hier ergeben sich eben gewichtige Bedenken. Der Berechtigte, der bisher Eigentümer war, wird durch die Zueignung zum bloßen Gläubiger des Treuhänders, die Verpflichtung des letzteren entbehrt fernerhin der strafrechtlichen Sanktion, der Berechtigte entbehrt der Möglichkeit, im Konkurse des Treuhänders das diesem anvertraute Gut auszusondern, und ebenso der Möglichkeit, dieses Gut vor der Spezialexekution eines anderen Gläubigers des Treuhänders zu schützen.

Ein neuer Weg ist von der sogenannten „Umwechseltheorie" betreten worden. Gegen die Ausführungen H. Meyers[2]) treffen zwar alle die eben geltend gemachten Einwendungen zum Teil noch in

---

[1]) RG. vom 7. 10 1881 Bd. 5, S. 52ff.

[2]) Lehrbuch, S. 543fg.

verstärktem Maß zu. Er führt unter den Fällen, in denen das Erfordernis der fremden Sache Schwierigkeiten bereitet, auch an „die Unterschlagung vertretbarer Sachen, bei denen die Möglichkeit einer Unterschlagung hinwegfällt, sobald der Täter berechtigt ist, die Sache in der Tat als vertretbar zu behandeln,[1]) wobei aber auch die Möglichkeit einer nur bedingten Befugnis dieser Art in Betracht kommt. Bedingt nämlich dadurch, daß dem Täter Sachen von gleichem Werte und in gleichem Betrage zur Hand sind, was insbesondere bei der Verwaltung fremder Gelder zutrifft." Anders die nähere Ausgestaltung, die diese Lehre gefunden hat. In diesen Fällen heißt es hier,[2]) wird es dem Berechtigten regelmäßig gleichgültig sein, ob er die Erstattung in denselben oder anderen gleichwertigen species erhält und er wird daher nichts dagegen einwenden, wenn der Erstattungspflichtige die empfangene species gegen andere gleichwertige austauscht oder umwechselt, ja er wird nicht selten eine solche Umwechselung wünschen und dazu Anweisung erteilen. Aus allem dem folgt aber keineswegs, daß deshalb der Erstattungspflichtige sofort mit dem Gewahrsam Eigentum an der erhaltenen species erwerbe; seine Befugnis geht nur dahin, eine Umwechselung vorzunehmen, infolge welcher die neuen Stücke an die Stelle der ausgewechselten treten und statt der letzteren in das Eigentum des Berechtigten übertreten; eine Verausgabung ohne gleichzeitige Ersetzung durch andere gleichwertige liegt sonach nicht in seinen Befugnissen, insofern nicht der beiderseitige Wille gerade dahin gerichtet war, daß er ohne weiteres Eigentümer der erhaltenen Gegenstände werden, und daß der Berechtigte dafür nur eine persönliche Forderung auf dereinstige Rückzahlung eines künftig erst zu beschaffenden gleichen Betrages erlangen solle. Es ist in jedem Einzelfall tatsächlich zu prüfen, ob nach der Absicht des Beteiligten das Eigentum an der species ohne weiteres übergehen oder ob dasselbe so lange beim Berechtigten verbleiben sollte, bis andere gleichwertige species an ihre Stelle gesetzt und so zum Eigentum des letzteren gemacht sind.

Mit dieser Konstruktion wird nun in der Tat eine Zwischenstufe

---

[1]) Das soll wohl heißen: „die Sache sich zuzueignen".

[2]) Die folg. Ausführungen sind dem Oppenhoffschen Kommentar (12. Auflage, S. 598 N. 7 zu § 246) entnommen. Vgl. Merkel in H. H. Bd. 4, S. 413, Kapff a. a. O. S. 44fg., Olshausen § 246 N. 14.

geschaffen, die den Übergang von der streng speziellen zur rein generellen Verpflichtung herstellen soll. Sie soll den Schlüssel zur richtigen Behandlung einer Gruppe von Fällen bilden, die ganz klar als eine besondere erkannt wird. Die Befugnis, die dem Treuhänder eingeräumt wird, ist nicht Zueignungsbefugnis, bedingt durch ein „Zur Hand haben" von Sachen in gleichem Wert und Betrag. Bei dieser Auffassung leidet der Schutz des Berechtigten; denn der Treuhänder könnte nicht gestraft werden, der zwar Erstattungsmittel zur Hand hat, aber schon im Zeitpunkt der Zueignung nicht die Absicht, sich dieser an Stelle der zugeeigneten zur Erfüllung seiner Verpflichtung zu bedienen und dies auch in der Folge nicht tut. Die Befugnis des Treuhänders soll vielmehr lediglich darin bestehen, eine Umwechselung vorzunehmen, „infolge welcher die neuen Stücke an die Stelle der ausgewechselten treten und statt der letzteren in das Eigentum des Berechtigten übergehen."[1]) Es fragt sich zunächst, ob der Treuhänder nur zu einer solchen Umwechselung befugt sein soll, die den Eigentumswechsel bewirkt, oder ob dieser nur als die regelmäßige Folge der Umwechselung aufgeführt wird, die dann nicht Bedingung für die Befugnis des Treuhänders wäre. Offenbar muß man sich für die erstere Alternative entscheiden, und nur in diesem Sinn aufgefaßt erscheint die Umwechseltheorie weiteren Eingehens wert. Nicht jede Umwechselung der dem Treuhänder übergebenen Stücke bewirkt, daß der Berechtigte Eigentümer der neuen Stücke wird. Aber der Treuhänder soll nur zu solcher Umwechselung befugt sein, — eine Beschränkung, die nach den schon früher gemachten Ausführungen auf Grund des geltenden Rechtes als notwendig anerkannt werden muß, zugleich aber auch die schwersten Bedenken gegen die praktische Brauchbarkeit der Umwechseltheorie rege macht.

Der Treuhänder kann die Umwechselung der ihm übergebenen Stücke auf zweifache Weise vornehmen. Er kann an Stelle der ersten Stücke solche setzen, die er als Eigentümer besitzt, oder er kann

---

[1]) Diese Formulierung ist auch in die österreichische Rechtsprechung übergegangen. Fast gleichlautend, nur etwas weniger präzise spricht der Kassationshof von einer Umwechselung, „vermöge welcher die neuen Stücke an die Stelle der ausgewechselten treten und statt des letzteren auf den Berechtigten übergehen". Vgl. Entsch. vom 4. 3. 1881 Z. 14379; vom 18. 1. 1886 Z. 9025; vom 25. 1. 1887 Z. 14635.

die ersten Stücke zur Erwerbung anderer verwenden, die er noch nicht oder doch nicht als Eigentümer besitzt. Anlangend den ersten Fall ist wieder eine zweifache Konstruktion denkbar. Man kann dem Treuhänder eine Zueignungsbefugnis und zugleich die Verpflichtung zusprechen, den Berechtigten durch ein constitutum possessorium zum Eigentümer der neuen Stücke zu machen. Doch ergeben sich hier Schwierigkeiten. Nimmt man an, die Zueignungsbefugnis bestehe nur unter der objektiven Voraussetzung der gleichzeitigen Vornahme des constitutum possessorium, so läßt sich schon gegen diesen Ausgangspunkt manches einwenden; jedenfalls erscheint dann die Zueignung als rechtswidrig, sobald sich der Treuhänder mit der Vornahme des Konstituts auch nur um die geringste Spanne Zeit verspätet. Geht man aber von der vielfach vertretenen Auffassung aus, derzufolge dem Treuhänder erst aus der Zueignung die Verpflichtung zur Vornahme des Konstituts erwächst, dann ist wieder das Ergebnis hergestellt, daß selbst der Treuhänder straflos bleibt, der schon in der Absicht, seiner Verpflichtung nicht zu genügen, die ersten Stücke sich zueignet. Überdies ist nicht zu verkennen, daß die Annahme eines Konstituts nicht selten kaum möglich sein oder doch auf recht schwachen Füßen stehen wird in Fällen, in denen die Annahme einer streng speziellen Verpflichtung des Treuhänders ebensowenig am Platz ist als die einer rein generellen Verpflichtung, die Umwechseltheorie also zur Anwendung kommen sollte. Dies besonders unter der Herrschaft des BGB., das die Eigentumsübertragung auf diesem Weg nicht erleichtern, sondern erschweren wollte.[1]) Selbst

[1]) Wenn hier von constitutum poss. gesprochen wird, so ist damit selbstverständlich die Eigentumsübertragung nach § 930 BGB. gemeint. S. darüber Plank a. a. O. zu § 930 u. § 868, F. Endemann, Lehrbuch des bürgerl. Rechts (8. u. 9. Aufl.), Bd. 2 S. 207 u. 522 fg., Dernburg, Das bürgerl. Recht, Bd. 3 § 100, Windscheid-Kipp S. 791, 793. Eine besondere Vereinbarung eines Rechtsverhältnisses, vermöge dessen der Erwerber den mittelbaren Besitz an den neuen Stücken erlangt, wird hier allerdings nicht zu fordern sein. Denn auf der Vereinbarung eines solchen Rechtsverhältnisses bezüglich der ersten Stücke beruht die Treuhänderschaft, und vermöge der dem Treuhänder eingeräumten Umwechselbefugnis muß angenommen werden, daß sich dieses Rechtsverhältnis auch auf alle folgenden Stücke beziehen soll, die an Stelle der ersten treten. Anlangend die zum Eigentumsübergang unerläßliche Einigung zwischen Erwerber und Treuhänder bereitet der Umstand Schwierigkeiten, daß der Erwerber nicht nur in keiner Weise bei der

wenn man aber einräumen will, daß auf der Seite des Berechtigten stets alle Voraussetzungen für das Zustandekommen des Konstituts vorhanden seien, erscheint der Treuhänder wirklich strafwürdig, der sich die ersten Stücke zueignet, ohne gleichzeitig alle Voraussetzungen für den Eigentumsübergang bezüglich anderer Stücke zu schaffen? Die Verneinung dieser Frage liegt auf der Hand; da sie auch der zweiten Konstruktion entgegengehalten werden muß, wird nach Besprechung dieser auf sie zurückzukommen sein.

Diese Konstruktion beruht auf der Annahme, daß der Treuhänder als Vertreter des Berechtigten und in dessen Namen mit sich selbst im eigenen Namen ein Geschäft abschließt, wenn er die ihm übergebenen Stücke gegen andere ihm gehörige umwechselt. Ihr Anwendungsgebiet ist demnach ein von vornherein begrenztes. Denn sie setzt voraus, daß der Treuhänder Vertreter des Berechtigten sei. Dies trifft nun zwar häufig, lange aber nicht in allen Fällen der Treuhänderschaft zu. Das BGB. hat den Geschäftsabschluß des Vertreters mit sich selbst im allgemeinen verboten, es sei denn, daß das Rechtsgeschäft ausschließlich in der Erfüllung einer Verbindlichkeit besteht.[1]) Da dies hier nicht der Fall ist,[2]) bedarf es zum rechtswirksamen Geschäftsabschluß des Vertreters mit sich selbst besonderer Gestattung durch den Vollmachtgeber. Man wird gewiß annehmen dürfen, daß diese Erlaubnis bezüglich der Vornahme einer Umwechselung vertretbarer Sachen mit der Übertragung einer nicht ganz eng begrenzten Vertretungsmacht stillschweigend gegeben wird;[3]) ebenso daß sie regelmäßig dem gesetzlichen Vertreter zustehe. Hingegen geht es nicht an, für jene Fälle, in denen dem Treuhänder nicht schon um eines anderen Zweckes willen Vertretungsmacht ein-

„Umwechselung" mitwirkt, sondern daß er ganz regelmäßig gar keine Kenntnis davon hat, ob es überhaupt und unter welchen näheren Umständen es dazu kommt. Es bleibt nur der Ausweg, zu sagen, daß in der stillschweigenden Einräumung der Zueignungsbefugnis zugleich auch die Erklärung eines eventuellen und generellen Erwerbswillens gelegen sei, nämlich hinsichtlich aller Stücke, die der Treuhänder etwa an die Stelle der ersten setzen werde. Ob eine solche Konstruktion zulässig sei, dürfte zumindest gewichtigen Bedenken unterliegen; setzt man sich unter allen Umständen über sie hinweg, so gerät man wieder in das Gebiet der Theorie vom strafrechtlichen Eigentum.

1) § 181 BGB.

2) S. darüber gleich unten.

3) Cosak, Lehrbuch d. deutschen bürgerl. Rechts Bd. 1 S. 230 u. a.

geräumt ist, anzunehmen, daß ihm der Berechtigte nur behufs der Umwechselung stillschweigend Vertretungsmacht, und zugleich die Erlaubnis erteilt habe, als Vertreter mit sich selbst abzuschließen.[1] Von diesen Fällen abgesehen stellt sich die Umwechselung dar als zweiseitiges kaufartiges Rechtsgeschäft, das der Treuhänder als Vertreter des Berechtigten mit sich selbst abschließt. Er erwirbt im eigenen Namen die ersten Stücke, die er sich als Vertreter des Berechtigten zu Eigentum überträgt und entäußert sich im eigenen Namen anderer Stücke, die bisher ihm gehörten und die er nunmehr als Vertreter des Berechtigten für diesen erwirbt. Eine Zueignungsbefugnis erscheint hier dem Treuhänder nicht eingeräumt, die Zueignung demnach rechtswidrig. Sie ist namentlich darin zu erblicken, daß der Treuhänder die ersten Stücke für sich gewinnt oder etwa verbraucht, ohne gleichzeitig andere Stücke für den Berechtigten als dessen Vertreter zu erwerben. Es wäre ganz verfehlt und grundlos, zu behaupten, die erwähnten Handlungen könnten niemals als Unterschlagung geahndet werden, weil der Treuhänder zu ihrer Vornahme befugt sei. Gerade diese Befugnis steht ihm vom Standpunkt der jetzt in Rede stehenden Auffassung aus nicht zu. Er darf sich nicht fremde Sachen zueignen, sondern ist nur dazu befugt, Sachen des Berechtigten auf Grund eines mit sich als Vertreter des Berechtigten abgeschlossenen Geschäftes zu erwerben. Dieses Geschäft wird am besten als Realtauschgeschäft[2]) angesprochen werden. Nur einen Austausch vorzunehmen ist der Treuhänder befugt. Wenn er aber die ersten Stücke für sich verwendet, ohne andere dem Berechtigten zu übereignen, kann von Austausch keine Rede sein. Der Treuhänder handelt dann außerhalb seiner Befugnis. Übrigens sind hier zwei Fälle zu unterscheiden: a) Der Treuhänder handelt ohne die Absicht, dem Berechtigten andere Stücke zu übereignen. Offenbar handelt er dann

---

[1]) Darum können die früher erwähnten Schwierigkeiten betr. des Erwerbswillens des Berechtigten nicht in allen Fällen auf dem Weg der Annahme beseitigt werden, der Treuhänder vertrete den Erwerber.

[2]) S. darüber Endemann a. a. O. Bd. 1 S. 1019. Diese Auffassung dürfte allein den Zielen der Umwechseltheorie entsprechen. Sie schließt es aber aus, die Umwechselung in zwei Teile zu zerlegen und die Übereignung der zweiten Stücke an den Berechtigten als Erfüllung einer durch den Erwerb (oder die Zueignung) der ersten Stücke begründeten Verbindlichkeit zu betrachten.

ohne Vertreterwillen und kann nicht Eigentümer der ersten Stücke werden; die rechtswidrige Zueignung ist zweifellos gegeben. b) Der Treuhänder handelt in der Absicht, dem Berechtigten späterhin andere Stücke zu übereignen an Stelle derer, die er jetzt für sich verwendet. Er nimmt also die beiden Handlungen nicht Zug um Zug vor, wie er sollte. Kann trotzdem angenommen werden, daß der Treuhänder im Namen des Berechtigten die ersten Stücke sich selbst übereigne? Meines Erachtens dürfte die Frage zu verneinen sein. Der Treuhänder ist eben nur zu einem Realtausch bevollmächtigt und nur für diesen ist ihm der Geschäftsabschluß mit sich selbst gestattet. Bei Überschreitung dieser Grenzen ist das Geschäft nichtig,[1]) der Treuhänder wird nicht Eigentümer der Stücke, sondern begeht eine rechtswidrige Zueignung. Abgesehen von dem Fall, daß der Treuhänder über den Umfang seiner Vollmacht sich falsche Vorstellungen macht, wird er auch einen Vertreterwillen gar nicht fassen. Er will nicht als Vertreter des Berechtigten die ersten Stücke sich übereignen, wenn er weiß, daß dieser so lange Eigentümer der Stücke bleiben will, als bis ihm andere übereignet werden.[2])

Die entscheidende Frage ist aber auch hier die, welche äußeren Veranstaltungen erforderlich sind, damit das Rechtsgeschäft zustande komme und namentlich der Berechtigte Eigentum an den neuen Stücken erwerbe.[3]) Dazu sind zumindest solche Handlungen des Treuhänders erforderlich, aus denen der Übertragungswille und der Erwerbswille hinsichtlich der ersten und der zweiten Stücke mit

---

1) Plank a. a. O. zu § 181 S. 316.

2) Man könnte auch daran denken, daß der Wille des Berechtigten nur dahin gehe und eine Einigung nur darüber zustande komme, daß der Eigentumsübergang ein suspensiv bedingter sei, bedingt durch die Übereignung anderer Stücke. Das Ergebnis ist aber dasselbe. Verbraucht der Treuhänder die ersten Stücke, ehe er den Berechtigten zum Eigentümer anderer gemacht hat, so ist das Zueignung fremder Sachen.

3) Der Eigentumsübergang erfolgt hier m. E. nach § 929 und nicht nach § 930 BGB. Allerdings kommt es auch hier zu keiner Übergabe; aber dies nur deshalb, weil der Eigentümer und der Vertreter des Erwerbers ein und dieselbe Person sind. Dies wird sofort klar, wenn man sich die Rollen geteilt denkt. Der Grund, warum beim Konstitut die Übergabe unterbleibt, liegt darin, daß sofort zurückgegeben werden müßte, was eben erst hingegeben wurde. Hier aber kommt eine solche Rückgabe gar nicht in Frage.

Deutlichkeit hervorgeht. Soll der Berechtigte Eigentümer der neuen Stücke werden, so muß der Treuhänder seinen Willen erklären, diese Stücke dem Berechtigten zu übereignen, und es muß ferner der Treuhänder als Vertreter des Berechtigten den Willen erklären, diese Stücke für den Berechtigten zu erwerben. Diese Willenserklärungen werden in der Regel nicht ausdrücklich erfolgen, weil sie der Treuhänder sich selbst gegenüber abgeben müßte. Und man mag nun in der Annahme einer stillschweigenden Willenserklärung noch so liberal sein, es sind doch nicht ganz geringfügige Veranstaltungen, die der Treuhänder treffen muß, wenn der Berechtigte Eigentümer der neuen Stücke werden soll. Jedenfalls muß er stets Stücke individualisieren, die nunmehr dem Berechtigten zugehören sollen. Alle diese Handlungen aber sind wirtschaftlich ohne tiefergreifende Bedeutung und unentscheidend für die Strafwürdigkeit des Treuhänders. Ein Beispiel: a übergibt in seiner Wohnung seinem Vertreter b 1000 F. in größeren und kleineren Noten zur Verwahrung in dessen Privatkasse, unverschlossen und ohne ein Interesse an den einzelnen Papieren zu äußern. b begegnet am Heimweg dem c, der die Bezahlung einer Schuld im Betrag von 1000 F. fordert. b hat zu Hause in seiner Kasse 1000 F. liegen und zahlt seinem Gläubiger unbedenklich mit dem von a übernommenen Geld, wobei er die in seiner Kasse liegende 1000 F.-Note als den für a zu verwahrenden Betrag bestimmt. Dieser Vorgang ist tatsächlich vollkommen unbedenklich, eine Umwechselung im Rechtssinn aber liegt nicht vor, der a wird nicht Eigentümer der in der Kasse des b liegenden Note, wenn b nicht etwa nach seiner Rückkehr nach Hause diese Note in einen mit der entsprechenden Aufschrift versehenen Umschlag legt oder dgl.; und selbst dann kann wegen des zeitlichen Auseinanderfallens dieser Handlung und der Verausgabung der ersten tausend F. von einer Umwechselung im strengen Sinn des Wortes nicht mehr gesprochen werden. Diese Verausgabung der ersten 1000 F. also drängt den a von den gesicherten Stellung des Eigentümers in die viel weniger gesicherte des Gläubigers. Diesen Wechsel in der rechtlichen Situation für unerheblich und unentscheidend hinsichtlich der Beurteilung der Handlung des Treuhänders zu erklären, ist ein großer Irrtum. Wo ist die Gewähr dafür gegeben, daß die im Zeitpunkt der Handlung vielleicht sehr günstigen Vermögensverhältnisse des Treuhänders sich nicht ändern? und welche

Gewähr besteht dafür, daß der Treuhänder an seinen redlichen Absichten festhalten werde? Verbraucht er später die in der Kasse befindliche Note, so ist er gleichwohl straflos; und wird er zur Zeit der Rückforderung der 1000 F. seitens des a von Gläubigern bedrängt, so darf er die Note dem a gar nicht ausfolgen. Tut er es gleichwohl, so unterliegt seine Handlung der Anfechtung und kann u. U. sogar den Tatbestand eines Deliktes darstellen. Auf all das keine Rücksicht nehmen entspricht gewiß nicht dem Geist des Strafgesetzes. Die Fassung des Tatbestandes im § 246 weist doch ausdrücklich auf die privatrechtliche Bedeutung der Handlung als Kriterium ihrer Strafbarkeit hin. Darum entspricht die Umwechseltheorie gewiß den Absichten der Gesetzgebung, offenbart aber zugleich auch deren ganze Unbeholfenheit und Unzulänglichkeit. Sie verpflichtet den Treuhänder, dafür Sorge zu tragen, daß der Berechtigte ununterbrochen Eigentümer irgendwelcher Stücke sei, die noch überdies stets individualisiert sein müssen, trotz aller Gleichgiltigkeit, die der Berechtigte den einzelnen Stücken entgegenbringt. Die Umwechseltheorie ist bemüht, die Stellung des Treuhänders etwas freier zu gestalten. Um aber das Prinzip des Eigentumsschutzes aufrechtzuerhalten, muß schon die geringe Konzession, die gemacht werden soll, an unhaltbare Bedingungen geknüpft werden, unhaltbar in dem Sinn, daß sie in den Bedürfnissen des Lebens keine Stütze finden. Notwendigerweise führt dieser Zustand dazu, daß die Strafrechtspflege darunter leidet. Kein Recht ist um seiner selbst willen durch Strafdrohungen zu schützen, auch das Eigentumsrecht nicht. Nichts anderes aber als Schutz des Eigentums um seiner selbst willen bedeutet es, wenn man den Treuhänder zwingen will, dafür zu sorgen, daß der Berechtigte stets Eigentümer bestimmter Stücke sei und die Verletzung dieser Obsorge als Unterschlagung straft; wenn man den Verbrauch der Stücke nur dann zulassen will und nicht als Unterschlagung straft, falls der Treuhänder noch überdies den Tatbestand schafft, der zur Entstehung von Eigentum des Berechtigten an neuen Stücken notwendig ist, während dieser Verbrauch vorausgesetztermaßen wirtschaftlich nicht einmal eine Gefährdung der Interessen des Berechtigten bedeutet, die vom Treuhänder geforderten Handlungen aber wirtschaftlich bedeutungslos sind. Eine Handlung, die schutzwürdige Interessen nicht verletzt, soll niemals Rechtsverletzung sein; es geht nicht an, aus der Rechtsverletzung auf die Interessenverletzung zu schließen. Die Gesetzgebung hat dafür Sorge zu tragen, daß Handlungen, für deren Verbot ein sachlicher Grund nicht gegeben ist, nicht einen Rechtszustand herbeiführen, bei dem schutzbedürftige Interessen preisgegeben sind. Diese Handlungen aber verbieten und mit Strafe bedrohen, weil sie die bezeichneten rechtlichen Wirkungen haben, ist das offene Eingeständnis der Unfähigkeit der Gesetzgebung, ihre Aufgabe zu erfüllen. Wenn sich demnach auch die Umwechseltheorie als unbrauchbar erweist, so liegt dies nicht so sehr an dem ihr zugrunde liegenden Gedanken, sondern daran, daß sie als eine Theorie de lege lata auf Grundlagen aufbaut und aufbauen muß, die eine befriedigende Lösung unmöglich machen.

Dieses Ergebnis wird vollauf bestätigt, wenn man die zweite Art betrachtet, in der die Umwechselung vollzogen werden kann. Der Treuhänder entäußert sich der ihm übergebenen Stücke und erwirbt dafür andere. Soll er seiner Verpflichtung nachkommen, so muß er diesen Erwerb im Namen des Berechtigten machen, so daß dieser unmittelbar Eigentümer wird. Aber dieser unmittelbare Eigentumserwerb des Berechtigten hängt nicht allein vom Willen des Treuhänders ab und es kann sich deshalb auch hier ereignen, daß der Mangel des Eigentums beim Berechtigten zusammentrifft mit einem Verhalten des Treuhänders, das keine Strafe verdient. Es genügt hier, auf das oben über den Eigentumserwerb durch Stellvertreter Gesagte zu verweisen.

## § 4. Der Vorsatz.

Schon aus den bisherigen Erörterungen ergibt sich, daß der Unterschlagungsvorsatz von der Vertretbarkeit der Sache nicht berührt wird, durch sie keine Veränderung seines Wesens erleidet. Denn er umfaßt lediglich die schon erörterten Tatbestandsmerkmale und enthält nicht außerdem noch rein subjektive Momente. Auch hier sind demnach die früher[1]) aufgestellten Grundsätze ohne weiteres zur Anwendung zu bringen und das Bestreben, den hierbei unvermeidlichen äußerst bedenklichen Ergebnissen zu entgehen, darf nicht zum Auslegungsmotiv werden. Nach zwei Richtungen hin ist dies gleichwohl der Fall: man behauptet, der Vorsatz nehme in unseren Fällen eine

[1]) Oben S. 91 ff.

besondere Gestalt an und man will der Ersatzabsicht einen unmittelbaren Einfluß auf den Vorsatz einräumen.

Die erstere Behauptung ist von Merkel[1]) aufgestellt worden. Unter Bezugnahme auf die schon oben besprochenen Erörterungen über die Rechtswidrigkeit der Zueignung vertretbarer Sachen wird über den Vorsatz gesagt, „er liegt hier bei demjenigen vor, der sich bewußt ist, ein Recht auf Zueignung der betreffenden Stücke nicht zu haben, falls er zugleich zur Zeit der Handlung entweder weiß, daß nach seiner Vermögenslage eine Sicherheit hinsichtlich der Ausführbarkeit einer künftigen Erstattung in genere nicht für ihn besteht, oder die Absicht hat, dem Berechtigten die Stücke ohne Entgelt zu entziehen. Ferner bei demjenigen, dem gegenüber eine die Vertretbarkeit der übergebenen Stücke ausschließende Willensäußerung erfolgt ist." Diesen Sätzen ist durch die Polemik gegen die vorangehenden Ausführungen Merkels über die Rechtswidrigkeit der Boden bereits entzogen. Auch ist Binding vollkommen zuzustimmen, wenn er in aller Schroffheit erklärt: „Ein solcher Spezialdolus ist aber dogmatisch undenkbar!"[2]) Das Strafgesetz hat die Unterschlagung als reine Eigentumsverletzung gestaltet; unter der Hand Merkels aber wird aus ihr für eine Gruppe von Fällen eine Vermögensgefährdung[3]) und für die andere wird der Ersatzabsicht doch ein unmittelbarer Einfluß auf den Vorsatz zugeschrieben. Die Fälle der streng speziellen Verpflichtung behandelt Merkel zu streng. Es wird zwar nur sehr selten vorkommen, ist aber doch keineswegs ausgeschlossen, daß auch hier der Treuhänder Einwilligung des Berechtigten in die Zueignung annimmt. Diese Annahme ist ja auch dann möglich, wenn es sich um nichtvertretbare Sachen handelt. Aber auch bezüglich der weiteren Fälle, die Merkel in erster Reihe im Auge hat, kommt es nur darauf an, ob der Treuhänder die

---

[1]) a. a. O. S. 706.

[2]) Normen, Bd. 2, S. 557 N. 809.

[3]) Ähnlich Lindenau a. a. O. S. 36ff., ohne übrigens auf Merkel Bezug zu nehmen. Sein Schlußergebnis lautet: „Wer also fremdes bares Geld, welches er in Gewahrsam hat, gegen das ausdrückliche Verbot des Eigentümers oder im Bewußtsein, dessen Vermögen zu gefährden, konsumiert, zwingt die Eigentumsordnung ihr unerwünschte (!), aber unvermeidliche Konsequenzen zu ziehen und verletzt sie dadurch (!)." Damit ist schon ein bedenklicher Grad von Begriffsverwirrung erreicht.

Einwilligung des Berechtigten in die Zueignung angenommen hat oder nicht. Diese Annahme ist vereinbar selbst mit dem völligen Mangel der Absicht, dem Berechtigten ein Entgelt für die ersten Stücke zu gewähren;[1]) sie ist darum auch vereinbar mit dem Bestehen von Zweifeln darüber, ob die immerhin beabsichtigte Erstattung anderer Stücke möglich sein werde. Dies alles gilt schon für den Fall einer speziellen Verpflichtung des Treuhänders, um so mehr dann, wenn ein Interesse des Berechtigten an den einzelnen Stücken nicht besteht. Andererseits fehlt der Vorsatz keineswegs notwendigerweise bei dem Treuhänder, der zur Zeit der Zueignung weiß, daß nach seiner Vermögenslage eine Sicherheit hinsichtlich der Ausführbarkeit einer künftigen Erstattung in genere für ihn besteht und der zugleich die Absicht hat, diese Erstattung vorzunehmen. Die Sicherheit, die der Treuhänder bieten zu können glaubt, kann in der Tat eine solche sein, daß der Verbrauch der ersten Stücke den Berechtigten wirtschaftlich nicht gefährdet. Eine Verminderung seiner tatsächlichen Sicherheit kann er trotzdem bedeuten. Jedenfalls aber bewirkt er, daß der Berechtigte die mit den höchsten rechtlichen Garantien umgebene Stellung eines Eigentümers vertauscht mit der eines Darlehensgläubigers. Nun mag zwar diese Veränderung der Rechtslage gleichgiltig erscheinen, wenn in der Tat die Zueignung der ersten Stücke die Sicherheit des Berechtigten gar nicht berührt. Sie wird aber sofort sehr bedeutsam, sobald die Vermögenslage des Treuhänders sich verschlechtert. Aus dem vorausgesetzten Verhalten des Berechtigten bei der Übergabe der vertretbaren Sachen ist zu schließen, daß er kein individuelles Interesse an den einzelnen Stücken habe; nichts aber berechtigt zur Annahme, daß er mit irgendeiner Verminderung seiner Sicherheit einverstanden sei.[2]) Darum muß im Zweifel angenommen werden, daß der Berechtigte die Zueignung der ersten Stücke als einen Eingriff in sein Recht auffassen werde. Allerdings fehlt der Unterschlagungsvorsatz auch dann, wenn der Treuhänder auf Grund falscher Vorstellungen die Einwilligung des Berechtigten annimmt. Und insoweit ist nun Merkel zuzustimmen, daß die von ihm hervorgehobenen Momente im Treuhänder nicht selten den Glauben hervor-

---

[1]) Sehr richtig sagt Binding (Lehrbuch S. 274), der Täter „kann überzeugt sein, der Eigentümer wäre sicher bereit, ihm die Sachen zu schenken".

[2]) Dieser richtige Gedanke liegt der Umwechseltheorie zugrunde.

rufen werden, der Berechtigte sei mit der Zueignung einverstanden.[1]) Weiter aber darf nicht gegangen werden. Der Treuhänder ist zu der erwähnten Annahme nicht berechtigt und sie ist nicht etwa zu präsumieren. Ob sie vorliegt, ist Sache der tatsächlichen Feststellung in jedem einzelnen Fall. Muß schon den vorsichtigen Aufstellungen Merkels volle Zustimmung versagt werden, so ist die Ansicht um so mehr abzulehnen, der zufolge die Ersatzabsicht schlechthin[2]) den Unterschlagungsvorsatz ausschließt. Bald wird hier eine „wohlbegründete" Ersatzabsicht gefordert, bald die Überzeugung, „sofort und jederzeit" Ersatz leisten zu können,[3]) bald wird auf das Moment der Rechtzeitigkeit[4]) des Ersatzes oder der Erstattung alles Gewicht gelegt. Diese Momente sind für sich allein ohne jeden Einfluß auf den Unterschlagungsvorsatz. Sie können nur mittelbar und zwar insoferne von Bedeutung werden, als der Täter, gestützt auf sie, Einwilligung des Berechtigten annimmt. Diese Annahme kann in der Ersatzbereitschaft, in der Überzeugung von der Ausführbarkeit rechtzeitiger Erstattung, aber auch in der Überzeugung von der Möglichkeit verspäteter Erstattung begründet sein. Jede Aufstellung, die hier allgemein Giltiges sagen will, ist unrichtig.

Die herrschende Meinung steht übrigens heute auf dem richtigen Standpunkt.[5]) Auch das RG. hat sich grundsätzlich zu ihm

---

[1]) Und zwar namentlich dann, wenn der Treuhänder schon im Zeitpunkt der Zueignung andere Stücke besitzt, die er nun als jene bestimmt, die er dem Berechtigten zurückgeben will, ohne aber den Berechtigten geradezu zum Eigentümer der neuen Stücke zu machen.

[2]) Nämlich ohne Rücksicht auf die Art der Verpflichtung des Treuhänders und ohne Rücksicht darauf, ob der Täter Einwilligung des Eigentümers angenommen hat oder nicht.

[3]) Oppenhoff zu § 246, S. 607. Vgl. auch Schwarze G.A. Bd. 7, S. 299 fg., der aber später seine Ansicht wesentlich geändert hat, s. G.S. Bd. 23 (1871) S. 437 ff., besonders S. 441 und 444, ferner Kommentar S. 707.

[4]) So besonders Köstlin G.A. Bd. 4, S. 59 und Abhandlungen S. 343.

[5]) Freilich ist die Grenze zwischen Wahrem und Falschem ein sehr feine. Oft wird gesagt, eine so oder so geartete Ersatzabsicht schließe den Vorsatz aus, weil dann der Täter die Zustimmung des Berechtigten annehmen könne oder dürfe. Hier wird also auf das Moment der Einwilligung immerhin Rücksicht genommen, aber nur in zweiter Reihe. In Wahrheit kommt es nicht darauf an, was der Täter annehmen „kann", sondern nur darauf, was er tatsächlich angenommen hat. Und ferner ist nicht zuerst nach der Ersatzabsicht zu forschen und daraus auf die Annahme der Einwilligung zu schließen,

bekannt.[1]) In einzelnen Entscheidungen aber wird der Ersatzbereitschaft doch zu großes Gewicht beigelegt.[2])

Muß einerseits allen den im vorstehenden besprochenen Momenten jeder unmittelbare Einfluß auf den Unterschlagungsvorsatz abgesprochen werden, so läßt sich andererseits doch nicht verkennen, daß sie das Tatbild und das Bild des Täters sehr wesentlich verändern. Vom Standpunkt des geltenden Rechtes aus ist immer nur die Frage zu stellen: Hat der Täter bewußt gegen den Willen des Berechtigten gehandelt? Nur durch dieses Hintertürchen gleichsam kann die Absicht des Täters, zu erstatten und zu ersetzen, zur Geltung kommen, während ihr wirtschaftlich oder kriminalpsychologisch eine selbständige Bedeutung zukommt. Zur Begründung ist hier vor allem auf das zu verweisen, was bereits früher über den Einfluß der Vertretbarkeit auf die Bedeutung der Zueignung gesagt worden ist.[3]) Wer eine nicht vertretbare Sache sich zueignet, aber die Absicht hat, den vollen Wert der Sache zu vergüten, dem fehlen Bereicherungsabsicht und die Absicht, jemanden an seinem Vermögen zu schädigen. Aber er muß sich doch sagen, daß die Sache Gegenstand eines besonderen Interesses war, daß daher die Interessenverletzung, die er dem Eigentümer zufügt, einer vollständigen Ausgleichung durch Geld nicht fähig ist. Nehmen wir nun den gleichen Fall an bezüglich einer vertretbaren, individuell anvertrauten Sache, so kann es sein, daß der Berechtigte an der Sache tatsächlich gar kein Interesse hat und dem Treuhänder die spezielle Verpflichtung nur wegen der damit verbundenen gesteigerten rechtlichen Sicherheit auferlegt. Aber auch wenn in der Tat ein individuelles Interesse des Berechtigten vorhanden ist, so sind doch zweifellos die Ursachen dieses Interesses allgemein

---

sondern es ist umgekehrt die entscheidende Frage die, ob Annahme der Einwilligung vorlag, und nur als unterstützendes Moment kann dann die Ersatzabsicht in Betracht kommen. Vgl. namentlich Hälschner, G.A. Bd. 15, S. 13, Gem. deutsches Strafrecht, Bd. 2, S. 358ff., aber auch System des preußischen Strafrechts, Bd. 2, S. 516ff. Binding, Lehrbuch, S. 256 und 274; ferner Huber a. a. O. S. 101; Kapff a. a. O. S. 107, Draheim a. a. O. S. 52fg., Olshausen zu § 246, N. 20 II.

[1]) RG. vom 10. 12. 1881, Bd. 5, S. 304ff.; vom 12. 2. 1891, Bd. 21, S. 364ff.

[2]) S. besonders RG. v. 7. 10. 1881, Bd. 5, S. 52ff. und vgl. auch die Entsch. Bd. 4, S. 328, Bd. 5, S. 304, Bd. 6, S. 125.

[3]) Oben im § 2 dieses Abschnittes, S. 172fg.

von geringerer sozialer Bedeutung, als die bei nicht vertretbaren Sachen maßgebenden, und dieser Unterschied wirkt wiederum auf die psychologische Bedeutung, die der Zueignung zukommt, und auf die soziale Bedeutung der Interessenverletzung.

Gehen wir nun zu den Fällen über, in denen ein spezielles Interesse des Berechtigten an den Stücken nicht besteht. Auch hier beachtet das Strafgesetz nur die Verletzung des Eigentumsrechtes an den Stücken, und es bestraft sie deshalb, weil es sie einer Schädigung des Vermögens des Eigentümers regelmäßig gleichstehend erachtet. Ganz anders aber verhält es sich in Wirklichkeit. Wenn der Treuhänder die ersten Stücke sich zueignet unter solchen Umständen, daß seine Handlung nur deshalb nicht als „Umwechselung" aufgefaßt werden kann, weil die zweiten Stücke nicht Eigentum des Berechtigten werden, so wird ihn allerdings die Berufung auf die Annahme der Einwilligung des Berechtigten vor der Strafe der Unterschlagung meistens schützen. Wenn nicht, erleidet er schwere Strafe für eine Rechtsverletzung, der keine Interessenverletzung zugrunde liegt. Berücksichtigt man aber die gesamte Rechtslage, so muß man es vom Standpunkt des geltenden Rechtes aus bedauerlich finden, daß der Treuhänder in unserm Fall von jeder Strafe freibleibt.[1]) Denn die Interessen des Berechtigten sind für die Folge nur dann ausreichend zivilrechtlich und strafrechtlich überhaupt nur dann geschützt, wenn

---

[1]) Man kann hier die Einwendung machen, eine Strafe wegen einer Eigentumsverletzung, die nicht gegen den Willen des Eigentümers erfolge, sei undenkbar; eine Eigentumsverletzung liege dann gar nicht vor. Aber es ist hier auf das zu verweisen, was oben (S. 166) über den auf Herbeiführung bestimmter Rechtsfolgen gerichteten Willen gesagt wurde. Dasselbe gilt auch hier bezüglich des Willens des Eigentümers, „Eigentümer zu bleiben". Man wird füglich sehr oft nicht sagen können, der Berechtigte hätte unter diesen Umständen Eigentümer bleiben wollen, weil er sich eben darüber keine Gedanken macht und über die rechtliche Tragweite der Handlung des Treuhänders keine Vorstellungen besitzt. Gleichwohl entspricht es nicht seinem Interesse und der ihm vorschwebenden Gestaltung seines tatsächlichen, wirtschaftlichen Verhältnisses zum Treuhänder, daß er zum „Gläubiger" degradiert wird. Eine vernünftige Gesetzesauslegung und Rechtsprechung wird es dem Eigentümer nicht zum Schaden gereichen lassen, daß er „nicht daran denkt, Eigentümer bleiben zu wollen". Anders aber liegt die Sache auf der Seite des Treuhänders. Denn einmal kommt es nur darauf an, welche Vorstellungen dieser sich von dem Willen des Berechtigten macht. Und dann gereicht ihm auch die

der Treuhänder in der Tat eine Umwechselung vornimmt. Nehmen wir nun weiter an, der Treuhänder, der tatsächlich, nicht aber rechtlich eine Umwechselung der ersten Stücke vorgenommen hat, verbraucht nun die zweiten Stücke, da er in Bedrängnis geraten ist, aber auch mit der bestimmten Absicht, dem Berechtigten nichts zu erstatten. Psychologisch steht dieser Treuhänder auf ganz derselben Stufe, wie der andere, der mit derselben Absicht die ersten Stücke verbraucht. Er handelt gewiß mit dem vollen Bewußtsein, eine sozial schädliche und gefährliche, moralisch verwerfliche Handlung zu begehen. Ja, man wird kühn behaupten dürfen, daß ein mit den Feinheiten des geltenden Zivil- und Strafrechts nicht vertrauter Treuhänder Verwunderung darüber empfinden wird, wenn jede Strafverfolgung gegen ihn unterbleibt oder das eingeleitete Strafverfahren mit einem Freispruch endet.

Die nächste Stufe bildet der Treuhänder, der, nicht so vorsichtig wie sein Nachbar, die ersten Stücke verbraucht, ohne „Ersatzbereitschaft" zu halten, aber doch mit der Absicht, dem Berechtigten seinerzeit die ihm zukommende Quantität zurückzugeben oder den ihm erteilten Auftrag auszuführen. Er sieht vielleicht gar nicht die Gefahr, daß es ihm auch unmöglich werden könnte, schließlich andere Stücke an die Stelle der verbrauchten treten zu lassen, aber er müßte sich bei Aufwendung der gebotenen Aufmerksamkeit diese Möglichkeit vor Augen halten. Oder er stellt sich diese Möglichkeit zwar vor, ist aber überzeugt, es werde nicht dazu kommen. Gehen wir einen Schritt weiter, so steht der Treuhänder vor uns, der sich auch durch die Vorstellung von dem Eintritt der Schädigung des Berechtigten vom Verbrauch nicht abhalten läßt. Er „läßt es darauf ankommen", ob der Berechtigte geschädigt wird; also der typische Fall einer vorsätzlichen Vermögensgefährdung. Und erst auf der letzten Stufe steht der eigentliche „Defraudant", der geradezu darauf ausgeht, sich an fremdem Gut zu bereichern und die Vertrauensseligen an ihrem Vermögen zu schädigen.

Für diese ganze lange, die verschiedenartigsten Fälle einschließende Reihe hat das RStGB. nur einen Ausdruck, eine Formel, es fragt immer nur: Hat sich der Treuhänder die Sache rechtswidrig zueignen

---

falsche Vorstellung zum Vorteil, d. h. den Interessen des Berechtigten und schließlich dem allgemeinen Interesse zum Nachteil.

wollen? Und diese Frage kann in allen unsern Fällen bejahend beantwortet werden müssen.[1])

## Dritter Abschnitt.

# Das Ergebnis der bisherigen Untersuchung in negativer und positiver Richtung.

### § 1. Zusammenfassung der kritischen Ergebnisse.

Als erstes Ergebnis der vorstehenden Untersuchungen darf der Satz aufgestellt werden, daß der dem § 246 RStGB. zugrunde liegende leitende Gedanke des Eigentumsschutzes sich nicht bewährt. Es ist freilich ungemein naheliegend, daß sich das Strafrecht auf dem Gebiet der Vermögensverbrechen dem Zivilrecht möglichst eng anschließe. Da das letztere wirtschaftliche Beziehungen regelt, scheint es, eine an das System und die grundlegenden Gebilde des bürgerlichen Rechtes möglichst eng angegliederte Gestaltung der Vermögens-

[1]) Selbst in dem Fall der „unbewußten culpa". Nehmen wir an, der Treuhänder leiht einem Dritten, dem er offensichtlich mit Unrecht blindes Vertrauen schenkt, eine ihm anvertraute Summe. Weiß er nun, daß der Berechtigte nur eine Umwechselung gestatten wollte, so handelt er mit Unterschlagungsvorsatz und steht mit dem „Defraudanten" auf ein und derselben Stufe. Um so mehr kann bewußte culpa genügen. Es ist unrichtig, wenn Hälschner (Gem. Deutsches Strafrecht Bd. 2 S. 360) u. a. dies leugnen und meinen, es würde damit die Möglichkeit einer fahrlässigen Unterschlagung zugegeben. Wenn der Treuhänder weiß, daß er nichts tun soll, was über eine tatsächliche Umwechselung hinausgeht, so können Unterschlagungsvorsatz und „bloßes Bewußtsein einer Gefahr möglicher Beschädigung des Berechtigten" sehr gut zusammentreffen. Schließlich kann der Unterschlagungsvorsatz auch in der Gestalt des dolus eventualis auftreten. Aber wenn der Treuhänder dem Eintritt der Schädigung des Berechtigten völlig gleichgiltig gegenübersteht und auf die Gefahr hin handelt, daß es zur Schädigung kommen werde, so ist nur dann eventueller Unterschlagungsvorsatz gegeben, falls der Treuhänder annimmt, der Berechtigte sei nur gerade mit unentgeltlicher Zueignung nicht einverstanden. Weiß er aber, daß der Berechtigte schon einer ihn gefährdenden Zueignung seine Zustimmung versagen würde — und das bildet gewiß die Regel —, dann ist wieder „direkter" Vorsatz vorhanden.

verbrechen müsse nicht nur den Vorzug einer klaren, formell befriedigenden Systematik darbieten, sondern auch der sachlichen Forderung gerecht werden, daß diese Gestaltung den wirtschaftlichen Gesichtspunkt zur Geltung zu bringen habe. Diese Annahme hat sich als irrig erwiesen. Für unser Gebiet — die Unterschlagung anvertrauter Sachen — erklärt sich dies folgendermaßen: Strafrechtlich ist hier stets nur die Frage bedeutsam, wer von zwei Personen Eigentümer einer Sache sei, derjenige, der ein berechtigtes Interesse an dem vollen Genuß der Sache hat, tatsächlich aber die Möglichkeit zu Verfügung und Genuß einem anderen einräumt, ohne zu wollen, daß von dieser Möglichkeit überhaupt oder doch über bestimmte Grenzen hinaus Gebrauch gemacht werde — oder aber der andere, der zwar Verfügungs- und Genußmöglichkeit besitzt, davon aber jedenfalls nur beschränkten Gebrauch machen soll. Bei dieser Sachlage, scheint es, muß das Eigentumsrecht stets dem Erstgenannten zustehen, und von dieser Voraussetzung geht das Strafrecht aus. Hingegen haben wir eine Reihe von praktisch sehr bedeutsamen Fällen kennen gelernt, in denen das rechtliche Verhältnis gerade das umgekehrte ist. Das Zivilrecht kann in der Auferlegung weitgehender obligatorischer Verpflichtungen hier und dementsprechend durch das Einräumen ebensolcher Rechte dort eine Ausgleichung finden. Für das Verhältnis von lediglich zwei Personen zueinander und von allen Folgesätzen abgesehen ist es in der Tat gleichgiltig, ob die eine Person „dinglich" berechtigt, aber mit „obligatorischen" Verpflichtungen derart belastet ist, daß sie sich nicht rühren darf, während alle entsprechenden Rechte der anderen zustehen, oder ob das umgekehrte Verhältnis vorwaltet. Sobald aber einmal feststeht, daß derartige Umkehrungen im geltenden Recht vorkommen, muß das Strafrecht das Erfordernis der „fremden" Sache fallen lassen. Für die Berechtigung dieser Forderung sprechen ebenso die Schwierigkeiten bei der Entscheidung der Eigentumsfrage, wie auch die unablässigen Bemühungen in Theorie und Praxis des Strafrechtes, die zu engen Schranken auf irgendeine Weise zu durchbrechen oder zu umgehen, die der Anwendung des § 246 durch das Erfordernis der fremden Sache gezogen sind. Für diese Forderung sprechen auch die durchaus verwandten Erscheinungen außerhalb des Strafrechts, namentlich im Gebiet des Konkursrechtes. Dort haben sich die Bedürfnisse des Lebens bereits mehrfach, wenn auch nur in beschränktem Umfang, zur gesetzlichen Anerkennung durchzuringen vermocht.[1]) Dort kann das immerhin ohne Veränderung des grundsätzlichen Standpunktes[2]) durch die Normierung einzelner Ausnahmefälle geschehen. Das Strafgesetz darf nicht trennen, was sachlich gleich ist, weil der Aufstellung seiner Tatbestände eine ganz besondere Bedeutung zukommt.

Die Schwierigkeiten in der Eigentumsfrage steigern sich, sobald Gegenstand der zu beurteilenden Handlung vertretbare Sachen sind. Dies gilt selbst dann, wenn Berechtigter und Treuhänder ihre Beziehungen zueinander ohne Rücksicht auf die Vertretbarkeit der Sachen gestalten. Sobald aber der regelmäßige Fall eintritt, daß der Vertretbarkeit ein Einfluß eingeräumt wird, fehlt überhaupt die Möglichkeit einer befriedigenden Lösung. Die hier auftauchenden Schwierigkeiten, die Kontroversen in der Literatur und das Schwanken in der Rechtsprechung sind der Ausdruck dafür, daß das geltende bürgerliche Recht die dem wirtschaftlichen Tatbestand entsprechende rechtliche Form noch nicht gefunden hat. Um so mehr muß das Strafrecht die zivilrechtliche Basis verlassen.

Es wird dann auch einen weiteren Mangel des geltenden Rechtes vermeiden können, der in dem Kleben an dem Begriff der körperlichen Sache besteht.

Endlich hat sich ergeben, daß der herrschende Unterschlagungsbegriff der wirtschaftlichen und psychologischen Bedeutung auch der Fälle nicht gerecht zu werden vermag, deren Subsumierung möglich ist. Er ist zugeschnitten auf den Fall der Zueignung einer Sache, an der ein spezielles Interesse des Eigentümers besteht. Dies pflegt nur bei nichtvertretbaren Sachen vorhanden zu sein. Hingegen wird die große Masse von Unterschlagungen an vertretbaren Sachen begangen und wieder bildet es durchaus die Regel, daß ein spezielles Interesse an diesen Sachen nicht besteht.

Selbst wenn man sich den Fall vorstellt, der dem Gesetzgeber in erster Reihe vorgeschwebt sein dürfte, leidet der Tatbestand an dem

---

[1]) Vgl. oben S. 139 ff. u. 156 und dazu noch Art. 201 des schweiz. BG. über Schuldbetreibung und Konkurs, der im Anschluß an Art. 583 code de commerce den Aussonderungsanspruch des Fiduzianten für den Fall der Übergabe oder Indossierung eines Inhaber- oder Orderpapieres zum Inkasso oder als Deckung ausdrücklich anerkannt. (S. dazu die Kommentare von Weber und Brüstlein, 2. Aufl. von A. Reichel S. 266 fg. und C. Jäger, zu Art. 201.

[2]) Der Aussonderungsanspruch — ein „Prüfstein der Dinglichkeit“.

wesentlichen Mangel, daß er die Unterschlagung nicht als Vermögensverbrechen im engeren Sinn gestaltet, vom Täter weder Bereicherungsabsicht, noch die Absicht fordert, einen Vermögensschaden zu bewirken. Es ist aber gänzlich verfehlt, mit gleichem Maß zu messen, ob nun ein Angriff auf fremdes Eigentum in Bereicherungsabsicht erfolgt oder ob der Täter lediglich einen Mangel an Achtung für fremdes Eigentum bekundet. Dies ist schon so oft und in überzeugender Weise ausgeführt worden,[1]) daß es erübrigt, dieselbe Ansicht neuerdings ausführlich zu begründen. Gerade das RStGB. hat von diesem Standpunkt aus lebhaften und wohlbegründeten Tadel erfahren. Allerdings war es vorzugsweise das Verbrechen des Diebstahls, dessen gänzlich farblose und rein formalistische Fassung im RStGB. Gegenstand von Angriffen gewesen ist. Aber es liegt nicht ein entscheidender Grund vor, in dieser Richtung zwischen Diebstahl und Unterschlagung zu unterscheiden. Was die Unterschlagung geradeso wie den Diebstahl zu einem gefährlichen und schweren Verbrechen macht, das ist die Betätigung der Absicht, sich oder einen Dritten auf Kosten anderer zu bereichern. Eine verschiedene Behandlung der beiden nahe verwandten Verbrechen wäre verfehlt, und zwar nicht so sehr aus dem doch mehr äußerlichen Grund eines wünschenswerten Parallelismus, sondern vielmehr deshalb, weil derselbe innere Grund eine gleichmäßige Berücksichtigung der Bereicherungsabsicht fordert. Wenn man die Zueignung wertloser Sachen, den eigenmächtigen Tausch und die Zueignung in Ausübung von Selbsthilfe mit vollem Recht vom Diebstahl ausgeschieden wissen will, eben deshalb, weil hier ein Vermögensschade nicht entsteht und vom Täter gar nicht beabsichtigt ist, so dürfen eben diese Fälle von Zueignung fremder Sachen auch nicht als Unterschlagung behandelt werden. Für die Ausscheidung vom Diebstahl wird ganz besonders geltend gemacht, daß eine Verurteilung wegen Diebstahls in diesen Fällen im Widerspruch mit dem Rechtsgefühl des Volkes stünde, daß der Gesetzgeber nicht einen Begriff des Diebstahls aufstellen dürfe, der mit dem Ergebnis einer langen geschichtlichen Entwicklung, mit der auch heute noch im Volksbewußtsein lebendigen Auffassung nicht im

[1]) S. besonders Merkel in H. H. Bd. 3 S. 658 ff. und Kriminalistische Abhandlungen, Bd. 2 S. 70 ff.; Hälschner a. a. O. S. 295, Lammasch, Diebstahl und Beleidigung, besonders S. 14 ff., vgl. auch dessen Kriminalpolitische Studien im G. S. Bd. 44 S. 190.

Einklang sich befindet. Und in der Tat besteht dieser Widerspruch zwischen dem geltenden Recht und den Anschauungen des Volkes in allen seinen Schichten. Diese Erscheinung, vor allem aber die Tatsache, daß der volkstümliche Begriff des Diebstahls durch Jahrhunderte bis auf unsere Zeit derselbe geblieben ist, sie weisen auf eine ungeachtet aller sozialen und wirtschaftlichen Umwälzungen konstant wirkende Ursache hin. Die Beurteilung, die soziale Wertung solcher antisozialer Handlungen, die sich als unmittelbare Angriffe auf wirtschaftliche Güter darstellen, geht von wirtschaftlichen Gesichtspunkten aus und wird von ihnen beherrscht. Das liegt in der Natur der Sache begründet. Der ungeheure Einfluß wirtschaftlicher Tatsachen auf den Einzelnen sowohl wie auch auf die Gesamtheit, auf die ganze Entwicklung der menschlichen Gesellschaft, der ja in neuerer Zeit immer besser erkannt wird, war auch wirksam bei der Bildung der gesellschaftlichen Anschauungen über die Vermögensverbrechen. Wenn nicht bloß die körperliche Existenz des Menschen in strengster Abhängigkeit steht von wirtschaftlichen Tatsachen, von der Verfügungsmacht über Mittel zur Bedürfnisbefriedigung, sondern vielfach auch die Betätigung, Gestaltung und Richtung des menschlichen Geistes- und Gemütslebens von diesen beeinflußt wird, so ist es nur die notwendige Folge dieses Verhältnisses, daß auch gegen die gesellschaftliche Ordnung verstoßende Einbrüche in die materielle Güterwelt nach ihrer wirtschaftlichen Bedeutung gewürdigt werden. Die Zueignung einer nicht wertlosen fremden Sache erscheint daher zunächst als eine Verminderung der Vermögensmacht des Einen und als eine Verstärkung derselben auf Seite des Anderen, die Zueignung bewirkt eine wirtschaftlich bedeutsame Veränderung, der Täter erzielt auf Kosten eines Anderen einen Vermögenszuwachs. Bereicherung durch Zueignung einer fremden Sache ist demnach ein wirtschaftlicher Tatbestand. Dabei fällt in erster Reihe und gerade auch für die rein praktische Beurteilung der Vermögensschaden in Betracht. Jede nur etwas tiefer gehende Beurteilung bleibt aber nicht bei dem äußeren Erfolg der Handlung stehen, sondern sie rückt vor zur Feststellung der den Handelnden leitenden Absicht, zur psychologischen Würdigung der Handlung. Die Absicht, sich zu bereichern durch Zueignung einer fremden Sache, also durch eine Handlung, die eben den Vermögensschaden des Anderen herbeiführt, diese Absicht erscheint dann als eine besonders gefährliche, weil mit ihrer Betätigung eine wirtschaftliche

Schädigung verbunden ist, und sie läßt den Täter als einen besonders gefährlichen Menschen erscheinen. Vom sozialen und auch vom sittlichen Standpunkt betrachtet, bilden diese Verbrechen eine große Gruppe, die eine gleichmäßige Behandlung erfordert.

Soll das Strafrecht seine Aufgabe erfüllen, die menschlichen Interessen durch psychologische Gegenwirkung gegen das Verbrechen zu schützen, so müssen sich auch alle die Tatbestände des besonderen Teiles der Strafgesetzbücher möglichst enge den Erscheinungen des Lebens anpassen, sie müssen aufgebaut sein auf Grund genauer Beobachtung der tatsächlichen Vorgänge, der Wirkungen des Verbrechens und ihres psychologischen Charakters. Daß die Strafdrohungen mit besonderen Tatbeständen verknüpft werden, daß die Verurteilung ausdrücklich wegen Begehung eines besonderen, am besten auch mit eigenem Namen belegten Verbrechens erfolgt, diese Umstände vermögen allerdings die Wirkung der Strafandrohung und der Verurteilung nur in bescheidenem, aber doch nicht zu unterschätzendem Maß zu steigern, aber nur dann, wenn die einzelnen Verbrechenstatbestände Abbilder des Lebens sind, wie es wirklich ist, wenn sie das seiner Natur nach Gleichartige vereinen, nicht aber Fälle ganz verschiedenen psychologischen Charakters bloß einer rein formalen Konstruktion zuliebe in denselben Rahmen zwängen. Nur dann wird die Gesetzgebung nachteilige Konflikte mit dem Rechtsbewußtsein des Volkes vermeiden, und sie wird andererseits erreichen können, daß sie selbst dort, wo es an einem ausgeprägten und in das Rechtsbewußtsein der Gesellschaft übergegangenen Verbrechensbegriff fehlt, Einfluß gewinnt auf die Bildung eines solchen. Ein Tatbestand, der Handlungen umfaßt, deren Begehung den Täter wenn auch nur in groben Umrissen charakterisiert, an den wird sich leicht eine bestimmte Vorstellung über den Grad des sozialen Wertes oder besser Unwertes solcher Handlungsweise knüpfen, niemals aber wird die Gesetzgebung der Sprache des Volkes und gar seinem Rechtsbewußtsein einen Verbrechensbegriff aufdrängen können, der zwar vielleicht dem Liebhaber rein formaler, logischer Betrachtungsweise als ein Meisterstück erscheinen mag, aber ein leeres Wort bleibt, weil er Fälle ganz verschiedener tatsächlicher Bedeutung in sich vereinigt. Noch bedenklicher ist es, wenn sich die allgemeinen Vorstellungen über einen Verbrechensbegriff, der ganz verschiedenartige Fälle umfaßt, nach den schwersten Fällen gestalten, die von ihm eingeschlossen werden. Tatsächlich geschieht dies sehr häufig. So kann der wegen Unterschlagung Verurteilte sehr leicht dem Schicksale verfallen, schlechtweg als Defraudant zu gelten, während er sich vielleicht nichts anderes zu schulden kommen ließ, als daß er eine ihm individuell anvertraute Münze oder Note gegen eine andere gleichwertige vertauschte. Daß derartige Fälle als Unterschlagung bestraft und gleichbehandelt werden mit schweren und gemeinen Verbrechen, ist unerträglich.

Mit diesen Ausführungen soll nicht sofort für die Straflosigkeit aller jener Handlungen eingetreten werden, die heute unter den Begriff der Unterschlagung fallen, denen jedoch die Bereicherungsabsicht mangelt.[1]) Nur eine abgesonderte und verschiedene Behandlung muß gefordert werden. Dies gilt allgemein und für die Zueignung vertretbarer Sachen ganz besonders. Hier könnte allerdings die Frage aufgeworfen werden, ob die allerleichtesten Fälle, die lediglich als Umwechselung, wenn auch als rechtswidrige Umwechselung erscheinen, nicht besser ganz straflos bleiben. Man mag die Frage immerhin verneinen, jedenfalls handelt es sich dabei um Handlungen von verschwindender Bedeutung, kleinen Akten der Bosheit oder des Übermutes, in denen sich nur eine Mißachtung des Eigentümerwillens äußert und die mit der Beleidigung und den leichtesten Fällen der Sachbeschädigung nahe verwandt, von einer schweren Unterschlagung aber grundverschieden sind.

---

[1]) Es ist dies auch nicht die Meinung jener Schriftsteller, die für eine Abänderung des § 242 eingetreten sind und Berücksichtigung der Bereicherungsabsicht fordern. Dem Angriff gegen diesen Standpunkt, es würde „damit dem Wohlhabenden jeder Eingriff in fremdes Eigentum völlig freigegeben werden", fehlt daher die Berechtigung, und es kann nur als ein sich fortschleppendes Mißverständnis aufgefaßt werden, wenn von Liszt auch in der neuesten Auflage seines Lehrbuches diesen Satz aufrechterhält (S. 431 Anm. 10). Vgl. nur Lammasch, Diebstahl und Beleidigung, S. 16 und 19. S. 15 heißt es geradezu: „. . . so geht es nicht an, daß etwa ein übermütiger Millionär sich straflos anmaßen dürfte, Sachen eines Anderen, die für diesen einen besonderen individuellen Wert besitzen, unter Hinterlassung ihres vollen Verkehrswertes sich eigenmächtig zueigne". Und Stooß sagt schon in den Motiven zum Vorentwurf vom Jahre 1894 (S. 161): „Die Fälle, welche äußerlich dem Diebstahl gleichen, aber nach dem Entwurf nicht als Diebstahl gelten, dürfen nicht straflos gelassen werden." Ob nach diesem Entwurf tatsächlich alle die gedachten Fälle mit Strafe bedroht waren, kann zumindest bezweifelt werden. Sicher ist dies aber schon nach dem Entwurf vom Jahre 1896 (siehe bes. Art. 79) der Fall gewesen und ebenso ist es nach dem jüngsten Entwurf (Art. 87, 241).

Denkt man sich den Tatbestand der Unterschlagung des geltenden Rechtes in zwei zerlegt, geschieden durch das Kriterium der Bereicherungsabsicht, so bliebe der Fehler vermieden, daß die leichten Fälle zu strenge behandelt werden. Bestehen bleiben aber die Schwierigkeiten, die sich ganz allgemein aus dem Erfordernis der fremden Sache ergeben und für die große Masse der Fälle, in welchen die vertretbaren Sachen nicht Gegenstand eines speziellen Interesses sind, bleibt der Tatbestand unbrauchbar.[2])

## § 2. Problemstellung.

Muß das Erfordernis der fremden Sache beseitigt werden, erweist sich das sachenrechtliche Verhältnis zwischen Täter und Verletztem als nicht bezeichnend für die strafrechtlich bedeutsamen Beziehungen, so muß zunächst nach einem anderen rechtlichen Merkmal gesucht werden, das zur Abgrenzung des Tatbestandes dienen könnte. Das bürgerliche Recht gibt aber ein solches nicht an die Hand. Darum muß auf das tatsächlich Gegebene zurückgegangen und die Lösung von wirtschaftlichen Gesichtspunkten aus versucht werden. Hier bietet sich nun das Moment der Treuhänderschaft des Täters von selbst dar als dasjenige, das bezeichnend ist für solche Beziehungen zu einer zweiten Person, die des strafrechtlichen Schutzes bedürfen. Nicht die Treuhänderschaft des § 246, die mit dem Erfordernis der fremden Sache verknüpft ist. Vielmehr erscheint strafrechtlicher Schutz überall dort am Platz, wo rein tatsächlich eine weiterreichende Verfügungsmacht eingeräumt wird, als sie der Treuhänder zur Erreichung des angestrebten wirtschaftlichen Zweckes gebraucht, weiterreichend, als er von ihr Gebrauch machen soll und wo diese Verfügungsmacht in dem Vertrauen eingeräumt wird, der Treuhänder werde von ihr im Interesse des Einräumenden Gebrauch machen. Werden vertretbare Sachen anvertraut, so richtet sich das Interesse des Übergebers ganz regelmäßig nicht auf die einzelnen Stücke, sondern auf sie nur als Gattungsträger, es ist, wie wohl gesagt werden darf, kein individuell, sondern nur ein generell bestimmtes. M. a. W. das Interesse des Übergebers ist auf die hingegebene Quantität gerichtet, nicht auf die einzelnen

[2]) Es sei hier nur besonders auf den früher geführten Nachweis verwiesen, daß selbst die Umwechseltheorie sich als ungeeignet zu einer befriedigenden Lösung erweist.

Stücke; der Übergeber hat ein Interesse an dem Unterbleiben bestimmter Handlungen des Treuhänders, die freilich rein körperlich meist bestimmte Stücke betreffen, nur insoweit, als sie die Bedeutung einer Verfügung über die Quantität haben. Insoweit aber ist sein Interesse an der Quantität nicht verschieden von dem Interesse eines anderen Übergebers an einer speziellen nichtvertretbaren Sache. Als strafwürdig erscheint daher nicht erst das Unterbleiben der Erfüllung der Verbindlichkeit des Treuhänders, die Quantität abzuliefern oder in bestimmter Weise zu verwenden; vielmehr muß die Zueignung der Quantität und auch der die Interessen des Berechtigten gefährdende Gebrauch unter Strafe gestellt werden. Dem Treuhänder wird also ein bestimmtes Verhalten gegenüber der anvertrauten Quantität unter Strafandrohung zur Pflicht gemacht oder m. a. W. das Interesse des Berechtigten wird strafrechtlich so geschützt, als ob es ein dinglicher generell bestimmter Anspruch wäre.

Die noch zu lösende Aufgabe besteht zunächst in einer genaueren Untersuchung des Begriffes der Treuhänderschaft, der hier verwertet werden soll. Sodann aber ergibt sich das Problem, ob das Strafrecht den angedeuteten Weg mit Erfolg betreten kann, obwohl es an der entsprechenden zivilrechtlichen Grundlage fehlt. Daß bei dieser Auffassung die Schwierigkeiten vermieden werden, die sich heute aus dem strengen Erfordernis der körperlichen Sache ergeben, ist schon jetzt ersichtlich. Endlich werden die mit Strafe zu bedrohenden Handlungen näher festzustellen und mit besonderer Berücksichtigung ihrer wirtschaftlichen und psychologischen Bedeutung abzugrenzen und zu werten sein.

FSC
www.fsc.org
MIX
Papier | Fördert gute Waldnutzung
FSC® C083411

Kolibri 360 GmbH
Ferdinand-Jühlke-Straße 7
99095 Erfurt, Deutschland
produktsicherheit@kolibri360.de